中国供应链发展报告

（2022）

中国物流与采购联合会　编著

人民邮电出版社

北　京

图书在版编目（ＣＩＰ）数据

中国供应链发展报告. 2022 / 中国物流与采购联合
会编著. -- 北京：人民邮电出版社，2023.8
ISBN 978-7-115-61970-9

Ⅰ．①中… Ⅱ．①中… Ⅲ．①供应链管理－研究报告
－中国－2022 Ⅳ．①F259.21

中国国家版本馆CIP数据核字（2023）第115264号

内 容 提 要

当前，世界百年未有之大变局加速演进，在大国博弈、产业与科技变革、通货膨胀等多重因素的影响下，传统的以资本为主导的供应链在逐渐瓦解，以共商共建共享的理念来推进全球产业链供应链重构的新格局正在形成。

受地域冲突等影响，我国产业链供应链现代化过程中的不稳定性、不确定性大幅度上升，给经济稳定发展带来极大挑战，"卡链""断链"现象频发。《中国供应链发展报告（2022）》从宏观、中观、微观3个层面剖析供应链发展新问题、新特点、新趋势，梳理我国供应链创新发展新理论研究成果与应用实践经验，总结供应链发展的4个趋势——供应链数字化转型、供应链韧性重要性凸显、供应链可持续发展和全球供应链重构，为想要了解国内产业链供应链成长和发展的决策者提供参考，为供应链专业人士构建协同化、标准化、绿色化、数字化、全球化的现代供应链体系提供思路。

◆ 编　　著　中国物流与采购联合会
　　责任编辑　马　霞
　　责任印制　周昇亮

◆ 人民邮电出版社出版发行　　北京市丰台区成寿寺路 11 号
　　邮编　100164　电子邮件　315@ptpress.com.cn
　　网址　https://www.ptpress.com.cn
　　北京天宇星印刷厂印刷

◆ 开本：787×1092　1/16
　　印张：23.5　　　　　　　　2023 年 8 月第 1 版
　　字数：431 千字　　　　　　2023 年 8 月北京第 1 次印刷

定价：199.00 元

读者服务热线：(010)81055296　印装质量热线：(010)81055316
反盗版热线：(010)81055315
广告经营许可证：京东市监广登字 20170147 号

《中国供应链发展报告（2022）》编委会

主　任：
　　蔡　进　中国物流与采购联合会副会长

副 主 任：
　　胡大剑　中国物流与采购联合会会长助理、中国物流与采购联合会采购与供应链
　　　　　　管理专业委员会主任

主　编：
　　彭新良　中国物流与采购联合会采购与供应链管理专业委员会常务副主任

副 主 编：
　　马天琦　中国物流与采购联合会采购与供应链管理专业委员会研究室主任

编 写 组：（按姓氏首字母排序）
　　白光利　陈　黎　陈啸风　程建宁　樊少勇　冯　君　侯海云　李保全
　　李　广　李松涛　李滕锋　李　伟　李玉磊　李志鹏　刘二烈　刘婷婷
　　柳晓莹　卢伟雄　潘新英　沈　冰　田　琳　王爱姣　王金多　王　颖
　　王志刚　吴英健　杨广立　易振新　岳　文　曾明明　翟　磊　张　博
　　张泽明　郑坤秀　周金宏　周天成　朱晓丹

参编单位：（按名称首字母排序）
　　鞍山钢铁集团有限公司
　　北京京邦达贸易有限公司（京东物流）
　　上海创滩物流管理有限公司
　　传化智联股份有限公司
　　东方数科（北京）信息技术有限公司

佛山众陶联供应链服务有限公司

国赫通供应链有限公司

河南万邦国际农产品物流股份有限公司

华信咨询设计研究院有限公司

金蝶软件（中国）有限公司

欧冶云商股份有限公司

瑞茂通供应链管理股份有限公司

三一集团有限公司

上海华能电子商务有限公司

深圳市怡亚通供应链股份有限公司

思爱普（中国）有限公司

通富微电子股份有限公司

瓦锡兰中国有限公司

厦门国贸集团股份有限公司

厦门建发股份有限公司

厦门象屿股份有限公司

小米通讯技术有限公司

亿海蓝（北京）数据技术股份公司

浙江吉利控股集团有限公司

浙商中拓集团股份有限公司

中国船舶集团有限公司第七一一研究所

中国港湾工程有限责任公司

中国物流与采购联合会智慧物流分会

中国物流与采购联合会采购与供应链管理专业委员会

中国物资储运集团有限公司

中国移动通信集团公司供应链管理中心

中国移动通信集团陕西有限公司

中国中材进出口有限公司

中铁物贸集团有限公司

中兴通讯股份有限公司

序言

当前，世界百年未有之大变局加速演进，国际力量对比深刻调整，世纪疫情影响深远，逆全球化思潮抬头，世界经济复苏乏力，局部冲突和动荡频发，全球性问题加剧，世界进入新的动荡变革期。在大国博弈、产业与科技变革、通货膨胀等多重因素的影响下，传统的以资本为主导的供应链在逐渐瓦解，以共商共建共享的理念来推进全球产业链供应链重构的这种新的格局正在形成。中国作为全球供应链区域中心之一，在全球供应链体系中的位置和作用也随之发生变化。

2022 年，受疫情和地域冲突影响，我国产业链供应链现代化过程中的不稳定性、不确定性大幅度上升，给经济稳定发展带来极大挑战，"卡链""断链"现象频发，国际循环出现局部性梗阻等。新发展格局下，我国坚持贯彻党中央、国务院关于"提升产业链供应链现代化水平"的重要指示，统筹兼顾经济社会发展与产业链供应链高效和安全，实现了产业链供应链现代化水平的稳步提升，为全球供应链复苏贡献了重要的支撑力量。2022 年 11 月，商务部、中国物流与采购联合会等 8 单位继续开展全国供应链创新与应用示范创建工作，筛选出了第二批 15 个全国供应链创新与应用示范城市和 106 个示范企业。两批次共 25 个示范城市和 200 个示范企业积极探索供应链创新发展模式，通过不断加强供应链技术与数字化创新，稳步提升供应链风险防范能力，加快全球布局与融合，推进绿色供应链发展等方式，确保产业链与供应链的安全稳定，全面提升我国供应链数字化、智能化、协同化、绿色化和国际化水平，实现现代化产业链供应链的阶段性跃迁。

《中国供应链发展报告》作为中国物流与采购联合会组织编撰出版的供应链行业年度报告，是国内外供应链从业人员了解中国供应链成长和发展的重要窗口。在《中国供应链发展报告（2022）》中，我们一以贯之，剖析供应链发展新问题、新特点、新趋势。相比于上一年度，2022 年的报告更加全面，从宏观、中观、微观 3 个层面梳理我国供应链创新发展新理论研究成果与应用实践经验，总结了 2022 年中国供应链发展的 4 个趋势——供应链数字化转型、供应链韧性重要性凸显、供应链可持续发展和全球供应链重构。

第一，供应链数字化转型。习近平总书记强调"发展数字经济意义重大，是把握新一轮科技革命和产业变革新机遇的战略选择"，要促进数字技术和实体经济深度融合，赋能传统产业转型升级，催生新产业新业态新模式，不断做强做优做大我国数字经济。当前，我国经济正处于从高速增长向高质量发展的结构转型关键期，新一轮科技革命和产业变革深入推进，产业结构加速调整。新旧动能转换与要素不断重组，驱动着生产效率的不断提升以及新产业的快速崛起。数字技术能有效打破信息孤岛、业务孤岛、数据壁垒，有助于形成透明、高效、协同的供应链体系。数字化的本质是连接，是企业和企业之间、产业和产业之间，甚至国家和国家之间的一种无限连接。这种连接的过程中间，就形成了彼此相互依赖的利益共同体。这样的利益共同体，能够充分地从竞争的格局转变成一种包容开放、共同推进产业链供应链发展的局面。数字技术赋能不仅可以实现自我发展、自我超越，还能带动上下游企业共同进步，进而推动国民经济循环畅通，为构建新发展格局奠定坚实底座。

第二，供应链韧性重要性凸显。只有深度融合的产业链供应链才是稳定的、具有较强韧性的，才能有效应对复杂多变的国内外政治经济环境。作为世界第二大经济体，中国是全球供应链融合发展的受益者，是全球供应链融合发展的坚定维护者，也是构建全球供应链新生态的积极探索者。党的二十大报告指出，要"着力提升产业链供应链韧性和安全水平"。《中华人民共和国国民经济和社会发展第十四个五年规划和二〇三五年远景目标纲要》（后文简称"十四五"规划）中明确要求要"形成具有更强创新力、更高附加值、更安全可靠的产业链供应链"。只有不断推进关键技术自主可控、积极构建多元化供应链生态，才能够化危为机，为未来我国产业链供应链稳定健康发展做好准备。

第三，供应链可持续发展。当前，各国在可持续发展方面形成了越来越广泛的共识，中国作为负责任的大国，始终秉承新发展理念，积极落实联合国《2030 年可持续发展议程》《巴黎协定》等，坚持按照 ESG 发展理念推动全球供应链可持续发展，加强全球化废弃物供应链体系建设。习近平总书记在党的二十大报告中再次强调要"发展绿色低碳产业""推动形成绿色低碳的生产方式和生活方式"。在全球产业链供应链深度融合发展的当下，产品的碳足迹已经不是单一企业、单一国家的问题，如何在保障重要产业链供应链稳定安全的前提下落实环境和气候承诺，成为多方关注的重点。

推动供应链可持续发展要将转型升级、颠覆创新、节能减排、生态循环等关键词全方位、全链条式地融入经济发展理念中，培育低碳需求，转变发展方式，推行可持续溯源采购，推进重大关键技术创新，大力开发低碳技术、低碳装备和绿色产品，为引领形成生态循环、和谐共生的全球绿色低碳可持续供应链贡献方案。

第四，全球供应链重构。2022年全球产业链供应链加速重构，重塑了全球的要素资源，重构了全球的经济结构，改变了国际竞争的基本格局，也带来跨国界、跨区域、跨文化、跨民族的互联融合。供应链是包容的，在包容中形成发展共识，这是供应链融合发展的前提；供应链是开放的，各国面向全球开放是产业链供应链融合发展的基本条件；供应链是共生共享的，在共生中分享发展的利益，同时，也要共担发展的风险。习近平总书记在党的二十大报告中强调，要"深度参与全球产业分工和合作，维护多元稳定的国际经济格局和经贸关系"。国家"十四五"规划也提出要"支持企业融入全球产业链供应链，提高跨国经营能力和水平"。展望未来10年，中国企业将逐渐步入品牌"出海"黄金时代。

本书在编写过程中，得到了业内专家和供应链领域知名企业、资深人士的广泛支持。在此，我代表中国物流与采购联合会，对长期以来一直关注和支持联合会工作的专家学者、研究机构和行业同仁，表示衷心的感谢！希望本报告能成为国内外供应链从业人员了解中国供应链成长和发展的窗口，为构建协同化、标准化、绿色化、数字化、全球化的现代供应链体系提供思路；也希望各位读者和业内专家对本报告多提宝贵意见，共同推进中国供应链的发展。

中国物流与采购联合会副会长　蔡进

目录

上篇　宏观报告

第1章　2022年供应链十大事件　2

一、2月：俄乌开战，影响国际能源、粮食、半导体等多条供应链　3

二、4月：中国物流与采购联合会供应链管理团体标准化工作组成立　3

三、5月：商务部等8单位联合发布《全国供应链创新与应用示范创建工作规范》　3

四、7月：第三届国有企业数智化采购与智慧供应链高峰论坛在北京举办，发布《中国供应链发展报告（2021）》　4

五、9月：国新办举行我国维护产业链供应链韧性与稳定工作新闻发布会　4

六、10月：工业和信息化部启动首批产业链供应链生态体系建设试点工作　4

七、10月：党的二十大报告重点关注供应链韧性与安全　5

八、10月：国际采购与供应管理联盟世界峰会在印度尼西亚巴厘岛举办　5

九、11月：商务部、工业和信息化部、中国物流与采购联合会等联合发布2022年全国供应链创新与应用示范名单　5

十、12月：第三届中国供应链管理年会在厦门举办　6

第2章　中国供应链发展报告（2022）综述　7

一、数字化转型与创新，是推动供应链高效协同的发力点　8

二、自主可控与供应链韧性，是保障供应链安全稳定的立足点　10

三、绿色低碳与可持续，是促进供应链生态循环的切入点　12

四、全球供应链重构与区域化发展，是助力供应链持续升级的支撑点　14

中篇　趋势报告

趋势一　供应链数字化转型　18

第 3 章　国有企业供应链数字化成熟度评价模型研究　19

一、国有企业供应链数字化转型现状　20

二、国有企业供应链数字化成熟度评价模型　23

三、评价结果分级　24

四、指标组成　26

五、评价结果应用　28

第 4 章　数字化赋能大型企业供应链韧性建设　30

一、供应链韧性建设方面的挑战　31

二、数字化供应链韧性建设体系　32

三、企业数字化转型中供应链韧性建设的思考与选择　37

四、总结　39

第 5 章　通信运营行业供应链数字化转型发展报告　41

一、供应链数字化转型背景　42

二、通信运营行业供应链管理特点　43

三、通信运营行业供应链数字化转型现状　45

四、共性特点及不足　48

五、通信运营行业供应链数字化转型路径　50

六、通信运营行业供应链数字化转型发展趋势　53

七、总结　54

趋势二　供应链韧性重要性凸显　56

第 6 章　打造韧性供应链的 5 个核心战略　57

一、供应链的挑战前所未有　58

二、打造韧性供应链的 5 个战略　59

三、发展韧性供应链产业链的几点想法　65

第 7 章　现代供应链韧性管理研究　70

一、 新理念、新实践：现代供应链越来越重视安全与韧性　71

二、 新能力：构建面向未来的韧性供应链　76

三、 新趋势：2035年需要关注的五大变量　81

第8章　由供应链安全看我国新能源车产业发展　85

一、 我国新能源车行业供应链现状　86

二、 国产新能源车供应链积极因素不容忽视　88

三、 2023年国产新能源车供应链情况预测　91

趋势三　供应链可持续发展　97

第9章　发展绿色能源技术，提高自主可控水平，推动船舶发动机产业高质量发展　98

一、 前言　99

二、 船舶发动机的产业链与供应链现状　99

三、 船舶发动机产业链和供应链面临的挑战　103

四、 化解问题、风险，进一步提升船舶发动机产业供应链水平　106

五、 结束语　108

第10章　2022年绿色低碳钢铁供应链发展回顾与2023年展望　110

一、 2022年绿色低碳钢铁供应链发展回顾　111

二、 2023年绿色低碳钢铁供应链发展展望　116

三、 2023年绿色低碳钢铁供应链发展建议　119

趋势四　全球供应链重构　122

第11章　推进区域供应链生态建设，积极应对全球供应链重构　123

一、 2022年全球供应链重构加速　124

二、 构建区域供应链生态圈是应对全球供应链重构的有效方式　125

三、 2023年全球供应链重构趋势展望　129

第12章　中央企业供应链创新发展研究　131

一、 央企加强供应链管理的现状　132

二、 央企供应链建设中存在的问题　134

三、建议与思考　137

第 13 章　生鲜行业供应链创新发展报告　141

一、中国生鲜产业链发展现状　142

二、中国生鲜行业创新模式供应链变化　148

三、中国生鲜行业未来发展预测　154

下篇　企业案例

第 14 章　众陶联：以数据要素提升陶瓷产业供应链发展质量　160

一、行业背景　161

二、主要做法　162

三、成效与创新点　164

四、推广价值　165

第 15 章　吉利控股：构建供应链一体化运营平台，打造汽车产业生态圈　167

一、行业背景　168

二、主要做法　169

三、成效与创新点　173

四、推广价值　175

第 16 章　建发股份："纸源网""浆易通"平台打造浆纸创新数字化供应链　176

一、行业背景　177

二、主要做法　179

三、成效与创新点　181

四、推广价值　183

第 17 章　象屿股份：双网融合，打造多式联运新典范　185

一、行业背景　186

二、主要做法　187

三、成效与创新点　190

四、推广价值 191

第 18 章 浙商中拓：聚焦"三化"建设，促进大宗商品供应链
数智化发展 **192**

一、行业背景 193
二、主要做法 194
三、成效与创新点 199
四、推广价值 201

第 19 章 中铁物贸：构建大宗物资交易平台，打造建筑业供应链
精益管理新典范 **202**

一、行业背景 203
二、主要做法 205
三、成效与创新点 208
四、推广价值 210

第 20 章 亿海蓝：小公司、大行业、大服务，推动航运产业链供应链
数字化 **212**

一、行业背景 213
二、主要做法 214
三、成效与创新点 216
四、推广价值 219

第 21 章 京东集团：打造数智化社会供应链基础设施，走"以实助实"
的特色之路 **221**

一、行业背景 222
二、主要做法 223
三、成效与创新点 224
四、推广价值 226

第 22 章 东方数科："数字化可信仓"打通农粮行业金融服务的通道 **229**

一、行业背景 230
二、主要做法 231

三、成效与创新点 234

四、推广价值 235

第23章 通富微电：推动国产替代，打造自主可控的集成电路产业链 237

一、行业背景 238

二、主要做法 239

三、成效与创新点 241

四、推广价值 242

第24章 三一集团：技术创新与数字化转型并举，提升工程机械供应链安全水平 243

一、行业背景 244

二、主要做法 245

三、成效与创新点 247

四、推广价值 249

第25章 中国储运：服务国家现代流通体系建设，打造"中国放心库"品牌 251

一、行业背景 252

二、主要做法 253

三、成效与创新点 255

四、推广价值 256

第26章 中国港湾：织密国际工程供应链网络，推进高质量共建"一带一路" 258

一、行业背景 259

二、主要做法 260

三、成效与创新点 262

四、推广价值 263

第27章 小米：用互联网思维打造全球化数字供应链 265

一、行业背景 266

二、主要做法 267

三、成效与创新点　　　　　　　　　　　269

四、推广价值　　　　　　　　　　　　　270

第 28 章　厦门国贸：推进资源整合，做值得信赖的全球产业伙伴　271

一、行业背景　　　　　　　　　　　　　272

二、主要做法　　　　　　　　　　　　　273

三、成效与创新点　　　　　　　　　　　278

四、推广价值　　　　　　　　　　　　　279

第 29 章　国赫通：走出去，实现中国车辆与装备销售"无国界"化　280

一、行业背景　　　　　　　　　　　　　281

二、主要做法　　　　　　　　　　　　　282

三、成效与创新点　　　　　　　　　　　285

四、推广价值　　　　　　　　　　　　　286

第 30 章　华能电商：构建智慧供应链集成服务平台，打造发电行业
**　　　　　绿色供应链标杆　　　　　　　　　　　　　　　287**

一、行业背景　　　　　　　　　　　　　288

二、主要做法　　　　　　　　　　　　　289

三、成效与创新点　　　　　　　　　　　296

四、推广价值　　　　　　　　　　　　　297

第 31 章　中材进出口：以创新转型搭建建材供应链生态体系　299

一、行业背景　　　　　　　　　　　　　300

二、主要做法　　　　　　　　　　　　　301

三、成效与创新点　　　　　　　　　　　305

四、推广价值　　　　　　　　　　　　　306

第 32 章　万邦集团：创新供应链平台，领先打造智慧农产品批发市场　309

一、行业背景　　　　　　　　　　　　　310

二、主要做法　　　　　　　　　　　　　311

三、成效与创新点　　　　　　　　　　　315

四、推广价值　　　　　　　　　　　　　316

第 33 章　怡亚通：构建整合型运营模式，赋能供应链良好生态　318

　　一、行业背景　319

　　二、主要做法　320

　　三、成效与创新点　325

　　四、推广价值　327

第 34 章　瑞茂通：创新产业互联网平台，打造大宗商品供应链综合服务体系　330

　　一、行业背景　331

　　二、主要做法　333

　　三、成效与创新点　337

　　四、推广价值　339

第 35 章　欧冶云商：以产业互联网推动钢铁供应链数智化转型　341

　　一、行业背景　342

　　二、主要做法　343

　　三、成效与创新点　347

　　四、推广价值　349

第 36 章　传化智联：打造智能化物流平台，助力制造企业供应链降本增效　351

　　一、行业背景　352

　　二、主要做法　353

　　三、成效与创新点　356

　　四、推广价值　358

上篇

宏观报告

01

第 1 章

2022 年供应链十大事件

一、2月：俄乌开战，影响国际能源、粮食、半导体等多条供应链

2月24日清晨，俄罗斯总统普京发表电视讲话，决定在顿巴斯地区发起特别军事行动，乌克兰宣布全境进入战时状态，并关闭全国领空。俄乌双方正式开战。战争波及国际能源、粮食、半导体等多条供应链。

二、4月：中国物流与采购联合会供应链管理团体标准化工作组成立

4月20日，中国物流与采购联合会供应链管理团体标准化工作组正式批准成立。该工作组的工作范围和职责主要为：了解供应链管理领域的标准化需求，标准提案的收集、论证和初审；组织采购执行与采购管理、供应链管理领域相关团体标准的制定、修订，参与相关标准审查；组织开展标准的实施应用、评价、信息反馈等工作；按工作组章程及工作细则开展工作；等等。该工作组届期为两年。工作组的日常工作由中国物流与采购联合会采购与供应链管理专业委员会承担，工作组组长胡大剑，副组长赵林度、范美华。

三、5月：商务部等8单位联合发布《全国供应链创新与应用示范创建工作规范》

5月5日，商务部、工业和信息化部、生态环境部、农业农村部、人民银行、市场监管总局、银保监会、中国物流与采购联合会等正式印发了《关于印发〈全国供应链创新与应用示范创建工作规范〉的通知》（商流通函〔2022〕123号），规范示范创

建过程中的组织申报、评审认定、过程管理、绩效评估等工作。

四、7月：第三届国有企业数智化采购与智慧供应链高峰论坛在北京举办，发布《中国供应链发展报告（2021）》

7月29日，以"数说国企 链享未来"为主题的第三届国有企业数智化采购与智慧供应链高峰论坛在北京成功召开。会上发布了《2022数字化采购发展报告》《国有企业采购与供应链数字化成熟度评价模型》《中国供应链发展报告（2021）》。《中国供应链发展报告（2021）》以数字化、绿色低碳、转型重构、自主可控4个主题词为主线，梳理了2021年我国供应链发展情况，并对2022年供应链发展的新趋势进行了研判。

五、9月：国新办举行我国维护产业链供应链韧性与稳定工作新闻发布会

9月15日，国务院新闻办公室举行新闻发布会，介绍我国推进产业链供应链韧性与稳定的有关工作及论坛的有关情况。发布会采用北京主会场和杭州分会场现场连线的方式举办，工业和信息化部副部长辛国斌，工业和信息化部规划司司长王伟，浙江省人民政府副省长卢山和杭州市委常委、副市长胥伟华出席发布会，并就举办产业链供应链韧性与稳定国际论坛期望达成的目标，面对国内疫情仍呈现多点散发状态，工业和信息化部在保持工业经济的稳定运行和产业链供应链的安全畅通方面采取了哪些举措，如何看待外资企业在中国的投资不断增长但有个别企业存在产能转移的现象，浙江如何利用数字化改革的成果保持产业链供应链的优化和稳定，新能源汽车领域是否存在盲目重复投资建设的问题，以及我国汽车产业是否面临着攻坚突破难度和复杂程度增大等问题进行了答记者问。

六、10月：工业和信息化部启动首批产业链供应链生态体系建设试点工作

工业和信息化部正式确定杭州、武汉、成都、宁德、南通、潍坊、合肥、株洲、广州、深圳、包头、齐齐哈尔等12个城市首批开展产业链供应链生态体系建设试点。试点城市要通过机制创新、要素集聚、平台搭建、数智赋能和政策支持，推动区域产

业链供应链生态体系迭代升级，形成龙头企业、配套企业、高等院校、科研院所、第三方平台、金融机构等协同联动、竞合共生的生态发展格局。通过试点，探索形成"遴选试点—加强指导—资源倾斜—滚动评估—持续优化—推广应用"的工作推进模式，树立一批可复制、可推广的发展标杆，推广典型案例和成功经验，助力制造业高质量发展。

七、10月：党的二十大报告重点关注供应链韧性与安全

中国共产党第二十次全国代表大会于 10 月 16 日上午 10 时在北京人民大会堂开幕。习近平总书记代表第十九届中央委员会向党的二十大作了题为《高举中国特色社会主义伟大旗帜 为全面建设社会主义现代化国家而团结奋斗》的报告。报告中多处提及产业链、供应链相关内容，为我国产业链供应链发展指明了方向——"着力提升产业链供应链韧性和安全水平""增强维护国家安全能力。坚定维护国家政权安全、制度安全、意识形态安全，……确保粮食、能源资源、重要产业链供应链安全……"

八、10月：国际采购与供应管理联盟世界峰会在印度尼西亚巴厘岛举办

本次会议主题为"通过颠覆性创新引领变革"。来自 30 多个国家和地区的 700 多位企业高层、行业专家和相关代表参加。国际采购与供应管理联盟亚太区主席、中国物流与采购联合会副会长蔡进以视频方式参与国际采购与供应管理联盟（IFPSM）2022 世界峰会并发表题为"凝心聚力共商共建新格局，颠覆创新共享共赢新机遇"的主旨演讲。

九、11月：商务部、工业和信息化部、中国物流与采购联合会等联合发布2022年全国供应链创新与应用示范名单

11 月 4 日，商务部、工业和信息化部、生态环境部、农业农村部、人民银行、市场监管总局、银保监会、中国物流与采购联合会等正式印发了《商务部等 8 单位关于公布 2022 年全国供应链创新与应用示范城市和示范企业名单的通知》（商流通函〔2022〕536 号），公布 15 个示范城市名单和 106 个示范企业名单。

十、12月：第三届中国供应链管理年会在厦门举办

12月22—23日，由商务部指导，中国物流与采购联合会与厦门市人民政府联合主办的"2022第三届中国供应链管理年会"在厦门成功举办。商务部党组成员、副部长盛秋平，中国物流与采购联合会副会长蔡进，厦门市委常委、副市长黄晓舟为大会致开幕辞。商务部流通发展司副司长张祥作了"供应链创新与应用工作回顾与展望"的主旨报告。中国物流与采购联合会会长助理胡大剑发布了《2021—2022全国供应链创新与应用示范案例集》。商务部国际贸易经济合作研究院现代供应链研究所所长林梦发布《全国供应链创新与应用发展报告（2022）》。大会还预发布了我国第一套拥有完全独立知识产权、结合我国供应链产业链发展特点的供应链管理专家（SCMP）系列新书。

02

第 2 章

中国供应链发展报告（2022）综述

中国物流与采购联合会智慧物流分会副会长

陈啸风

中国物流与采购联合会采购与供应链管理专业委员会委员

陈黎

供应链咨询顾问

王金多

2022 年，世界政治和经济形势不断变化，在新冠肺炎疫情反复、地缘政治局势紧张、气候变化及经济通胀等多重因素叠加影响下，全球化产业链发展格局迎来新一轮的加速重构与洗牌，供应链亦受到重大考验。我国已经将产业链供应链转型提到国家发展战略层面，"十四五"规划提出"提升产业链供应链现代化水平"，坚持经济性和安全性相结合，分行业做好供应链战略设计和精准施策，推动全产业链供应链优化升级，形成具有更强创新力、更高附加值、更安全可靠的产业链供应链。党的二十大报告更是明确指出"着力提升产业链供应链韧性和安全水平"这一重大决策部署，这对未来推动产业链高质量发展、加快现代化经济体系建设、维护国家产业安全指明了发展方向。

近年来，商务部、工业和信息化部、中国物流与采购联合会等 8 单位认真贯彻落实党中央、国务院决策部署，联合陆续开展全国供应链创新与应用试点与示范创建工作。2021 年全国首批供应链创新与应用示范创建工作启动以来，各示范城市及企业积极探索新型供应链发展体系及模式，15 个示范城市和 106 个示范企业入选 2022 年全国供应链创新与应用示范城市和示范企业名单，通过不断加强供应链技术与数字化创新，稳步提升供应链风险防范能力，加快全球布局与区域化融合，推进绿色供应链发展等改革举措，确保了产业链与供应链的安全稳定，全面提升了我国供应链数字化、智能化、协同化、绿色化和国际化水平，实现了现代化产业链供应链的阶段性跃迁。可以看到，我国供应链发展呈现出以下四种典型的趋势。

一、数字化转型与创新，是推动供应链高效协同的发力点

供应链数字化转型呈现出加快发展的态势，新一代信息技术包括 5G、大数据、云计算、人工智能等加速向各产业融合渗透，供应链数字化应用的广度、深度及创新水

平不断提高。现代供应链数字化转型与创新，不仅是对传统供应链简单的信息化升级，而且是从宏观产业和微观企业的角度，对企业价值链、组织链、管理链、生产链、服务链的全面革新，是数字技术与组织、流程、管理等要素的深度融合，是一项复杂的系统工程。"十四五"规划指出，要坚持创新驱动发展，加快数字化转型发展，依靠数字技术的创新驱动，不断培育新产业、新业态、新模式，催生新动能、推动新发展。

近年来，数字化供应链模式逐渐向网状结构发展，随着产业的多元化发展，供应链采购、生产、物流、仓储、销售等各环节由多个企业与其他节点相互连接，产业级互联网对现代化供应链体系的支撑作用逐渐增强。产业级互联网平台逐渐从概念走向落地，平台体系持续壮大。在各方的积极推动下，平台建设成绩显著，"综合性＋特色型＋专业性"产业级互联网平台赋能体系初具规模。2022 年，工业和信息化部数据显示，通过实施工业互联网创新发展工程，我国工业互联网广泛融入 45 个国民经济大类，有影响力的工业互联网平台达到 248 家，"5G＋工业互联网"全国在建项目超过4 000 个，5G 由生产外围向核心控制环节延伸。

为更好地打通大中小企业的数据链，仍需不断发挥产业链上头部企业数字化的引领作用，不断提升中小企业的数字化水平。国内领先科技企业正在致力打造符合大中小企业特点的数字化服务平台，积极主动开发一批具有小型化、快速化、轻量化、精准化等特点的低成本产业链供应链协同解决方案和场景，加强对产业链上大中小企业的数字化分析和智能化监测，促进产业链制造能力的集成整合和在线共享。2022 年 11月，工业和信息化部印发《中小企业数字化转型指南》，旨在面向中小企业、数字化转型服务供给方和地方各级主管部门，助力中小企业科学高效推进数字化转型，提升为中小企业提供数字化产品和服务的能力，为有关负责部门推进中小企业数字化转型工作提供指引。

国内已经实施数字化供应链转型的领先企业也在持续加强信息化、数字化建设能力。以数据为基础，以相应的软件、系统和精确的算法为手段，收集客户、供应商、制造、物流等全链条标准化、海量、准确的数据并加以建模分析，最终实现自动响应和智能决策，让万物互联成为可能。2022 年产业链供应链数字化全面提速。工业和信息化部数据显示，2022 年重点平台工业设备连接数超过 8 000 万台（套），工业 App数量近 30 万个，制造企业数字化研发设计工具普及率达到 76%，关键工序数控化率达到 57.2%，这些日益形成的新优势将进一步助力中国在全球供应链体系中占据更加主动的地位。

随着数字化供应链发展的深入，建立产业链供应链生态系统成为新的趋势。供应链管理与服务能力的不断提升，将分散的资源进行整合，建立共享的供应链生态平台，以数字化平台作为沟通节点，以业务数据和可视化报表作为交流和展现的方式，为中小微企业提供订单管理、供应商选择、统一采购、统一分销、通关服务、库存管理、物流配送、供应链金融等一体化全流程综合服务，并以整个数字化供应链平台为基础进行生态建设，推动链条上所有企业共同发展和生态化协同。2021年，国家统计局数据得出，规模以上供应链管理服务企业营业收入为1 324亿元，是2018年营业收入的3.0倍。2022年10月，工业和信息化部启动首批产业链供应链生态体系建设试点工作，正式确定12个城市首批开展产业链供应链生态体系建设试点。试点城市要通过机制创新、要素集聚、平台搭建、数智赋能和政策支持，推动区域产业链供应链生态体系迭代升级，形成龙头企业、配套企业、高等院校、科研院所、第三方平台、金融机构等协同联动、竞合共生的生态发展格局。

在第一批供应链创新与应用示范企业采取的615条举措中，超过30%的举措提到供应链管理平台建设。供应链平台生态圈将成为以生态为基础的新型商业模式，具有长远的战略价值。众多行业的龙头企业及服务企业，通过搭建供应链创新型平台与综合服务体系，实现了资源的高效协同与共享，极大地推动了共享开放的供应链生态圈建设。物流行业更是不断向供应链两端延伸，由最初的第三方物流服务，逐步拓展到企业采购、生产、销售等阶段，集中度不断提高，助力企业实现现代供应链的赋能、降本与获利。

未来10年，数字化技术颠覆力，将成为未来供应链的主要颠覆因素与核心竞争优势。云平台也将显著降低企业建立互联系统基础的成本。在高级数据和人工智能的帮助下，物联网和供应链中实时传感器收集的数据将转化为有价值的见解，帮助企业做出智能决策。企业只有紧跟社会发展潮流，采用最新科技手段和创新管理模式，顺势而为建立数字化供应链，通过数字技术赋能，才能实现自我发展、自我超越，还可以带动上下游企业共同进步，进而推动国民经济循环畅通，为构建新发展格局奠定坚实底座。

二、自主可控与供应链韧性，是保障供应链安全稳定的立足点

当今供应链交易环节多、物料流转链条长且供应链端到端信息流、物流、资金流交错复杂，面对自然灾害、地缘政治冲突等全球性危机，全球化线性分工产业链平衡

被打破，信息阻断、物流停滞，让原先不同地域协同生产的优势成为劣势，断链风险不断增加。中国出口信用保险公司发布的 2022 年《国家风险分析报告》指出，全球政治风险上升和经济复苏放缓相互交织使得我国内外部环境面临新的冲击，维护全球产业链供应链稳定，践行共商共建共享的全球治理观，更需政府、企业以及相关金融机构通力合作，重视防控风险，应对可能的挑战。当前形势下只有提升供应链转型意识，将供应链韧性与安全纳入核心设计，逐渐从线性供应链结构转换为网络生态型结构，积极构建区域化本土化供应链，才能够化危为机，为未来稳定健康发展做好准备。

党的二十大报告与"十四五"规划中，"安全""创新""改革""国际""科技"成为五个高频词汇，其中频率最高的"安全"和"创新"，更是表明二者对于未来构建现代化体系，实现高质量发展的重要性。因此，韧性与安全的供应链发展，必须基于全球格局、国家战略以及新机遇，捕捉国家政策发展方向，迎合市场快速变化需求，进行高效重塑与转型。

2022 年 5 月，工业和信息化部、国家发展和改革委员会等 11 部门联合发布《关于开展"携手行动"促进大中小企业融通创新（2022—2025 年）的通知》，到 2025 年，通过政策引领、机制建设、平台打造，推动形成协同、高效、融合、顺畅的大中小企业融通创新生态，有力支撑产业链供应链补链固链强链。2021 年 3 月，交通运输部会同相关部门成立了国际物流保障协调工作机制，更好地应对国际海运市场运价持续高位、运力供给较为紧张等给供应链带来的挑战，不断加快推进国际物流供应链体系建设，全面保障物流供应链的稳定性。

在政府、企业以及相关金融机构通力合作下，供应链的自主可控能力及韧性显著提升。目前，我国已成为全球制造业全产业链国家，为打造以国内大循环为主体、国内国际双循环相互促进的新发展格局提供可靠支撑。我国制造业国产化率稳步提升，产业链供应链总体自主可控，在输变电、轨道交通设备、工程机械、家用电器等多个领域的终端产品方面具有全球领先优势。在一系列保障国际物流供应链的措施下，2021 年，中国海关总署公布完成港口货物吞吐量 155.5 亿吨，初步统计，同比增长了 6.8%。2022 年，我国的供应链创新与应用示范企业普遍将提高供应链韧性和安全水平作为重点工作之一，并取得了不错的进展。第一批示范企业采取的 615 条举措中，41 条涉及供应链风险防范。一些龙头企业充分发挥产业链核心企业作用，携手产业链合作伙伴，通过引领供应链自主创新，助力国产化产品技术攻关，筑牢产业链供应链安全稳定防线，为国家加快推进 5G、算力网络等信息基础设施建设提供有力支撑。

尽管如此，产业链供应链存在短板和弱项，为推动供应链向着更具韧性方向发展，仍需继续大力加强基础设施建设，建立危机监测预警机制，补短板、锻长板，不断强化供应链协同创新。特别是在国计民生、战略安全等关键领域，紧盯被制约的薄弱环节，推进短板攻关、迭代应用和生态培育，打好关键核心技术攻坚战，疏通卡点堵点，如着力解决汽车等制造业领域芯片短缺问题，实施重点领域产业链供应链贯通工程，持续做好大宗商品、原材料保供稳价，支持跨境电商和海外仓发展等，促进经济循环畅通，大幅提升产业链供应链韧性。

未来构建韧性与安全的供应链，将会呈现出以下趋势。一方面，龙头企业将持续深化在技术创新、产品研发、市场开拓等方面的合作，发挥"链长""链主"聚合带动效应，实现核心技术的国产突破与供应链的自主可控，产业链上下游协同发展，互惠共赢。另一方面，通过数字网络对技术、金融、人才等赋能，协助企业打造供应链韧性。借助供应链端到端智能分析、综合数字规划、运营优化、智能工厂、数字化交付及敏捷商业供应链等解决方案，积极主动监控企业内外部的潜在风险，提前建立危机快速响应机制，提高企业供应链的灵活性与韧性水平。

在这个时代，只有提高产业链供应链韧性，不断增强关键核心领域的供应链自主可控能力，依托 5G、物联网、大数据等先进技术构建网络生态型供应链，才能从容应对未来挑战，化"危"为"机"。

三、绿色低碳与可持续，是促进供应链生态循环的切入点

面对地缘政治紧张局势加剧和去全球化思潮扩大的形势，如何在保障重要产业链供应链稳定安全的前提下，落实环境和气候承诺，成为多方关注的重点。党的二十大报告中指出，"积极稳妥推进碳达峰碳中和"。绿色低碳与可持续是当今的发展趋势，也是必要目标。

近年来，产业链供应链节能减排工作进展顺利，各企业在生产运营环节不断提升相应技术。根据国家统计局发布的统计公报，2021 年，全国万元国内生产总值能耗比上年下降 2.7%，万元国内生产总值二氧化碳排放下降 3.8%。新能源的使用不断助力低碳发展，2021 年，天然气、水电、核电、风电、太阳能发电等清洁能源消费量占能源消费总量的 25.5%，比上年上升 1.2%。公众环境研究中心（IPE）发布的 2022 年度绿色供应链 CITI 指数和企业气候行动 CATI 指数评价结果显示，一批中外品牌企业和供应商积极落实减污降碳主体责任，推进供应链绿色低碳转型，助力全球气候行动。

指数覆盖的 20 个行业的 650 家中外企业中，大中华区多家企业处于领跑位置。

各行业在绿色低碳的道路上发挥行业优势，更新技术理念，助力低碳可持续目标的实现。其中，中国钢铁行业在"强化顶层设计、构建资源保障、明晰技术路径、重塑融合格局、实施成果转化"五步走的指引下大步向前推进绿色低碳钢铁；新能源汽车行业也逐步回暖，在技术创新、独立自主研发等方面获得突破，在国家政策的支持下，发展创新，开辟行业的可持续发展之路；"中国房地产行业绿色供应链行动"也在持续推进，截至 2021 年上半年，参与采购的房地产企业已有 100 余家，"白名单"内的优先采购企业扩大到 3 874 家，企业参与数量仍在不断增加，将形成大、中、小企业绿色联动新趋势，带动房地产企业绿色协同发展。

中国的绿色供应链管理不断夯实研究及实践基础。中国绿色供应链联盟、绿色消费与绿色供应链联盟等机构建立后，高效进行政策宣贯、项目试点、信息公开等工作，有助于绿色供应链管理的实践工作快速展开。

尽管企业在对环境的直接改善方面取得了一定进展，但供应链减排仍存在很大提升空间。在"双碳"背景下，企业社会责任更应强调经济、社会、环境三者的融合与平衡。企业要在创造经济价值的同时，充分考虑供应链运营和生产经营活动对社会和环境的影响，积极承担自身减排责任，并带动、赋能行业和社会低碳转型、绿色发展。

具体来说，企业可从以下 5 个方面入手，履行碳中和背景下的社会责任，实现供应链的可持续发展。

第一，减少自身碳排放。对标行业最佳实践，通过盘查、核算、监测、报告企业温室气体排放情况，科学制定减碳目标，结合未来政策及技术趋势，制定阶段化脱碳路线图。

第二，赋能社会碳中和进程。实体及技术企业通过数字化管理工具、机制和绿色低碳技术，有序推进低碳运营转型；金融企业可对标绿色低碳供应链目标要求，深化和完善绿色金融体系，不断创新绿色金融产品工具，助力中国碳市场的国际化建设。

第三，带动供应链链条各相关方共同实现减碳。企业要以绿色低碳供应链目标为指引，带动供应链上下游的企业、生态合作伙伴、行业联盟内企业以及消费者，就节能降碳达成广泛共识，推动全行业绿色发展。

第四，积极参与标准和政策制定，善用第三方专业资源。企业要积极参与制定低碳相关的国际、国家和地区标准与政策。同时，还可向第三方专业机构寻求战略管理、路径规划等服务，稳步迈向绿色低碳供应链目标。

第五，加强供应链信息公开。企业要合理利用各类公共工具、媒体平台，打造绿色公开的可持续供应链社区，助力绿色采购，推动供应商绿色化。通过信息共享，获取节能减碳信息办法，向前沿技术靠拢，同时接受社会各界的监督，真正实现绿色转型。

四、全球供应链重构与区域化发展，是助力供应链持续升级的支撑点

如今，在大国博弈、产业与科技变革、通货膨胀等多重因素的影响下，全球供应链格局正在加速重构。中国作为全球供应链区域中心之一，在全球供应链体系中的位置和作用也随之发生变化。中国的低成本及规模化等传统优势，逐渐被完整的产业配套、巨大的市场空间、数字化创新应用场景等新核心优势所取代，过去的"世界工厂"正在转变为全球供应链枢纽。我国统筹兼顾经济社会发展与产业链供应链高效和安全，实现了产业链供应链现代化水平的稳步提升，仍是全球供应链的关键支撑力量。根据国家统计局的数据，2021年，我国国内生产总值比上年增长8.1%，经济增速在全球主要经济体中名列前茅；世界银行数据显示，2021年我国对世界经济增长的平均贡献率达到24.9%，是推动世界经济增长的第一动力。我国自主研发与制造的高铁、核电、4G/5G等成体系走出国门，制造业从"中国制造"向"中国创造"迈进，在全球产业链供应链中的影响力持续攀升。

为了更好地在全球供应链重构与区域化发展的进程中再次抢抓机遇，政策层面，我国给予了高度重视与支持。党的二十大报告中强调，要坚定不移扩大对外开放，深度参与全球产业分工和合作，维护多元稳定的国际经济格局和经贸关系。"十四五"规划也提出，要支持企业融入全球产业链供应链，提高跨国经营能力和水平。

全球供应链在重构阶段呈现出以下3个主要趋势。

一是数字化。新冠肺炎疫情流行衍生出大量非接触的在线应用场景，加速了全球供应链的数字化转型。中国互联网络信息中心第50次《中国互联网络发展状况统计报告》表明，截至2022年6月，中国在线办公用户规模达4.6亿人，占网民整体的43.8%。全球市场的碎片化也对制造业的数字化水平提出了更高的要求，只有数字化转型才能使大规模定制化生产成为可能。《"十四五"数字经济发展规划》指出，扩大协同办公等在线服务覆盖面，推动远程协同办公产品和服务优化升级这一举措将成为政府和企业数字化转型的重要支撑。

二是本地化。将采购、生产制造等转移到更靠近商品销售地点的区域成为跨国企

业应对供应链中断更为直接的方式。受外在各种因素影响，各国更为关注粮食、能源、芯片等重点产业链供应链安全。例如 2022 年 8 月，美国总统拜登正式签署《芯片和科学法案》，计划为美国半导体产业提供高达 527 亿美元（1 美元≈6.9 元人民币）的政府补贴。在俄乌冲突持续发酵、能源价格紧张情形下，2022 年 3 月，欧盟委员会发布《欧盟可再生能源：欧盟实现经济、安全和可持续能源供应的联合行动》，提出欧盟计划在 2030 年前摆脱对俄罗斯天然气的进口依赖等。

三是区域化。2022 年，我国实行更加积极主动的开放战略，构建面向全球的高标准自由贸易区网络，推进高质量共建"一带一路"，对外开放取得了新的成就。2022 年 1 月，《区域全面经济伙伴关系协定》（RCEP）正式实施，持续释放开放红利。中国海关总署数据显示，2022 年前 11 个月，中国与 RCEP 其他 14 个成员国进出口总额为 11.79 万亿元，占中国外贸总值的 30.7%。根据中国经济信息社和国家信息中心主办的"中国一带一路网"的统计数据，截至 2022 年年末，我国已与 150 个国家、32 个国际组织签署 200 余份共建"一带一路"合作文件，该合作文件与国家伙伴一道发起"构建稳定和富有韧性的产业链供应链国际合作倡议"，一道倡导建立全球清洁能源合作伙伴关系等。

近年来，在全球化的影响和"一带一路"建设带来的新机遇下，中国企业开始纷纷加入探索"出海"之道的浪潮。在全球产业链中，中国的角色至关重要，也是全球供应链的枢纽。国务院关于数字经济发展情况的报告显示，2021 年我国跨境电商进出口规模近 2 万亿元，与 5 年前相比，增长了 10 倍。中欧班列开行数屡创新高，据国铁和中国海关总署数据，截至 2022 年 11 月，中欧班列 82 条运行线路通达欧洲 24 个国家的 204 座城市，有效维护了全球产业链供应链稳定。

由于中国企业"出海"需要面对更大跨度的供应链管理，构建国际化供应链运营模式、构建多元化资源生态圈、打造高效的人才梯队便显得不可或缺。通过分析创新与应用示范企业领先实践，"出海"企业可以从以下方面构建强有力的供应链解决方案，充分发挥整个供应链生态系统的协作作用，从而更好地支持企业"出海"运营。一方面，"出海"的中国企业可通过数字化平台和数据洞察，全面打通制造、采购和流通等环节。另一方面，企业可通过资源共享建立生态合作关系，积极构建或融入"出海"或本土生态圈，利用彼此的竞争优势相互赋能，实现共享共赢。

在数字化技术、新经济模式和工业 4.0 等浪潮的推动下，我们将迎来现实世界与数字世界融合共生的全新时代。全球供应链格局进入深度调整新阶段，供应链安全的重要性愈发凸显，数字化、绿色转型成为供应链变革的国际共识，本土化、多元化布局正取代以往效率优先的全球化布局。只有善于在大变局中敏锐洞察供应链发展趋势，才能在全新赛道上跑出加速度、抢占制高点、打造新高地。

中篇
趋势报告

趋势一

供应链数字化转型

03

第 3 章

国有企业供应链数字化
成熟度评价模型研究

王志刚 郑坤秀 翟磊 樊少勇 曾明明

供应链的数字化变革始于 2009 年，以 IBM 提出的"智慧的未来供应链"为标志。近年来，数字经济的蓬勃兴起，以及工业革命 4.0、数字化技术，如 5G、物联网、云计算、大数据和人工智能等技术的高速演进，尤其是企业数字化战略思维和数字化意识的不断增强，推动全球供应链数字化转型有了长足发展。

2016 年 G20 杭州峰会上"数字经济"概念的提出，国家对数字经济发展的指示和要求，2017 年国务院办公厅《关于积极推进供应链创新与应用的指导意见》，2018 年商务部等 8 部门《关于开展供应链创新与应用试点的通知》，等等，都进一步推动了我国的企业数字化转型和供应链数字化发展，催生了部分领先的数字化供应链成功企业。

但整体来看，我国的供应链数字化总体处于转型探索阶段，部分进入践行实施阶段，少数企业达到数字化转型深度应用阶段。国有企业是我国国民经济的重要支柱，承担着实现国有资产保值增值、提高国有经济竞争力和放大国有资本功能的重要使命，同时也是落实国家数字经济战略部署，推进供应链数字化转型的引领力量。国务院国有资产监督管理委员会（简称"国资委"）从 2015 年开始持续开展活动，将采购信息平台建设、集成协同、网上采购、电商化采购、电子招标、大数据分析及应用等纳入对标指标，极大地促进了以国资央企为代表的国有企业的采购数字化和供应链数字化转型工作。

一、 国有企业供应链数字化转型现状

供应链数字化是指充分运用 5G、云计算、大数据、物联网、区块链、人工智能、数字孪生等新一代通信技术和数字化技术将传统线性供应链转变为基于网络相互连接、数据驱动、透明可视、协同智能、动态可预测、弹性自适应的数字化供应链的变革活动。

（一）国有企业供应链数字化的基本路径

国有企业是国民经济的重要支柱，是落实国家战略、壮大国家综合实力的重要力量，必须不断增强活力、影响力、抗风险能力。国有企业的供应链数字化工作须遵循国家关于数字经济的发展战略，落实国务院国有资产监督管理委员会"全面推进数字产业化发展、加快推进产业数字化创新"的总体要求，从顶层设计入手，按照战略、行动、成效等的实施路线，制定供应链数字化的专项规划，组织开展数字化转型能力建设和落地实施，并定期进行阶段性成效评价。通过评价验证实施效果，不断优化调整工作计划和保障措施，进一步优化数字化转型工作。

1. 战略

国有企业的供应链数字化应从制定企业战略规划开始，明确供应链数字化的目的、方向、范围，做好总体及分阶段的规划，制定近、中、远期要达到的目标，以及为实现上述目标的保障措施。

2. 行动

战略确定之后即应采取行动，即按照战略规划、战略目标、实施范围制订相应的工作计划，并组织实施。行动内容包括为落实战略所采取的供应链组织能力建设、供应链数字化设施建设，并在规划确定的全部范围内，推进供应链数字化在各个业务场景的落地应用等各项工作。

3. 成效

为验证供应链数字化场景应用效果，企业应建立供应链数字化成效度量指标、供应链绩效指标，形成相应计算模型。依托供应链数字化管理平台获取指标要素相关数据，通过计算模型，测算供应链数字化成效和对供应链绩效改进的贡献，以便调整供应链数字化相关措施，持续推进供应链数字化行动。

（二）供应链数字化的基本目标

1. 业务在线

业务在线是供应链数字化的基本要求。企业应在目标范围内，推动与供应链相关的业务操作及业务管理上线运行，实现业务全流程、端到端各环节全覆盖、全品类覆盖、全组织覆盖的全面数据化。

2. 集成协同

供应链数字化，要求企业应建立供应链管理平台以及相关的业务及管理系统，所有系统之间应实现高度集成或一体化建设，实现业务操作和业务管理与企业上下游、内外部相关主体在线协同。

3. 数据驱动

企业应充分运用数字技术和大数据分析技术，开展建模仿真，挖掘和利用供应链全流程数据要素，指导和推动业务运行，变流程驱动为数据驱动，提高全产业链协同绩效，加速全要素数字化转型。

4. 生态智能

企业应构建数字化连接、智能化决策、自动化执行的供应链生态，形成全场景服务能力，培育数字化采购新模式、新业态。

（三）国有企业供应链数字化转型痛点

在实践过程中，很多国企对自身的供应链数字化转型程度如何、转型是否完成、还需要往哪个方向推进、自身的转型长板短板在哪里等存在很多疑问；还有一些企业则不明白供应链数字化转型如何开展、从何处着手、从哪些方面转等，急需要从理论和实践上予以指导。

目前，国内外关于供应链管理方面的研究方兴未艾。美国供应链管理专业协会（CSCMP）制定了《供应链管理流程标准》，国际供应链理事会（SCC）开发了《供应链运作参考模型》。我国国家标准《物流术语》《供应链管理业务参考模型》分别对供应链做了定义解释，内容包括供应链概念及其结构与特征、供应链管理概念及内涵、供应链业务参考模型等。经查阅资料发现，这类标准中，有的涵盖了供应链管理但未涉及数字化内容，有的专注于数字化管理但没有涉及供应链，尚未发现关于供应链数字化相关评价指标体系或供应链数字化成熟度方面的专门标准或模型。

因此，从现实需要的角度来看，研究建立适用于国有企业的供应链数字化成熟度评价模型，辅助国有企业对其供应链数字化水平进行全面评价，帮助企业准确衡量其供应链数字化成熟度，明确企业的采购数字化程度和发展阶段，发现、定位企业现存的短板和差距，明确未来的优化提升方向，对促进以国有企业为代表的企业供应链数字化转型健康发展具有重要意义。

二、 国有企业供应链数字化成熟度评价模型

针对以上痛点，中国物流与采购联合会牵头组建课题组，研究设计了"国有企业供应链数字化成熟度评价模型（Supply Chain Digitalization Maturity Assessment Model for State-owned Enterprises，以下简称评价模型）"。评价模型适用于国有企业特有的以采购、物资管理部门为核心的供应链，包括供应链数字化成熟度评价的总体指标体系、每个指标的说明、各指标五级评价规则等。指标体系包括 3 个管理域、6 个评价维度，每个评价维度项下设计了若干一、二、三级指标[1]。

国有企业供应链数字化成熟度评价模型的逻辑设计兼顾国家宏观政策、企业微观表现、社会责任贡献等，其总体逻辑架构涵盖政策依据、目标要求、设计逻辑、指标体系、评价依据、预期成效等 6 个部分，完整描述国有企业推进供应链数字化转型的过程和基于目标与成效的评价、验证、改进、提升路线，形成闭环。

图 3-1 所示的评价模型逻辑架构，以顶层的政策为主要依据，以基本目标要求为导向，从战略、行动、成效 3 个域和规划、保障、能力、场景、成果、贡献 6 个维度，以及对应每个维度的指标体系，来逐步细化对企业供应链数字化各要素的分析，通过收集 / 获取、验证 / 查证企业提供的文件、资料、数据、系统、平台、清单、列表、标准、证书等各种评价依据资料，按照指标体系评价要求和每个指标的分级标准，对企业供应链数字化程度或成果进行客观全面的评价。

---

1. 本文仅对模型架构和原理做简单介绍，具体指标及评分规则等内容，篇幅过长，在此不予赘述。感兴趣的读者可以向中国物流与采购联合会寻求完整版。

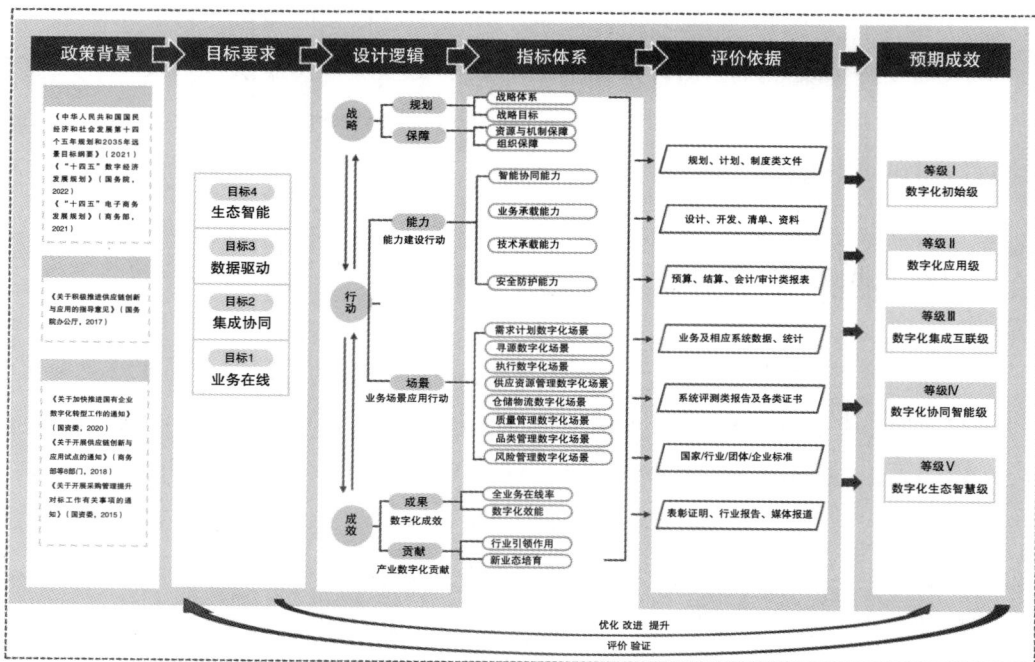

图 3-1　评价模型逻辑架构

评价结果将以企业供应链数字化成熟度等级来表征其供应链数字化水平，同时可以出具评价报告；以评价报告的形式来详细说明企业的供应链数字化实际成果与模型中每一个评价指标的符合度情况，评价报告可以以文字分析、说明或以雷达图等形式直观展示。

三、　评价结果分级

国有企业供应链数字化成熟度评价模型将成果评价划分为 5 个等级，等级数越大表明企业的供应链数字化成熟度或水平越高。

（一）成熟度等级Ⅰ：数字化初始级

在第 1 级成熟度的情况下，企业的供应链数字化处于未就绪状态，企业尚未建成采购信息系统或数字化平台，但部分业务场景或部分业务流程环节实现了信息工具支撑，绝大部分业务场景、流程环节采用线下人工处理的方式。

（二）成熟度等级Ⅱ：数字化应用级

在第 2 级成熟度的情况下，企业供应链数字化领域具有支撑业务操作或采购管理的 1 个或若干个信息系统，但采购信息系统分散建立，未实现信息系统集成；未建成供应链数字平台或即使建立了也未得到全面应用；无法实现采购数据全程互通与信息共享；依托信息系统实现了某个或某几个业务场景的线上操作与管理，未实现供应链全流程、全场景的数字化应用。

（三）成熟度等级Ⅲ：数字化集成互联级

在第 3 级成熟度的情况下，企业有规划、有计划地开展供应链领域的数字化。企业初步建成了一体化采购数字平台或对已有相关采购信息系统实施全面集成，实现数据交互共享；同时与企业内部相关部门实现跨部门、跨业务环节的信息系统集成互联，与企业外部的供应资源、供应市场、信息资源实现部分集成或数据信息交互；实现了供应链所有主要业务场景的数字化应用，但未实现全流程或全组织或全品类的数字化应用。

（四）成熟度等级Ⅳ：数字化协同智能级

在第 4 级成熟度的情况下，企业按照战略规划有组织、有计划、有目标地推进供应链数字化。企业具备完善的供应链一体化数字平台或紧密集成的供应链信息系统，并与供应链上下游、内外部深度无断点集成，实现数据资源全面共享与供应链相关主体的协同操作；实现了供应链所有业务场景和全流程、全组织、全业务品类的数字化应用和自动化操作；基于供应链数据建立模型进行智能分析预测，驱动供应链效率提升和运营绩效优化，形成了数据驱动的协同智能体系。

（五）成熟度等级Ⅴ：数字化生态智慧级

在第 5 级成熟度的情况下，企业按照战略、行动、成效的实施路径有计划地实施供应链数字化。企业具有完善的供应链一体化数字平台，并在所有业务场景、全流程、全组织、全品类上得到充分应用；通过与供应链上下游、内外部所有资源实施集成协同，形成了以企业为核心的供应链网络生态；供应链数据作为生产要素驱动业务运行，实现规划、计划、运营、操作的建模、仿真、自动及智能预测、决策和优化。企业具有支持价值共创的生态智慧能力，全面实现与供应链弹性、适应性调整相关的生态合作伙伴连接赋能、数字业态创新、绿色可持续发展等价值目标。

四、指标组成

国有企业供应链数字化成熟度评价模型从数字化战略、数字化行动、数字化成效3个管理域，分战略规划、战略落实保障、数字化能力建设、数字化应用场景、数字化效能、产业数字化贡献6个维度对企业的供应链数字化成果进行评价。6个维度下均设立一、二、三级指标，指标体系总体设计如图3-2所示。

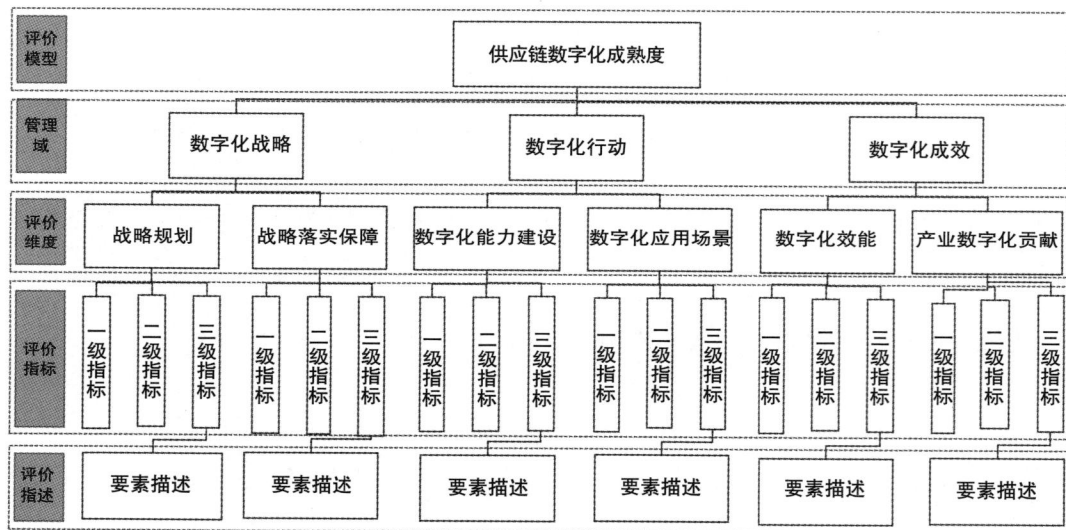

图3-2 评价模型指标体系总体设计

其中数字化能力建设、数字化应用场景是本模型的两个核心维度，其内容组成详见图3-3和图3-4。

（一）数字化能力建设架构

为增强供应链数字化的设施能力，企业应建立供应链管理平台或数字化能力平台。从平台的技术架构（如图3-3所示）来看，其自下而上可以划分为4层，分别为基础设施层、业务支撑层、业务应用层、业务展示层，另外还有贯穿四层的安全防护体系。整个平台需能够为供应链数字化提供4种能力，包括业务支撑层中的技术承载能力、业务应用层中的业务承载能力、业务展示层中的智能协同能力、安全防护体系中的安全防护能力。

整个平台架构图由下往上提供支撑，侧方安全防护体系保障全局。其中业务支撑层的技术承载能力是整个供应链数字化平台的前提与基础；业务应用层的业务承载能力是整个平台的核心，但依赖于业务支撑层的技术承载能力；业务展示层的智能协同能力是用户交互部分，依托于支撑层和应用层；安全防护体系下的安全防护能力对业务支撑层、业务应用层、业务展示层起到全局安全保障作用。

图 3-3　数字化能力建设架构

（二）数字化应用场景架构

供应链数字化应用场景架构是业务场景集合，通过针对每一个数字化应用场景设计评级指标，旨在衡量企业供应链的数字化应用程度，包括每一个场景的数字化应用深度和该场景在企业各组织的数字化应用覆盖广度。

供应链数字化应用场景架构涵盖了一个企业供应链的全流程、全场景，可以划分为管理类应用场景、流程类应用场景、支撑类应用场景三大类，如图 3-4 所示。其中支撑类应用场景包括供应资源管理、品类管理，支撑供应链的业务运行；流程类应用场景包括需求与计划管理、采购寻源管理、履约执行管理、仓储物流与废旧物资处理，覆盖供应链的全业务流程；管理类应用场景包括质量管理、风险管理，贯穿企业供应链的全过程。

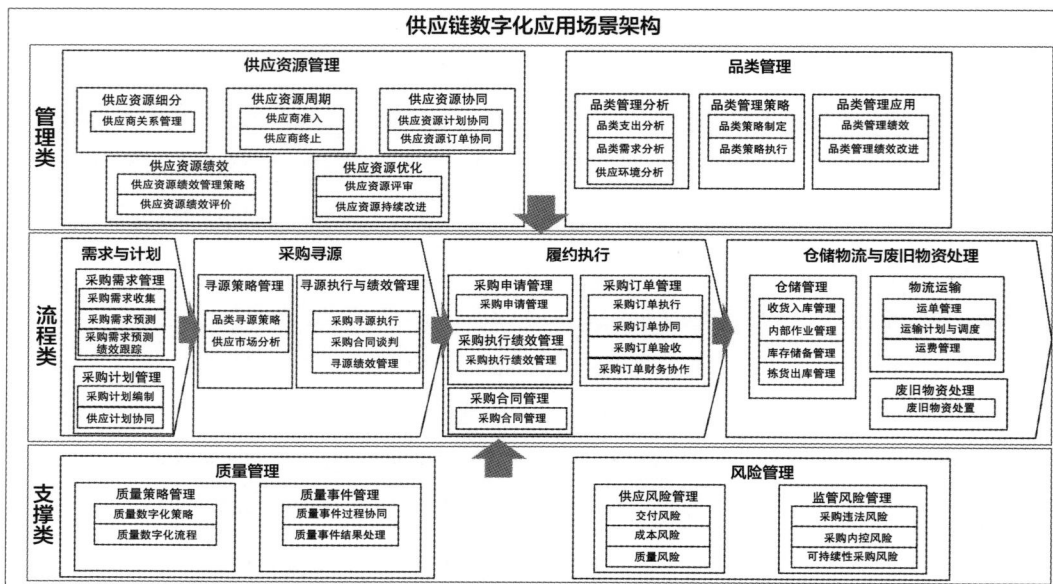

图 3-4　数字化应用场景架构

五、评价结果应用

（一）充分利用评价模型摸清底数

评价模型是辅助企业对其供应链数字化成熟度进行全面评价的有效工具。本工具的应用有助于企业准确衡量当前其供应链的数字化成熟度，明确供应链数字化的发展阶段，定位企业现存的短板。企业在进行当前的供应链数字化成熟度评价时应遵循以下原则。

一是客观真实的原则。企业在开展供应链数字化成熟度评价工作时，应秉持客观公正的原则，在充分理解评价模型基本逻辑和各项评价指标的分级标准的基础上，紧扣企业实际情况，实事求是，既不高估也不低估，如实标识企业供应链数字化水平与成熟度，保障评价结果的客观真实。

二是全面覆盖的原则。供应链数字化成熟度评价工作要求企业充分掌握本模型的评价体系，按照战略、行动、成效及 6 个维度的指标设置，利用评价模型工具，对企业供应链数字化的各个方面进行全面评价。评价内容应涵盖评价模型中的各项评价指标，评价对象应覆盖企业集团总部及各分支机构。

三是重点对标的原则。评价模型的指标体系根据重要程度的不同，对指标分别设置了不同的权重，为企业提供了该指标的最佳实践。企业在进行评价时，应着重理解重点指标和高等级成熟度在本模型中的意义，基于组织现有的供应链数字化程度，找准并重点关注契合企业自身管理及业务特点的维度、指标成熟度等级，探索适合自身的发展路径。

（二）积极应用评价结果以制订行动计划

各企业应充分发挥评价工作的价值，积极探索评价结果的应用。在获得评价结果和成熟度等级的基础上，结合本企业的供应链发展规划，进一步明确供应链数字化发展方向和目标，制订切实可行的供应链数字化改进提升计划，助力企业数字化转型成功。

参考文献

[1] 唐隆基 . 潘永刚 . 数字化供应链：转型升级路线与价值再造实践 [M]. 北京：人民邮电出版社 ,2021.

04

第 4 章

数字化赋能大型企业供应链
韧性建设

金蝶软件（中国）有限公司
李伟

当前贸易摩擦、地缘政治冲突、经济危机等大环境仍未呈现突破性好转趋势，这对我国产业链供应链也造成了严重影响。在未来很长一段时间，企业供应链管理重点仍需继续放在供应链韧性建设上。同时，这些环境因素也直接触发了企业数字化转型的高潮。国际数据公司（IDC）预计，2021—2026 年中国数字化转型投资复合增长率达 18.8%，2021—2026 年软件支出复合增长率为 24.5%。这些大环境促使企业加快了供应链韧性建设的步伐。尤其对于一些大型企业而言，尽早思考清楚如何利用企业数字化转型工作的契机强化供应链韧性，对企业发展有着长远意义。

一、供应链韧性建设方面的挑战

（一）供应链网络的复杂度

大型企业往往都有跨国跨区域的经营活动，大型企业在不同的行业，也有不同的供应链生态伙伴参与供应链网络建设，其物流、现金流以及信息流编织的网络会远远复杂于中小型、单体式的企业，这种精细复杂的网络在面对危机时更加脆弱。对于供应链韧性建设而言，供应链网络的复杂度无疑给企业带来更高的要求，无论是资源投入上的，还是管理水平、人员素质上的。

（二）信息及数据获取的及时性和准确性

大型企业有不同类型的发展路线，如单体企业发展壮大，垂直化扩张，或者横向兼并收购。而一旦企业发展壮大，这些企业在管理、数字化水平等各个方面参差不齐，信息及数据的质量、数量都会有着较大差异。这些数据和信息是对供应链风险评价和判断的基础。企业规模越大，越复杂，信息数据的增长速度就越快，而对信息传递的速度和准确度的要求也就越高。因此，信息和数据的及时、准确获取往往成为企业在供应链韧性建设上较为棘手的问题。

（三）信息及数据的安全性

贸易摩擦、技术封锁和网络黑客攻击等事件的增加，使得许多具有跨国业务或者跨国交易的大型企业对信息数据安全愈发关注。为了避免在业务、技术上的商业机密泄露，企业的业务部门和 IT 部门也开始重视这个特定领域的管理。虽然国家大力倡导国产信创，但企业由于 IT 遗产过于厚重，要同时兼顾生产活动持续进行和系统切换，这对任何大型企业而言都是需要进行通盘考量的系统化工作，也是新历史时期企业 IT 人员面临的严峻考验。

（四）数字化供应链韧性建设的规划

国内企业在过去二三十年都保持高速发展，未遭遇过严格意义上的经济危机或者像当下贸易摩擦背景下的供应链危机，这意味着除了少数优秀企业，大多数企业对于供应链以及供应链韧性建设的体系化思考和管理，都处于初级水平。而供应链韧性建设需要企业不仅对供应链管理和韧性建设有战略上的重视，而且需要有体系化的思路和规划，这对于没有足够经验的企业而言无疑又是一个难以短期补齐的短板。

二、数字化供应链韧性建设体系

（一）数字化供应链韧性建设体系基本框架

1. 数字化赋能供应链管理和网络优化

业务是 IT 的基础，数字化是实现业务能力提升的手段。要通过数字化技术强化供应链韧性，首先供应链网络体系应是完整的、规范的和持续优化的。笔者在服务于各种大中型客户的过程中发现，许多企业本身的业务高速发展，而供应链管理水平跟不上业务发展速度，将数字化作为强化供应链管理的手段，想通过数字化转型来完成供应链的转型，这个初衷是好的，但实际情况是，供应链流程、组织、管理制度等各方面尚未做到闭环管理和运行顺畅，而供应网络的设计和基础也未能充分考虑到业务的多变和不确定性。在这种情况下，即便供应链全局实现了数字化，也未必能提升供应链韧性，该出问题的时候还是会出，有风险的地方仍然存在隐患，这便是一种本末倒置的思维方式。

另外，增强供应链韧性在供应链策略上有增加冗余和增加灵活性两种策略，这两种策略都涉及供应网络的重构和优化，如产能的冗余和互补、供应商的冗余和互补、仓储及库存的冗余和互补，这些都需要有大量的数据分析做基础。如何在满足客户快速响应需求的同时，降低供应链成本，数字化技术对网络优化的支持至关重要。

2. 数字化赋能供应链全局的可视化

"管得到"必须先"看得到"。供应链的可视化一直是一些大型企业的困扰。一方面，企业的数字化程度不高导致许多流程无法实现线上的闭环，那么线下的工作往往依赖于具体的某个或某些员工的能力或者职业操守而差异巨大，而管理决策也受限于这种可视化的缺失，决策者无法进行精准的判断而错失弥补的机会，造成巨大损失。另一方面，这种状态也是供应链风险的一部分，比如一些采购的招投标系统只是承载了立项和评审结果，而没有全过程的记录，这样采购合规管理就容易缺失，而最终的供应商是否真的具备相应能力去履行合同义务只有到了实施过程和结束后才能知晓，这样会存在巨大的潜在风险。如果标的涉及企业人员安全、信息安全、物资供应安全，那样会造成更大的供应链风险。这样的例子在其他领域也比比皆是。

从业务操作层面看，一方面，企业管理人员需要看到每一业务步骤完整地呈现，以及计划与实际执行的差异，另一方面，各协作方对流程上下游的风险进行相互监督，及时识别和介入；从管理决策层面看，管理是管理异常，那么对于供应链运营过程中的异常，企业管理人员需要通过供应链的控制塔或驾驶舱来实现及时有效管理。只有这样才能在效率提升的同时保障安全。

3. 数字化赋能供应链生态网络协同

风险的识别只是基础，而企业内外部的网络协同则是强化机制的驱动力。企业只有增强与内部客户、外部客户、供应商及合作伙伴的数据和信息同步，实现供应链生态网络的互联互通，才有可能对潜在风险进行快速响应和管理。

产业互联网一直是制造型企业最终的数字化转型目标，尤其是一些行业头部企业，其希望借助自己在行业上下游的链主地位来实现全链的网络协同。对于供应链风险管理而言，生态网络各方的协同除了同步风险信息外，更为各方协同管理风险提供便利，如短期对突发状况的处理，中长期风险预防方案的联合实施。一旦整个供应链生态网络的数据可以实现共享，就更容易办到。

4. 数字化赋能供应链应急管理标准化

当我们谈到供应链风险管理时，往往会联想到许多跨国企业在应用的业务持续计划（Business Continuty Plan，BCP）。有些跨国企业已经有了非常标准的企业管理体系，像大家熟知的思科公司，常年在全球供应链25强中名列前茅，其供应链韧性管理的经验值得借鉴。思科有一整套的BCP管理制度，并创建了14个时间管理行动手册，手册里清楚地列明处于何种危机做何种分析以及采取何种行动，并且这个手册内容仍在不断丰富。我国部分大型企业缺失这样的标准管理体系，这就造成了在处理供应链突发状况时没有一个标准的作业流程去指导员工如何保障供应链安全。

数字化技术给我们固化这些标准作业及联网行动提供了条件。一方面，这些企业可以通过供应链驾驶舱看到突发状况，供应链各个部门人员在其业务系统里可以针对这一突发状况开展工作，并将调查、行动的内容同步到系统，非常迅速地将事件的影响降到最小；另一方面，所有处理这些突发状况涉及的数据、措施和结果都会在系统中被记录，有助于后续进行标准化和持续改善。这一系列的行动标准数字化可以避免每次处理供应链紧急事件时都要进行临时讨论，使行动有章可循，也大大提升了供应链风险管理的效率。

5. 数字化赋能供应链监控与分析

供应链流程可视化、协同化和应急管理标准化都是供应链韧性建设在业务层面得到数字化支撑的效果。而供应链的监控与分析则需要考虑如何采集和处理这些业务数据，并对供应链业务各个节点的潜在风险进行提前识别、分析，为决策提供支持。数据的采集不仅涉及一些标准的结构化数据，一些物联设备图像、声音、文本等非结构化数据也是供应链风险识别的重要数据来源。企业通过应用图像、语音、文本智能识别技术和对结构化数据的建模分析可以迅速对一些潜在风险进行判断和处理。

知名的机械设备公司卡特彼勒，由于产品多样化，需要管理全球28 000多个零件供应商和170个国外经销商，库存管理是一个严峻的挑战，库存高企和缺件都会导致供应链的交付风险和财务风险。卡特彼勒通过开发部署人工智能解决方案使得经销商可以查询搜索到所有产品及零部件的流转过程和实时的库存数量，这样可以更好地满足客户需求，也有效帮助了计划人员对库存水位的分析和管理，最大限度减小库存短缺或者过高带来的风险。

6. 数字化赋能供应链决策

在缺乏数字化技术辅助时，数据的庞杂和数据分析的效率低成为常态，在这种技术环境下，供应链风险事件出现后，企业往往无法做出快速和精准的决策，或者无法做出全局优化的决策。对于供应链管理人员来说，处理危机的投入和能减少的损失甚至增加的收益都需要有量化的判断标准，而供应链应急管理标准化以及对这些数据进行分析，则有可能做出基于全局的、精准的决策（如图 4-1 所示）。

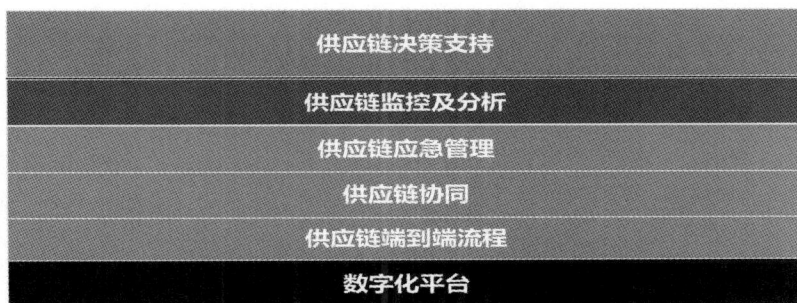

图 4-1　数字化供应链韧性建设的框架

（二）供应链韧性建设中的数字化技术应用

1. 云计算

云计算的发展已经有超过十年的历史，但近年来才真正开始在企业级市场广泛推广。云计算通过向企业提供"无限"的运算资源和存储能力的通用存取，采用按使用次数收费的订阅模式，所以企业无须投入大量经费，尤其是硬件和运维方面的成本投入，就能实现信息技术的大众化。

在供应链韧性建设领域，这项技术是一把双刃剑。一方面，在庞杂的供应链业务和数据处理上，云计算提供了强大的算力和便捷的数据应用，这为企业在供应链风险识别和管理上提供便利；另一方面，由于供应链管理涉及海量的交易数据和管理数据，将业务应用部署在云端本身就是一个潜在的风险。一些特别注意数据安全的企业或者组织对云计算有所保留，其往往拒绝采用公有云服务，选择混合云或者自建基础设施实施私有云部署或本地化部署。

2. 大数据

大数据也是对供应链韧性建设极为重要的一项技术。与传统的分类数据管理及样本式的数据分析方式不同，大数据技术意味着无论这些数据的来源、格式、频率以及是否结构化，我们都可以对其进行存储和分析。当数据足够完整和充足时，我们可以处理几乎所有内部、外部的在线的数据。

对于供应链管理及韧性建设而言，这项技术显然是极为关键的。因为供应链自身的复杂性对数据分析有着天然的要求，供应链风险的预警、预测以及管理决策，都需要大量的数据计算和分析，比如在大数据基础上开发需求预测模型、对库存水位进行自动报警、对采购应有成本的测算、对物流状态进行动态模拟等，都是提升企业的供应链应对变化能力的强有力的支持。同样，大数据的应用也存在挑战，企业要面对各种供应链系统、数据源、数据格式，需要进行数据的治理，使得数据在数量和质量上具备大数据分析的条件。而这项工作的源头在业务端，这是一个庞大的工程，也是大数据应用的基础，目前许多企业仍在数据应用上存在准备不足的情况而未能达到预期效果。

3. 人工智能

人工智能技术的发展一波三折，但近年来，人工智能开始结合企业应用场景，有了一些令人振奋的进展，主要是机器学习、优化和逻辑，而其中在企业软件应用中最令人期待和发展最为迅速的则是机器学习。机器学习技术理念是，计算机不用程序编码可以利用数据进行自主自动学习，其算法会随着数据量的增加而改善，也会因机器（或人）肯定或否定算法推断出的结论而得到改善。

这项技术对于供应链韧性建设核心的意义在于风险预测。通过数据学习对于客户需求的预测，对于供应商供应能力的预测，对于生产运营中人员、设备、物料等状态的模拟预测，提前做好准备，是强化供应链韧性的有力支持。

4. 区块链

区块链技术过去在金融投资领域高速发展，也是在最近几年才运用于企业管理，其实质是简化可靠信息的管理，减少行业之间在审核信息方面的需要。涉及信息追溯、信用评估、法务等领域，区块链技术应用已经较为成熟。

在供应链管理过程中，交易双方的合规风险始终存在，而区块链技术的广泛应用则大大降低了各自的风险评估成本，使得所有信息在各个节点的透明度增加，而且每一节点的信息和数据无法进行篡改，这样供应链涉及的交换或交易的效率大大提升，而合规风险则大大降低。

5. 物联网

物联网如今已是无处不在的传感网络，可帮助所有设备成为实时或者接近实时状态的远程机器可寻址设备。物联网是指以互联网和移动互联网为基础，通过企业的物联网平台连接企业和边缘设备，采集设备信息、数据，平台对数据进行分析和管理。

在出现的供应链突发状况中，生产制造和物流仓储环节中产生的问题带来的影响往往是灾难性的。物联网技术应用会显著减少其中风险，即通过对生产设备远程监控而减少质量和安全事故，避免造成大规模的生产和交付中断，通过传感器感知生产现场及仓库中的各维度状态来减小货物损失和安全环保合规风险等。风险的提前感知和预警功能会留给企业更多时间提前行动，保障供应链顺畅运行。

这些数字化技术往往是相互融合而应用在供应链韧性建设的方方面面，比如大数据与人工智能相结合来进行供应链模拟和预测，物联网与大数据相结合来进行供应链预警和分析。云计算平台集成各项技术为企业提供数字业务流程服务，这种技术的应用将彻底改变过去靠企业员工的被动、粗略和主观的供应链风险管理模式，提升供应链风险感知和分析的精准度，在未来企业提升供应链韧性中发挥越来越大的作用。

三、企业数字化转型中供应链韧性建设的思考与选择

1. 技术架构

在过去二三十年，以欧美软件巨头为主的企业管理软件盛行，并且在与我国大型央国企以及民营头部企业的业务实践中不断磨合和丰富，在产品的业务应用层面已经非常成熟和严谨，这也是多年来其一直碾压国内软件的核心竞争力，但其技术架构在如今的商业环境中显得格格不入。

云计算的出现，让软件即服务（Software as a Service，SaaS）的业务模式开始流行，以 Salesforce 为代表的 SaaS 提供商在多个领域崭露头角。自 2021 年至今，国内的多家企业软件服务商开始大举拓展云业务，这种产品和服务的技术架构与过去单体式的业务系统完全不一样，它采取了微服务、低代码的前、中、后台技术架构，通过将通用

的技术能力作为平台的技术基础，来支撑个性化业务场景的前台应用。而这种通用的技术能力可以根据业务需要灵活调用和组装，利用这种可组装的能力（Packed-Business Capability），企业的信息技术人员不必从头到尾将所有技术考虑进去，再重新构建一套完整的业务系统，无论从成本上还是效率上都对企业供应链管理提供了更好的技术服务。

举个例子，比如企业在做销售预测、采购预测、库存预测时，需要用到大数据分析能力，过去的做法是将销售的、采购的、库存的历史数据分别调用出来，再做数据分析，形成各自的分析结果；而在新的架构下，在前端可以直接调用平台的数据分析工具进行数据的预测分析，无疑更加高效便捷。类似的其他技术如区块链、物联网技术都可以在平台中进行调用，这是技术架构上的变革。

这种云平台的技术架构，不只是对过去企业管理软件的云上复制，其具备了其他用于未来拓展的技术，如与内部遗产系统（Legacy System）和外部客户、供应商及第三方系统的连接，与物联设备硬件的集成，数据分析和智能的应用，等等。这些都是过往的单体式企业管理软件所无法比拟的优势，如上文提到的，这些技术在新的架构上对企业供应链韧性建设有着积极的意义。

2. 业务应用

有不少原来消费互联网的企业一直在尝试产业互联网的市场推广，但迄今为止，未能在消费互联网市场形成规模效应，这是因为消费者的共性相通，而企业受行业特性的限制。企业需采取行业垂直化发展策略，深耕一两个相关的行业。在业务应用上，企业需要对行业有深刻的认知，也需要对技术灵活应用。

尤其对于供应链而言，从销售、研发、采购、生产、物流、售后等供应链管理领域，基础的业务应用是通用的。在这些通用的业务应用中可以抽象出一些高价值的业务模型，比如数量预测模型，其可以用于需要进行预测的各个节点。在具体的行业和企业上又具备差异性，在数字化升级项目实施过程中，这些差异性如果没有被全面考虑，则有可能带来巨大的供应链风险。如有的企业按库存生产（Make to Stock），而有的企业按单生产（Make to Order）或按订单装配（Assembley to Order），那么在物料采购、生产排产以及库存管理的业务应用上的要求完全不一样，企业需要考虑供应链的库存风险和交付风险，在数字化业务应用上对需求管理设置、物料需求计划的运行逻辑设置，以及库存水位的运算设置，则需要做出不同的选择。图 4-2 所示为企业业务应用层次构建示例。

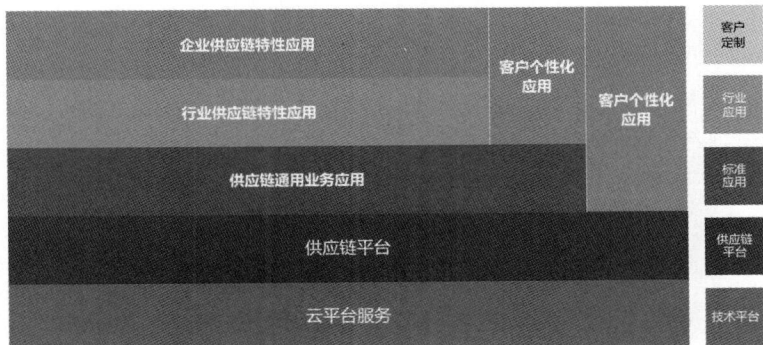

图 4-2　企业业务应用层次构建示例

3. 数据安全

供应链的管理涉及大量的交易和管理数据，这些数据的安全也是影响供应链安全的重要因素。尤其在当前的环境下，数据安全的问题越发成为大企业尤其是一些央、国企需要考虑的头等大事。企业除了需考虑在数字化建设中经常提到的通用的数据采集、传输、存储、使用和删除等各个环节的管理，也需考虑一些基础的软硬件要求，如芯片、处理器、数据库、操作系统等的要求，以避免出现服务停用、交付暂停等导致的供应链业务中断。企业需在基础设施、软件以及部署方式方面考虑是否自主可控、安全可靠，如是否使用国产的软硬件，如果继续使用国外的软硬件则需要综合评估数据安全风险。这需要企业 IT 人员关注到相关产品和服务的提供商的动态，提前做出判断和准备。

四、总结

提升供应链韧性是一项修炼企业内功的系统化工作，需要将业务与技术紧密结合，也需要将各项数字化技术有针对性地应用。对于企业管理人员而言，供应链网络生态既是业务模式的创新机会，也是数字化赋能供应链韧性建设的载体，同时，供应链网络中的各项潜在风险也需要纳入考虑范围。对于企业 IT 人员而言，数字化对供应链韧性建设的支撑，必然要求其对供应链业务和风险管理业务有一定的理解，其次才是技术如何赋能的问题。我国在互联网和移动互联网时代的数字化技术已经具备了相当的竞争力，在未来，大批企业会因为供应链韧性不足而倒下，而数字化技术会赋能企业进行供应链韧性建设，提升企业供应链管理能力，也会助力相当一批企业在危机中"活下来"和"活得更好"。

参考文献

[1] 西贝尔.认识数字化转型 [M]. 毕崇毅，译.北京：机械工业出版社,2021.

[2] 谢菲.弹性赋能 [M]. 郭建龙，译.北京：机械工业出版社,2020.

[3] IDC.中国数字化转型市场预测 2021-2026[EB/OL].2022.

05

第 5 章

通信运营行业供应链数字化
转型发展报告

中国移动通信集团陕西有限公司
程建宁

中国移动通信集团公司供应链管理中心
柳晓莹

华信咨询设计研究院有限公司
周天成　朱晓丹

一、供应链数字化转型背景

近年来，供应链管理创新发展已上升至国家战略层面，数字化已成为推动国家及社会经济发展、行业调整升级和企业战略转型的重要战略手段。国家《"十四五"数字经济发展规划》提出，要加快企业数字化转型升级，强化全流程数据贯通，加快全价值链业务协同，形成数据驱动的智能决策能力，提升企业整体运行效率和产业链上下游协同效率。国务院办公厅《关于积极推进供应链创新与应用的指导意见》提出，要"加快物联网、大数据、区块链、5G 等供应链新技术集成应用，推进数字化供应链加速发展"。《全国供应链创新与应用示范创建工作规范》提出"深化供应链全环节数字化应用，推动数据赋能""促进供应链上大中小企业数字化、网络化、智能化发展"等政策要求。

通信运营企业作为大型央企和信息技术发展的重要驱动者，应在打造优质高效供应链方面走在前列，顺应供应链数字化转型趋势，发挥信息技术在供应链建设方面的优势，探索构建适合通信运营企业的数字化供应链体系。一方面，供应链数字化转型前景广阔。企业的供应链数字化发展大致可分为四个阶段：1.0 阶段——数字化尚未启动，有初步建设计划；2.0 阶段——已实现局部数字化；3.0 阶段——企业内部实现数据整合以及纵向集成，已形成有效的数字化网络；4.0 阶段——供应链上下游产业链延伸和端到端的价值链数字化集成。当前，我国大多数企业仍处于 1.0 或 2.0 阶段，通信运营企业基本均处于 2.0 阶段向 3.0 阶段演进的阶段，供应链数字化转型提升空间巨大。另一方面，技术驱动为数字化转型提供发展机遇。新兴数字技术的发展，为供应链转型提供丰富的土壤与养分，如大数据使得供应链管理从局部"盲目"到全链掌控，供应链全流程实现可视化管控；人工智能可以增强事件流处理和分析，提供自动化决策支持；区块链分布式数据存储、点对点传输、共识机制、加密算法等特点，将显著增强供应链协同运作的精准性和敏捷性；物联网能使实物数据化、信息化以及网络化，从而达到智能化地识别、定位、跟踪、监控以及管理，建立信息流和实物流的密切对应，使供应链变得更高效协同。现代供应链正在朝透明化、智能化、可预测 3 个方向演进发展，数字化供应链成为实现供应链价值的重要手段之一。

二、通信运营行业供应链管理特点

我国通信运营行业主要由中国移动、中国电信、中国联通等国资委管理下的大型央企组成。通信运营企业通过搭建通信网络，集成软件、硬件、服务向客户提供公众通信网络服务，提供的网络服务不涉及有形产品的生产制造和销售。通信运营行业受其业务特点影响，在供应链管理方面有着较为突出的特点。具体表现如下。

（一）集约化管理要求

为响应国家高质量发展的战略要求和实现企业自身降本增效的目标，通信运营企业供应链管理的主要工作方向是推进集约化建设。其主要表现在 4 个方面：一是采购集中化，一般由企业集团收集所属单位一定时间范围内的采购需求，组织集中寻源采购，确定供应商和价格后，由所属单位执行采购结果，以充分发挥集团规模效益；二是业务管理集约化，包括需求管理集约、采购管理集约、物流管理集约、质量管理集约以及风险管理集约等；三是流程标准化，通过规范采购文件范本和过程文件模板、精简业务流程、明确采购时限等手段，优化供应链全流程，提高采购效率；四是数据统一化，依托企业统一的供应链信息化系统，结合物料编码，对所有供应链相关数据进行集中统一管理。

（二）合法合规要求

通信运营行业是国家招标采购合法合规、廉洁风险防控的重点关注和重点监督领域。根据国家法律规定，全部或者部分使用国有资金投资或者国家融资的工程建设项目，施工单项合同估算价在 400 万元人民币以上；重要设备、材料等货物的采购，单项合同估算价在 200 万元人民币以上；勘察、设计、监理等服务的采购，单项合同估算价在 100 万元人民币以上的等应当依法进行招标。通信运营企业依法必须招标的项目，必须按照《中华人民共和国招标投标法》《中华人民共和国招标投标法实施条例》《通信工程建设项目招标投标管理办法》等法律法规要求，按照法定的时限要求组织招标投标活动，程序较为复杂，采购周期较长，在对需求的响应效率方面不如其他采购方式，如比选、竞争性谈判、询价等。

（三）两级管理架构

通信运营企业通常实行两级集中采购，即集团级的一级集中采购和省公司级的二级集中采购。集团公司统一部署供应链管理工作，集团公司、省公司两个层面分别设立供应链集中管理部门，实现需求管理、采购管理、物流管理等供应链管理工作横向部门集中和纵向职能集中。通信运营企业属于中央企业，下设 31 个省级分公司及若干个专业公司，各省级分公司又下设地市级分公司、区县公司和营销服务网格。其特点是组织架构层次分明，管理体系完善，由集团总部实施集中采购，自上而下实施较为顺畅。

（四）"需—采—供"的运营模式

通信运营企业通常采用"需—采—供"的供应链管理模式。"需"是指需求管理环节，采购部门和需求部门协同，按照业务发展需求，确定采购计划和采购项目，此阶段关注需求的准确性和计划性。"采"是指采购管理环节，采购部门按照需求部门提出的采购计划和需求进行采购活动。采购方式多样，采购策略多样，此阶段关注降本增效、快速响应需求、保障合法合规等。"供"是指物资供应管理环节，供应部门保障物资供应安全稳定，通过明确物资需求收集、优化物流配送、加强库存管控、精细合理备货等方式，保障企业网络建设和业务发展的需要，同时避免滞库，此阶段关注重点为及时交付和提高仓储使用效率。图 5-1 所示为通信运营企业供应链管理体系。

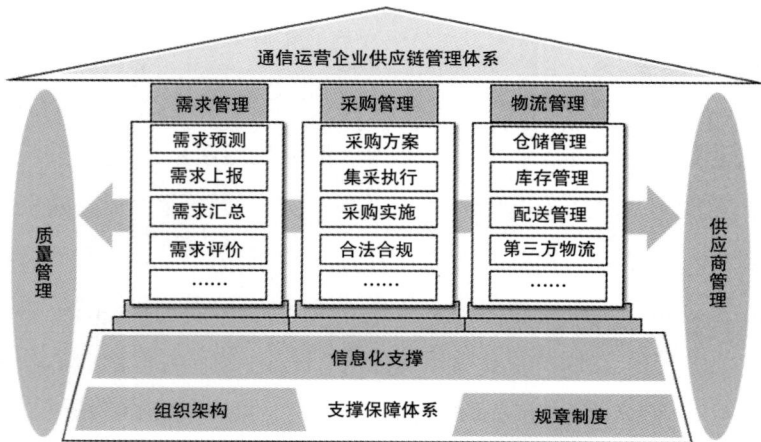

图 5-1　通信运营企业供应链管理体系

（五）供应商生态运营

供应商管理生态化是近年来通信运营企业供应链最明显的管理特点之一。以通信运营企业为核心，供应链主要包括供应商的供应商、供应商（内部或外部）、通信运营企业、客户（内部或外部）、客户的客户，与一般企业供应链整体一致，但略有差异。一方面，通信运营企业的服务质量和满意度高度依赖供应商产品及质量。通信运营企业由于其自身不涉及产品生产制造，其物资全部由供应商所提供，其需要围绕企业采购业务相关的领域，通过对供需双方资源和竞争优势的整合来共同拓展市场，扩大市场需求和份额，降低产品采购以及运营成本。因此选择优质供应商对于通信运营企业显得极为重要。另一方面，政企信息化新业务拓展需要借助共赢生态。随着通信运营企业业务转型发展，其需要与供应商建立和维持更为长久和紧密的伙伴关系，进一步结识、吸纳不同角色的合作伙伴，不断丰富和优化以通信运营企业为核心的供应链生态圈。图 5-2 所示为通信运营企业供应链上下游生态。

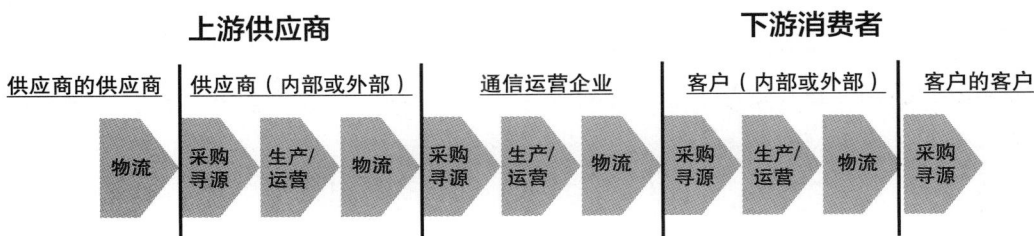

图 5-2　通信运营企业供应链上下游生态

三、通信运营行业供应链数字化转型现状

近年来，通信运营企业以数字化转型为核心，推动供应链升级，实现高质量发展。2021—2022 年是数字化转型关键年，通信运营行业的数字化转型呈现出总体转型不断加速、更关注高质量发展，以及数据处理能力不断提升的趋势。一是陆续出台供应链数字化转型规划、工作任务，高度重视供应链数字化转型，加大建设资金投入，强调以数字引领推动高质量发展。二是重视数据治理与数据管理，将订单、合同、物流等业务要素数字化，挖掘数据价值支撑运营分析，辅助更好地决策。三是加强新技术应用，通过应用机器人流程自动化（RPA）、大数据、物联网（IoT）、人工智能（AI）、区块链等在供应链重要环节形成典型应用场景，提升业务赋能水平。

总体来说，通信运营企业供应链管理重视采购和供应环节，强调采购需求的响应及时性、采购过程的合法合规性、运营管理的降本增效、产品服务的高质适用以及供应保障的安全与稳定性。其与传统的生产制造型企业和新兴的电商互联网企业的关注重点有所不同，供应链数字化转型关注点及建设方向也有其自身特点。本节将结合我国三大通信运营企业供应链数字化转型实例进行综合分析。

（一）中国移动

中国移动以"创建世界一流信息服务科技创新公司"为发展目标，提出"推进数智化转型，实现高质量发展"的发展主线，在供应链管理方面也做出与此相匹配的数字化转型，提出落实数智化发展战略，提高生产力水平，推动由"职能驱动"向"数智创新"转型，加强供应链数字化建设，推动全流程系统贯通和数据共享，充分发挥数据价值，支持科学决策、智慧运营。中国移动应用新技术、新理念推动智慧化采购、电子化交付、可视化物流，为公司转型升级和生产运营提供发展新动能。中国移动通过打造集中统一的业务中台、全面标准的数据中台、先进可靠的技术中台，实现数据、能力和资源的互通和共享，为集团数智化转型和供应链数智化管理体系建设奠定基础。图 5-3 和图 5-4 所示为中国移动供应链数字化转型体系。

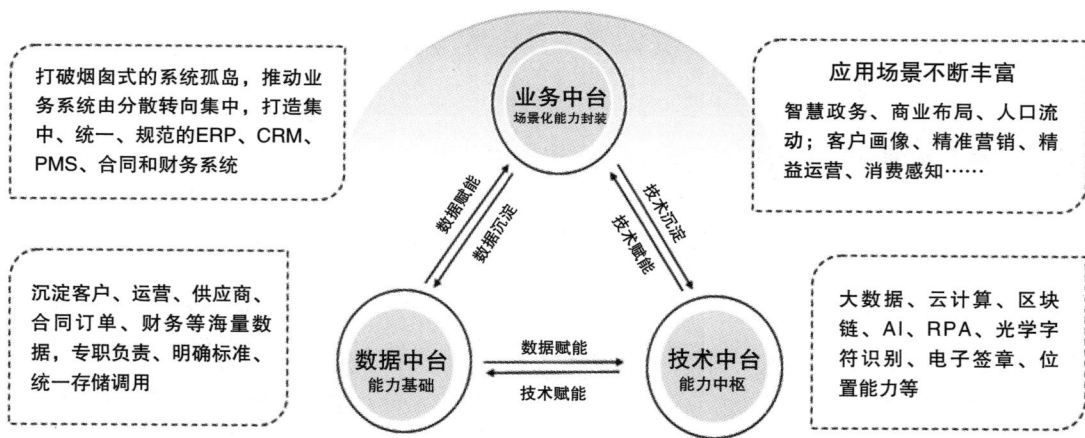

图 5-3　中国移动供应链数字化转型体系（1）

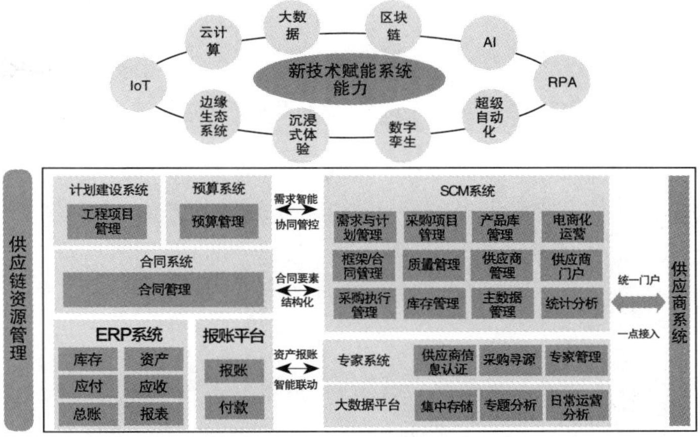

图 5-4　中国移动供应链数字化转型体系（2）

（二）中国电信

中国电信落实"云改数转"战略，加强平台化能力建设，持续推动采购供应链数字化转型升级。其打造中国电信供应链运营与管理平台 CTSC（集团一级集中信息化系统）如图 5-5 所示，由全集团统一管理、统一建设、统一运营。中国电信按照"平台＋应用"模式，基于中心化、服务化的原则，统一技术底座、统一上云标准，加强数据治理，夯实数字化基础。同时，建立常态化的数据分析机制，建立全网供应链数据驾驶舱，不断加强数据应用与分析能力，实现全集团供应链数据统一采集、规范治理、可视化展示。

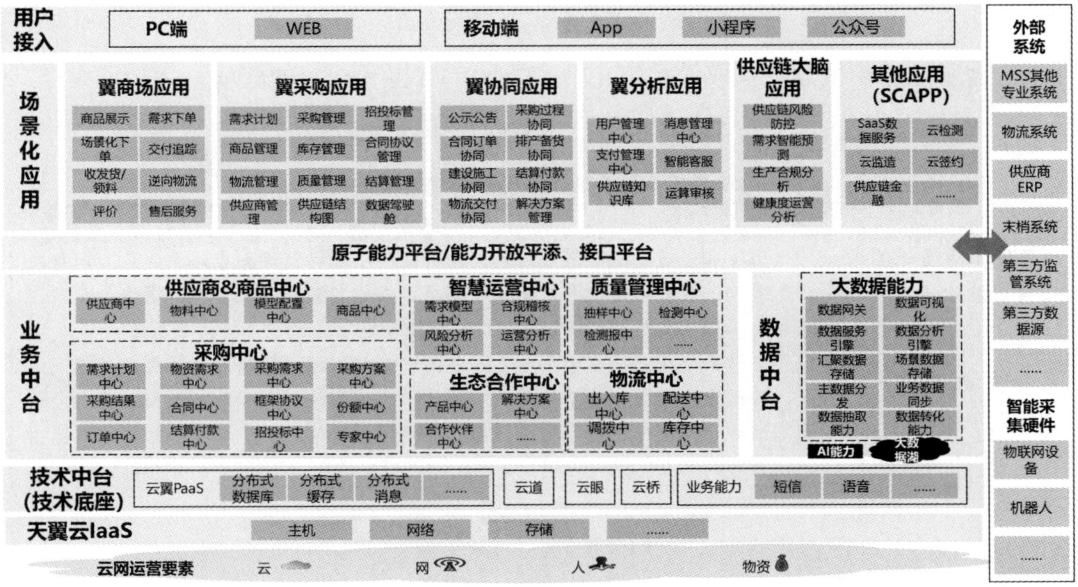

图 5-5　中国电信供应链运营与管理平台 CTSC

（三）中国联通

中国联通基于统一的 IT 底座，建设"一级架构"供应链平台，运用云计算、大数据、物联网、人工智能、区块链等新技术，实现"15(通用业务业务能力)+1(风险防控能力)+N(智能工具)"智慧化升级，并依托供应链平台，开展"3+n+1"智慧化应用，满足公司全专业线全品类物资供应需求。图 5-6 所示为中国联通"一级架构"供应链平台。

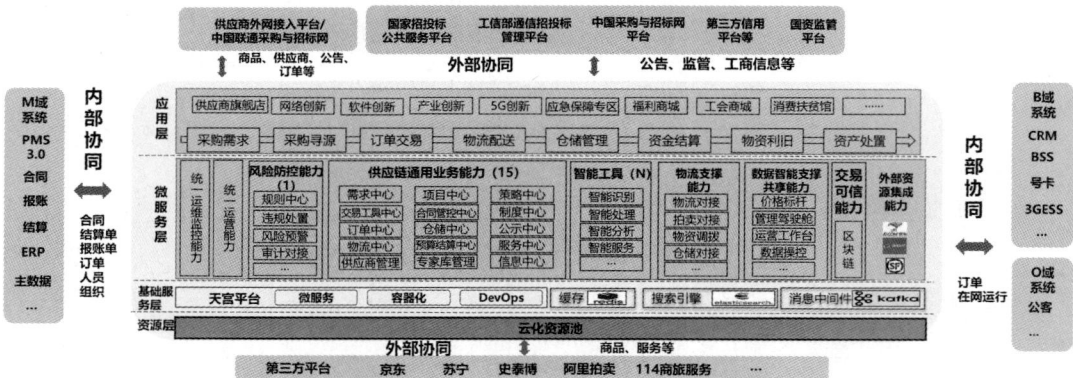

图 5-6　中国联通"一级架构"供应链平台

四、共性特点及不足

三大通信运营企业在供应链数字化转型方面都取得了一定的成就，其转型发展举措特点有一定的共性，主要表现在以下几个方面，如表 5-1 所示。

表 5-1　通信运营企业供应链数字化转型共性分析

共性特点	说明
具备集团级统一的顶层规划设计和战略部署	遵循国家和企业的战略发展方向，结合业务实际和管理诉求，聚焦企业自身供应链管理短板和数字化升级的建设需求，将供应链数字化转型升级作为企业战略重点工程，加强顶层规划与设计，全面规划供应链数字化升级蓝图
打造内部统一的供应链管理平台，统筹内部相关工作	以供应链数字化系统平台为核心，要面向企业内部，打通内部相关业务部门系统，实现企业供应链数字化管理一体化，实现系统贯通和数据共享。针对当前通信运营企业供应链管理系统分散、重复建设等问题，进行系统整合和数据集中化处理，形成覆盖供应链管理各个功能模块的统一的供应链数字化平台

续表

共性特点	说明
构建供应链生态合作平台，实现与生态伙伴战略协同	在保障数据安全的基础上，以内部供应链管理平台为核心，积极对接生态圈内合作伙伴系统平台，共同构建以通信运营企业为核心的供应链生态合作平台。通过加强与各类供应商系统的互联互通，实现需求、订单、生产、配送、库存、份额等数据的共享，打造面向外部供应链生态圈伙伴的数字化平台，提高供应链运作效率，降低供应链运营成本
建立业务需求导向的供应链数字化运营管理机制	立足业务全流程和管理运营需求，通过供应链管理业务数字化变革，推动供应链管理人员改变原有工作方式和工作流程，全面构建数字化供应链运营管理体系。以采购管理环节为例，通过数字化技术可实现远程电子化开评标、电商化采购等新模式，全面提升供应链管理效能
新技术及智能化设备赋能应用	基于供应链管理业务全流程，应用大量的新技术及智能化设施设备对供应链数智化转型进行赋能。当前，物联网、5G、人工智能等新兴技术快速发展，相关智能化设备已经在供应链领域得到较为广泛的应用，提高供应链活动效率的同时，实现供应链数字化管理与运营

从与国内外供应链数字化转型先进企业的对标分析来看，目前三大通信运营企业数字化转型尚未完全达到智慧化水平，需要进一步加强新技术赋能，全面增强智慧运营能力。其不足主要体现在以下几个方面。

（一）供应链及供应链数字化转型力度仍需持续加大

当前通信运营企业对供应链管理的定位仍为保障前端业务开展的后勤辅助，企业供应链的价值创造能力有待进一步挖掘。在降本增效的压力下，通信运营企业对供应链数字化转型的投入力度明显低于技术研发、通信网络建设以及数字化营销等活动，在供应链数字化转型方面投入的人、财、物均有所不足，与建设、营销等领域相比，在供应链数字化建设相关方面的投入占比较小。

（二）缺乏统一规范的数字化标准

通信运营企业的供应链数字化转型升级均在不断摸索中前行，导致进度、效率以及数字化生态建设很难达到预期目标。一方面，通信产品数字化标准尚未建立，同一产品在不同供应商、不同运营企业以及不同客户的信息系统中均具有不同的描述。产品在流通过程中，其信息流需要经过多次映射，阻碍了供应链运作效率提升。另一方面，供应链基础设施包括信息化系统的建设标准尚未统一，基础设施的多样化或将给供应链数字化的兼容性带来挑战。

（三）缺乏有效的经验积累和人才储备

当前通信运营企业的供应链管理从业者专业背景多为采购、物流、工程管理、项目管理等专业。随着供应链数字化转型的进一步深化，供应链数字化升级需要大量"懂业务、懂技术、懂管理"的复合型人才，以此作为推动供应链数字化的基础保障。数字化转型涉及互联网、大数据、云计算、区块链、物联网、自动化、人工智能等技术领域，就现阶段而言，通信运营企业在以上方面的经验积累和人才储备以及培养机制均难以快速满足供应链数字化转型需求，需要通过外部人才进入和协同合作等方式进行快速提升。

五、通信运营行业供应链数字化转型路径

（一）明确供应链数字化总体规划与目标方向

供应链数字化的变革应当是战略驱动的、自上而下的、中长期的规划，需明确目标，有整体性架构作为指引。通信运营企业供应链数字化变革的核心是做好顶层设计、组织管理规划、数据沉淀、数据流通、数据决策，最终实现智能化。通信运营企业通过对供应链业务本质、业务流程的把握，以数据要素为核心对整个体系进行重塑，实现更高的企业运营效率，最终实现企业花费最小的成本推动实现供应链的数字化变革。企业一方面要充分了解自身供应链管理存在的短板和数字化升级的建设需求，另一方面要加强与国家政策标准和供应链生态圈企业对接，将供应链数字化上升到企业转型发展战略高度。

（二）以标准化为基础推进全流程电子化

供应链全流程数字化的基础是标准化。一般来讲，供应链标准化主要包括流程标准化、文件标准化、操作标准化和产品标准化等4个方面。流程标准化是指根据国家法规和企业内部规定，将涉及的供应链业务流程进行标准化设计，规范流程，同时使其更适合信息化系统固化，减少信息化系统流程复杂性，提高工作效率；文件标准化是指供应链全流程中涉及的文件、文档内容的标准化，其目的是使得供应链活动相关文档规范、统一，降低交互和沟通成本，尽可能地消除各相关方对于采购项目的理解

偏差，在确保合法、规范的基础上，提高全流程效率；操作标准化是指对供应链活动组织和实施步骤的标准化，保障供应链组织和实施过程规范、顺畅、高效；产品标准化是指针对通信运营企业产品需求品类众多，产品规格型号和服务种类繁杂的特点，对采购产品进行标准化管理。通信运营企业产品按需求部门不同，主要分为 3 类：一是通信网络类，包括通信设备物资、通信工程服务、通信服务等；二是综合行政类，包括办公设备、办公用品、物业服务、劳保物资、员工体检等；三是市场营销类，包括家庭终端、营销物资、营销服务等。

在供应链全流程标准化的基础上，通过将标准化管理成果固化到信息系统和新技术赋能应用的形式，逐步推进供应链全流程电子化。通过供应链全流程电子化变革，推动供应链管理人员改变原有工作方式和工作流程，全面构建数字化供应链管理体系。以采购管理环节为例，通过数字化技术可实现远程电子化开评标、电商化采购等新模式。远程电子化开评标得到进一步应用，该模式下投标人、采购人、评标专家无须聚集到线下场所，仅需登录网上虚拟评标室即可完成唱价、评审、磋商、公示等环节，所有活动均接受视频监控，保证采购工作的合法合规、公平公正。电商化采购是通信运营企业面向非通物资与第三方电商平台达成采购协议的新型采购模式，该模式下可简化采购流程、提高非通物资集采规模、扩大对电商平台的议价能力，从而改变原有非通物资分散、线下采购模式，大幅提升采购效率。

（三）以结构化为方法推进全信息数字化

供应链标准化是供应链信息化的基础，而供应链数据结构化是供应链数字化的基础。供应链数据结构化是对供应链标准化成果进行结构化设计和重构，通过打造坚实的数据中台，更好地发挥信息化平台的高效和智能优势。具体来讲，就是对供应链全流程、文档进行结构化设计，实现数据的标准统一规范管理。

在数据结构化的基础上，面向企业内部，打通内部相关业务部门系统，实现企业供应链数字化管理一体化，推进全信息数字化；实现供应链相关系统整合，包括供应链管理（SCM）系统、物流管理系统（LIS）、仓储管理系统（WMS）等，形成覆盖供应链管理各个功能模块的统一的供应链数字化平台；同时，打通供应链数字化平台与企业资源计划（ERP）系统、项目管理系统（PMS）、办公自动化（OA）系统等企业内部其他系统的数据接口，全面实现供应链信息数字化。构建基于结构化的供应链全流程标准化体系，结构化的数据和贯通的系统可大幅提高信息化系统的处理效率和增强分析效果使之成为供应链信息化和数字化强有力的基石。

（四）以新技术为手段推进全应用智能化

通信运营企业供应链升级不仅需要搭建数字化供应链平台，同时还需要应用大量的新技术和智能化设施设备为数字化转型赋能。当前，物联网、5G、人工智能等新兴技术发展迅速，相关智能化设备设施已经在供应链领域得到较为广泛的应用，将供应链智慧化运营与5G、物联网、云计算、大数据、人工智能、商业智能和区块链等技术有机融合，充分应用新技术优势，提供便捷智能的自动化辅助工具，将烦琐的事务性操作任务交由信息系统来完成。面向企业不同的内部客户诉求，提供相应智能分析服务，协助采购全链条上的参与方进行科学、合理和高效的管理和决策，在提高供应链活动效率的同时，实现供应链数字化管理与运营，充分发挥数字化供应链应用的价值。

具体来讲，在采购管理中，供应商、运营商以及评标专家可通过5G设备实现在线开评标，通过VR/AR设备沉浸式查看供应商生产环境、办公环境以及所采购的产品，客观公正评价供应商。在仓储管理中，5G为仓储管理提供了高速可靠的网络环境，仓储管理员利用物联网以及VR/AR设备可随时监控仓库内部温度、湿度以及库内环境，利用射频识别技术（RFID）、机器人、无人车、无人机等可以实现库房物资自动化盘点、分拣。在运输管理中，智能化设施设备应用更为广泛，如利用物联网设施感知运输车厢环境，利用北斗卫星导航系统实时监控和规划运输路线。在物资质量管理中，可应用5G、机器人以及其他智能化质量检测设备，对产品质量进行实况检测和数据分析。通过数字化新兴技术的赋能应用，加强IT系统对供应链管理的支撑，强化数据治理，深挖数据价值，实现供应链的全程可视可感可控、高效协同和智能运营，提高预测准确性和管理科学性，进一步优化运营模式，全面提升管理效能。

（五）以数字协同为动能推进全生态智慧化

供应链生态化是通信运营企业在新发展格局下，面向新市场需求的主要趋势，而构建以通信运营企业内部供应链数字化平台为核心，同时面向外部供应链生态圈伙伴的数字化平台是实现供应链生态圈数字化转型的必然要求。通过数字化技术赋能，逐步从"关注供应"的交易关系转变为"关注协同"的战略合作，探索战略供应商运营，深化内外协同合作，构建价值观统一、合作共赢的供应链生态圈。

具体来讲，通过与供应商系统实时对接，实现计划协同、框架合同协同、订单协同、物流协同、交付协同、报账协同、质量协同、电子签章等方面的协同管理，加强与各类供应商系统的互联互通，推进需求、订单、生产、配送、库存、份额等数据的共享。对于通信运营企业而言，其可以提升订单执行效能、保障供货效率质量、降低物资滞库风险，实现合规风险可控可溯、仓库保持高周转率、管理运营透明可视；对于供应商而言，其可实现订单实时可预测、产品资源提前优化、交易流程实时可控、回款高效可预测、产品质量实时反馈。打造"交易在线、供应可视、敏捷柔性、安全可靠"的供应链协同体系，全面加强供应链上下游联动，提高供应链运作效率，降低供应链运营成本。

（六）以复合型人才为保障推进全领域数智化

复合型人才是通信运营企业供应链数字化转型的根本保障。通信运营企业应通过构建符合自身特点的人才发展体系，加快培养供应链数字化复合型人才。一方面，通信运营企业短期内通过外部数字化人才引进的方式，快速填补内部供应链数字化人才的空缺，在较短时间内实现外部数字化人才与业务流程的深度融合，推动供应链数字化升级。另一方面，通信运营企业着眼数字供应链的更新迭代和长远发展，通过轮岗工作、职业教育、技术培训、参观学习等多重方式，加快建立全方位的跨学科、跨行业、跨岗位的内部供应链复合型人才培养模式。

六、通信运营行业供应链数字化转型发展趋势

供应链数字化转型是大势所趋。根据麦肯锡咨询公司发布的报告《供应链 4.0——下一代数字化供应链》，数字技术将使供应链的运营效率大幅提升，包括运营成本降低 30% 以上、销售精准度提高 50%、库存减少 75%。就其转型发展趋势而言，主要有以下几大趋势。

（一）供应链信息化向供应链全程可视化转变

信息化是指依托信息系统汇聚供应链数据。可视化是利用信息技术提升供应链管理能力的重要环节，是指通过采集、传递、存储、分析、处理供应链中的订单、物流以及库存等相关指标信息，基于供应链的需求，以图形化、虚拟现实等方式最终展现

出来，甚至利用人工智能、区块链等技术对供应链进行业务流程的系统仿真和模拟，是在现实供应链的基础上再造一个"数字孪生供应链"，从而能够更好地预测和发现供应链运行中的实际困难，实现供应链风险的实时捕捉和预警，最终提高供应链决策的科学性和前瞻性。

（二）供应链数字化向供应链数智化转变

数智化是数智供应链区别于传统供应链的又一重要特征，即利用人工智能和云计算等技术，实现供应链数据的智能化采集、智能化操作辅助以及智能化决策支撑。比如在采购管理中，采购员可借助智能化设备、语音智能、视觉智能等，实现"一句话下单、一问一答式下单"；库管员通过设备扫描物料码，直接办理物料的出库入库。这些应用大大提高了数据信息采集的准确性和实时性，同时降低了运行成本，使供应链运行终端和管理水平更加智能化。

（三）关键环节的智能化向全链条智慧化转变

关键环节向全链条转变，是指不再局限于供应链的某些重点环节，而是实现供应链全流程的整体优化与重构，拉通"需、采、供"全流程，实现物流、信息流、资金流、价值流四大链接，促进以供应链一体化为基础的采购管理、供应保障和内外部协同等价值链路的深度协同。

（四）辅助人工智能向系统主动智慧化转变

目前，人工智能仍处于弱人工智能阶段，专注于且只能解决特定领域问题，比如依托工具或系统发现采购文件不合规范、物资库存呆滞、审批时效提醒等。未来将开发设计嵌入业务环节，实现主动提示预警并推荐合适的改进方案。

七、总结

企业数字化转型是践行国家高质量发展战略的重要举措，通信运营企业作为国有企业的典型代表，在全面推进数字化转型的过程中，供应链数字化升级必将成为重要一环。供应链数字化转型的深化推进将有效保障企业供应链灵活高效，能够对环境变化作出快速响应，降低整体运营成本，助力实现企业降本增效。数字技术还有助于有效识别、应对和监测供应链中断风险，提升供应链韧性，确保供应链产业链安全稳定。

通信运营企业作为大型中央企业，应抓住新基建和信息技术大发展的历史机遇，在党和国家政策的指引下、在现代信息技术的推动下以及在企业自身的不断革新中深化推进供应链数字化转型，与国际、国内最佳实践对标，不断增强企业核心竞争力。在供应链数字化推动实施方面，应顺应供应链数字化转型发展趋势，明确供应链数字化总体规划与目标方向，投入充足的资金、人力等资源保障变革和升级转型，以标准化、结构化、新技术赋能、数字协同、复合型人才培养等为关键抓手，分步实施、逐步推进，全面打造敏捷、柔性、智慧的供应链体系，实现供应链数智化运营，确保企业采购管理规范、高效，更好地支撑企业高质量发展。

参考文献

[1] 程建宁 . 央企采购数智化转型路径及发展趋势 [J]. 通信企业管理 ,2021(11):2046-2048.

[2] 张翔 . 企业数字化转型的现状及路径探究 [J]. 信息记录材料 , 2020, 21(11):2.

[3] 李鑫 , 冯怡 , 江奎 , 等 . 基于数字化成熟度评估视角的运营商数字化转型建议 [J]. 通信企业管理 ,2021(7):24-29.

[4] 吴江 , 陈婷 , 龚艺巍 , 等 . 企业数字化转型理论框架和研究展望 [J]. 管理学报 , 2021, 18(12):10.

[5] 戚聿东 , 杜博 , 温馨 . 国有企业数字化战略变革：使命嵌入与模式选择——基于 3 家中央企业数字化典型实践的案例研究 [J]. 管理世界 , 2021, 37(11):23.

[6] 麦肯锡 . 供应链 4.0——下一代数字化供应链 . [EB/OL].2017.

趋势二

供应链韧性重要性凸显

06

第 6 章

打造韧性供应链的 5 个核心战略

SAP ISBN 大中国区解决方案架构总监

周金宏

一、供应链的挑战前所未有

当前企业供应链的复杂度正在急剧增加，自然灾害以及难以预测的突发事件造成的不确定性增加甚至导致供应链中断，供应链遭遇前所未有的挑战。

1. 国际环境

由于疫情以及地缘政治的影响，全球供应链失去了稳定性，已经在一定程度上出现了地理上中断的危机。全球化供应链形成的分工体系可能面临着重构。

2. 定向法案

各国都在陆续出台供应链相关的法案和条规。如《德国供应链尽职调查法》旨在要求德国企业确保其外国供应商遵守可持续发展要求，从 2023 年 1 月起实行，罚金最高可达到年营业额的 2%；美国 2022 年 9 月份推出《国家生物技术和生物制造计划》。这些将导致未来特定国家、区域和行业的供应链要素成本及价值重构。

3. 增长陷阱

国内企业一方面面临的是需求不足，营销投入已经进入瓶颈期的情况，另一方面面临长期以来业务增长但是利润却持续下滑，成本居高不下的窘境。企业的供应链面临着管理上的重构。

4. 新技术期待

企业供应链管理的信息化在 2000 年后几年曾经处于一个阶段性的高点，此后由于种种原因一直处于不温不火的局面。2020 年以来，由于数字技术大发展、供应链管理新理念和新模型的创新和实践，业界对数字化供应链之路有了新的期待。根据麦肯锡 2022 年的调查研究 [1]，有超过 86% 的企业管理者将重新设计和优化供应链、建设韧性供应链列为企业数字化的重点。图 6-1 展示了企业供应链管理趋势及发展。

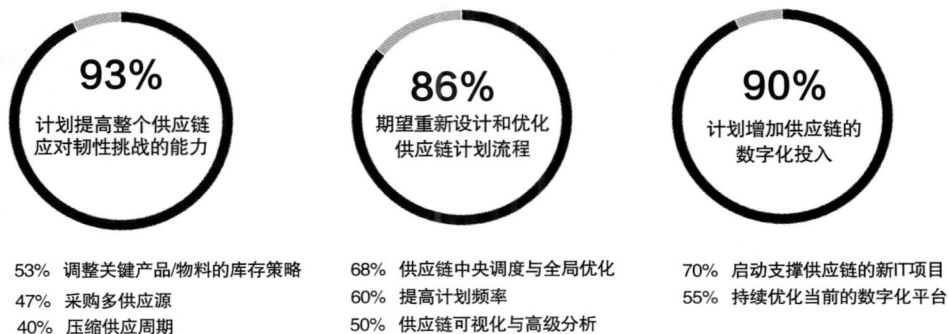

93%
计划提高整个供应链
应对韧性挑战的能力

53%　调整关键产品/物料的库存策略
47%　采购多供应源
40%　压缩供应周期

86%
期望重新设计和优化
供应链计划流程

68%　供应链中央调度与全局优化
60%　提高计划频率
50%　供应链可视化与高级分析

90%
计划增加供应链的
数字化投入

70%　启动支撑供应链的新IT项目
55%　持续优化当前的数字化平台

图 6-1　企业供应链管理趋势及发展

二、打造韧性供应链的5个战略

（一）总体思考，系统规划企业韧性供应链体系

全球产业链正处在深度重构的关键时刻，对中国企业提出巨大挑战。中国已经将保障产业链发展和安全提到前所未有的高度。

在国际产业链供应链大循环中，大多数中国企业目前融入的是国际供应链循环中的单环节，这个环节往往是国际强势企业设计好的、中下游的、低附加值的制造环节。通过这个环节，企业可以将规模做得非常大，但是并不能说明企业的供应链管理能力就强。

连续 3 年 Gartner 评选的全球供应链管理大师前 25 名中，很少有中国企业入围，从侧面说明了这一点。供应链强，一定是全链条的，尤其是营销管理、研发管理、供应链管理三者要相互融合、相互支撑、地位对等，这才是供应链发展的方向 [2]。

很多企业在过去全球化中习惯了大规模复制，擅长在 1 到 N 的维度思考问题。同时由于人工和汇率偏低等因素，造成总体成本偏低的假象，供应链管理没有得到足够的重视，因此掩盖了供应链管理的低效。但是近年来各种环境急剧变化，企业各种成本快速上升，企业认识到侧重单方向发展的局限。同时研发与供应链不匹配、营销与供应链不匹配的问题日益凸显，这也是很多中国企业目前所暴露出来的问题。

作为企业管理决策者，需要总体思考，清晰分析企业自身供应链管理的现状，系统规划并重新定义供应链发展的战略。图 6-2 展示了供应链管理维度新思考。

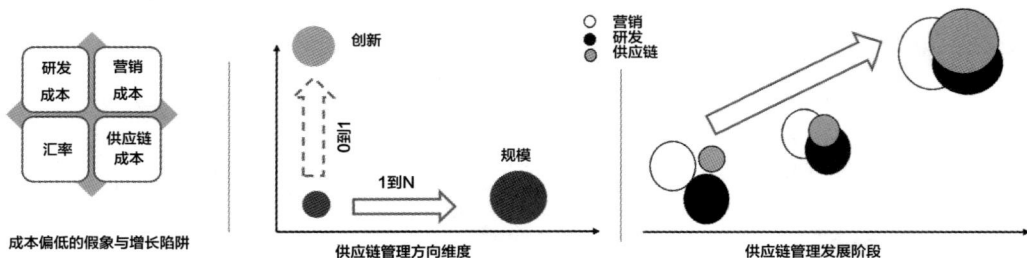

图 6-2　供应链管理维度新思考

1. 从注重规模成本效率 1 到 N 维度到特别注重 0 到 1 创新维度

这不仅是企业在供应链中向高附加值环节发展的路径，还是提高供应链的安全性和韧性、降低供应链中断风险的重要战略。

2. 供应链管理的地位影响企业的发展能力

企业能力来自均衡融合发展的营销管理、研发管理、供应链管理三者能力，企业需要重视和提升供应链部门的地位。

3. 优化供应链管理

可以充分发掘企业的潜力，降低供应链的成本，从而在其他成本处于刚性上升趋势的时候，供应链成本成为企业降低整体成本的最大支撑。

（二）走向前端，提升研发产品的韧性能力

产品的生命周期日益变短，从年变成月甚至更短；同时供应链一些关键环节和零部件的中断事件，使得供应链越来越需要走向前端，参与到产品研发的早期阶段，也就是 0 到 1 阶段。而传统的供应链主要服务于产品的量产阶段，也就是 1 到 N 阶段，大规模低成本实现复制的维度，相应的流程和系统都是围绕着量产的需求而建设的，而这已经无法满足 0 到 1 以创新为目标的战略维度，供应链管理走向前端的能力如图 6-3 所示。

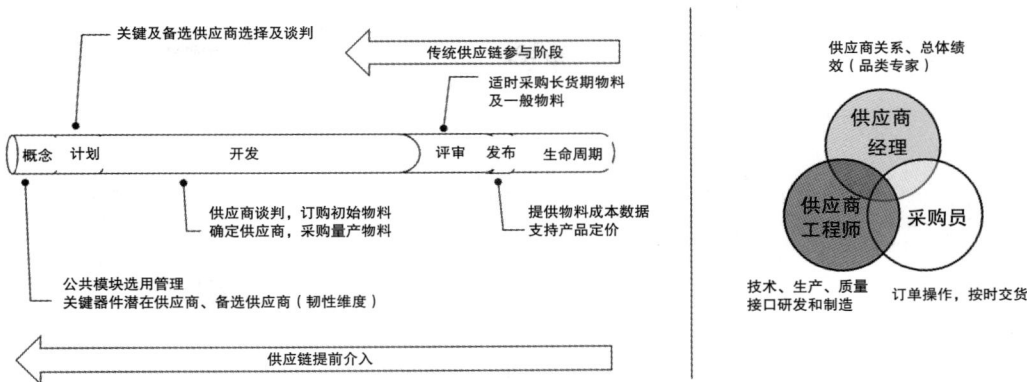

图 6-3 供应链管理走向前端的能力

供应链不仅要让生产满意，也要走向前端，让产品研发满意。在企业产品研发开始阶段，供应链就要介入，而不能等到后期才参与。

尤其在产品概念和计划阶段：供应链要探索产品关键元器件的备选替代方案以及进行供应商的可获得性评估；通过公共模块库的管理，提高产品设计的标准化和通用化比例，降低产品的复杂性，提升产品韧性供应的选择可能性。这是很多企业比较薄弱的环节，也是造成供应链中断最大的因素之一。

供应链走向前端需要有相应的组织架构设计，才能输出相应的能力。重要的就是设置供应商工程师，其作为技术、生产、质量的接口负责人，对接企业的产品设计与供应商的工艺设计，要负责优化产品设计。

（三）减重后端，建设专业供应商管理能力

企业在业务发展过程中，在规模扩大再生产的决策点往往面临着两种选择：一种是企业选择自己来生产，自己投资形成固定资产，自己管理这些资源，形成重资产运作；另外一种是企业选择市场化配置整合资源，通过供应商战略选择与管理供应商，形成轻资产运作，也就是减重后端。

在无法有效获得市场资源的情况下，一些自然重资产等重点战略行业通过重资产运作这一有效途径来构建供应链。但是在专业化分工是大势所趋的背景下，有些企业仍然没有意识到供应链管理能力的重要性，不愿意投入资源，导致专业化人员不足、流程粗放、数字化系统薄弱等问题，于是企业没有能力获得市场资源。如果由于供应链管理能力薄弱，企业不是通过提升供应商管理能力来有效整合内部外部供应商资源，

61

而是依然选择重资产路径，会陷入现金流减少、固定资产回报率低、企业敏捷性变差等困境。图 6-4 展示了供应商管理的专业化。

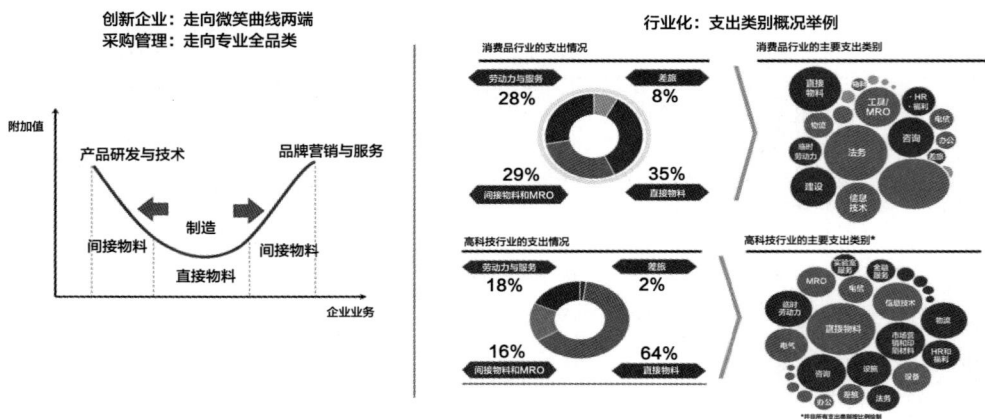

图 6-4　供应商管理的专业化

供应链管理能力是一种软能力，企业从重资产转型成轻资产运营，这是十分重要的。这包括供应商战略分析与分层、供应商选择、供应商集成和协同、供应商绩效与风险管理等。随着采购与供应商管理的专业化发展，管理模型和数字化技术都有了新的创新，采购购买渠道全品类模型、采购效率管控平衡模型等在理论和模型上，完善了有效的供应商管理和采购管理方式，实现了对各种业务供应商管理需求的专业性、用户体验、效率精益化管理要求。这些理论和实践在一些企业中显现出很好的效果，有效提升了供应链管理的能力，帮助企业轻资产高效率敏捷运营。

（四）技术赋能，构建实时韧性供应链计划

供应链管理中最大的问题之一是如何及时处理各种类型的突发风险事件和异常，由于这些挑战在许多方面都是新的，因此不能依靠过去的经验来提出解决办法，需要借助数字化新技术的优势引入构建韧性供应链计划来解决问题。尤其是近年来，一方面由于数字化硬技术如低成本的内存计算和实时高效的通信技术等形成的硬能力的释放，另一方面，数字化软技术如 AI、数字化"双胞胎"等软能力的创新和发展，为供应链管理的实时感知、快速多场景决策、及时调整与执行等提供了新技术的创新赋能。图 6-5 展示了韧性供应链计划决策。

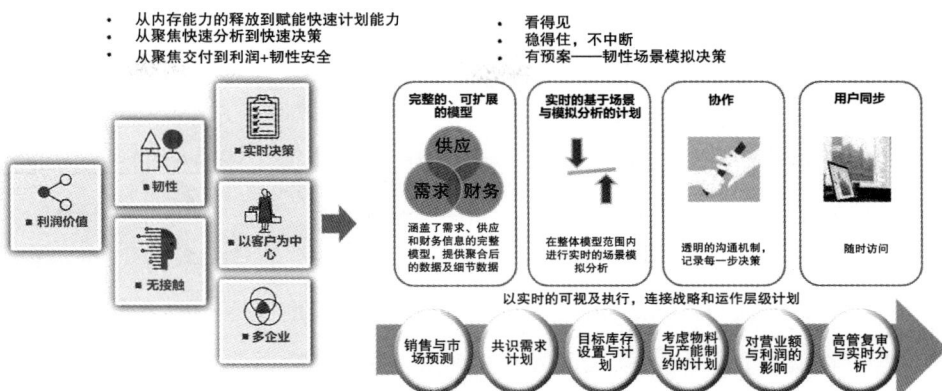

图 6-5　韧性供应链计划决策

从供应端来看：如何实现风险预警和降低风险很重要。因此，各大企业都非常关注供应链风险管理。优秀的供应链企业可以通过数字化构建的供应链大脑，实现风险预警，提前预判，进而提前行动，培养更快的供应链反应能力，形成企业供应链全球化管控和中枢指挥。同时近年频发的供应链中断的风险，使得供应链战略计划的目标发生了重大的转变，不同于传统供应链强调高效和低成本制造，韧性供应链面对突发事件及时识别供应链风险，内存计算和 AI 算法等能够快速提供基于供应链的成本、效率和韧性等不同场景的决策，更好地实现计划和及时调整供应链，提升供应链韧性 [3]。

从需求端来看：需求的碎片化、个性化，使得产品设计变得多样，为了响应这种新型的需求，供应链计划和调度变得很频繁，产线生产也可能频繁切换。这就要求一方面供应链管理运营的颗粒度变得更小，另一方面需要对这些变化进行快速低成本的验证。通过创建端到端的供应链数字双胞胎等技术，各种可能的变化都可以在产线投产、工艺切换前被验证。虚拟的数字化的供应链孪生技术可以有效且低成本地满足用户任意的需求和想法，及时做好供应链计划和交付的各种模拟，同时针对与供应链互联的每件产品和每位客户，进行数字化的检查、监控和维护，提高客户的满意度。

（五）打开边界，以链织网打造产业链协同网络

供应链管理对于企业而言重点在"连接"，目的是"供需匹配和协同"。网络技术的变革，对人类社会产生了巨大影响，多对多的交互形式在全人类的层面上首次出现。由于网络效应带来范围经济的大发展，企业间协同方式也经历了从人工沟通，到电话、邮件、门户，以及商业网络生态圈协作模式。

生态圈协同网络模式区别于传统的点对点的企业沟通模式，通过低成本、标准化、多对多、轻量云化，有效地解决产业链的中小企业供应商不能 100% 上线的问题。

而企业打开边界后，通过多对多的企业上下游互联协同，变成开放性企业，这有助于企业和国内国际接轨，促进双循环，实现和产业链供应链生态圈的全球资源对接、同步参与与协同、共同创新和发展[4]。

业界在这个领域出现了一些清晰的发展方向和趋势。在数字技术时代，无论是德国工业 RAMI4.0（Reference Architecture Model Industrie 4.0），即工业 4.0 参考架构模型，还是中国工业互联网，都是以供应链为主线来整合企业内部和外部的各种资源，实现"互联世界"。企业间供应链生态圈形成的商业网络，在国际上已经形成了几个头部的 B2B 生态圈，其中形成了几个年交易金额超过了万亿美元的规模。而由于生态圈是服务企业的，需要有对企业采购、供应链等业务相关方的深度服务而形成联动，所以这些年一些国际头部企业管理软件公司也频繁收购融合发展生态圈。例如，2012 年思爱普（SAP）收购全球最大的采购和供应链生态圈 Ariba，2014 年 OpenText 收购专注医药等行业的供应链协同平台 GXS，2015 年专注于高科技行业的供应链协同平台 E2open 被收购，2015 年 Infor 收购物流商业网络平台 GT Nexus，2022 年 SAP 收购供应链金融科技公司 Taulia，等等。图 6-6 展示了德国工业 RAMI4.0 与产业链供应链协同生态圈。

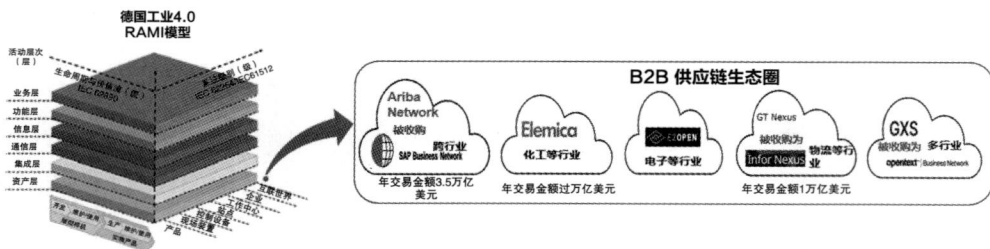

图 6-6 德国工业 RAMI4.0 与产业链供应链协同生态圈

下面以 SAP 为例[5]，介绍其在这些方面的一些研究与实践。SAP 通过对国际国内产业链的趋势分析，提出了改变以企业为中心的传统垂直供应链结构，构建多层级、全链接的"链 - 网"结构，帮助企业打造敏捷、透明、稳定的供应链体系，实现跨行业与区域的联合，形成产业链协同网络；同时定义了 3 类企业在打造"产业链协同网络"的不同阶段均扮演着重要的角色，通过政府和产业的支持来构建不同阶段的能力。SAP 中国也推出"三大业务模块 + 二大业务模式"，即云上稳定的供应链、产业链协同网络和供应链金融等，图 6-7 所示为 2022 年 SAP 的探索与实践，其支撑企业和协助政府来全面赋能打造韧性的产业链供应链的体系和能力。

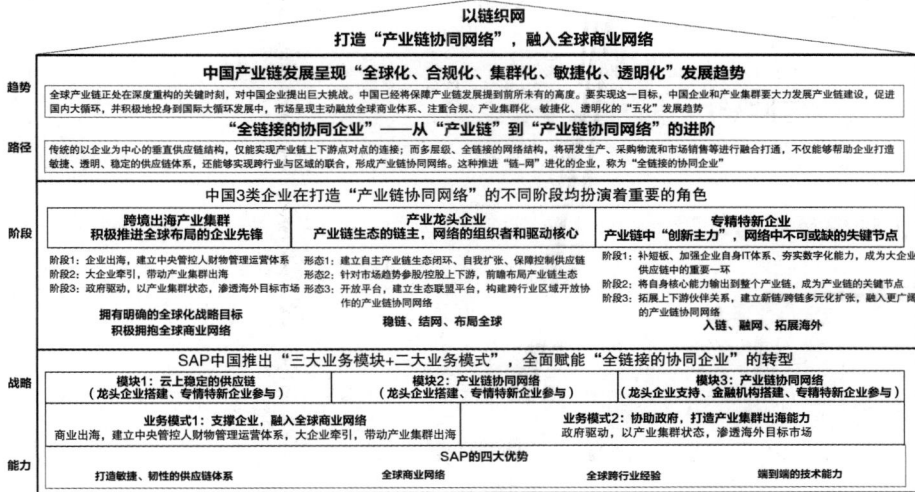

以链织网
打造"产业链协同网络"，融入全球商业网络

趋势 中国产业链发展呈现**"全球化、合规化、集群化、敏捷化、透明化"发展趋势**

全球产业链正处在深度重构的关键时刻，对中国企业提出巨大挑战。中国已经将保障产业链发展提到前所未有的高度。要实现这一目标，中国企业和产业集群要大力发展产业建设，促进国内大循环，并积极地投身到国际大循环发展中，市场呈现主动融接全球商业体系、注重合规、产业集群化、敏捷化、透明化的"五化"发展趋势

路径 **"全链接的协同企业"——从"产业链"到"产业链协同网络"的进阶**

传统的以企业为中心的垂直重构产业链结构，仅能实现产业上下游对点的连接；而多层级、全链条的网络结构，将研发生产、采购物流和市场销售等进行融合打通，不仅能够帮助企业打造敏捷、透明、稳定的供应链条，还能够实现跨行业与区域的联合，形成产业链协同网络。这种推进"链—网"进化的企业，称为"全链接的协同企业"

阶段 中国3类企业在打造"产业链协同网络"的不同阶段均扮演着重要的角色

跨境出海产业集群 积极推进全球布局的企业先锋	产业龙头企业 产业链生态的链主，网络的组织者和驱动核心	专精特新企业 产业链中"创新主力"，网络中不可或缺的关键节点
阶段1：企业出海，建立中央管控人物管理运营体系 阶段2：大企业牵引，带动产业集群出海 阶段3：政府驱动，以产业集群状态，渗透海外目标市场	形态1：建立自主产业链生态闭环、自我扩张、保障控制供应链 形态2：对市场趋势参股/控股上下游，前瞻布局产业链生态 形态3：开放平台，建立生态联盟平台，构建行业区域开放协作的产业链协同网络	阶段1：补短板、加强企业自身IT体系、夯实数字化能力，成为大企业供应链中的重要一环 阶段2：将自身核心能力输出到整个产业链，成为产业链的关键节点 阶段3：拓展上下游伙伴关系，建立新链/跨链多元化扩张，融入更广阔的产业链协同网络
拥有明确的全球化战略目标 积极拥抱全球商业网络	稳链、结网、布局全球	入链、融网、拓展海外

战略 SAP中国推出"三大业务模块+二大业务模式"，全面赋能"全链接的协同企业"的转型

模块1：云上稳定的供应链 （龙头企业搭建、专精特新企业参与）	模块2：产业链协同网络 （龙头企业搭建、专精特新企业参与）	模块3：产业链协同网络 （龙头企业支持、金融机构搭建、专精特新企业参与）
业务模式1：支撑企业，融入全球商业网络 商业出海，建立中央管控人财物管理运营体系，大企业牵引，带动产业集群出海		业务模式2：协助政府，打造产业集群出海能力 政府驱动，以产业集群状态，渗透海外目标市场

能力 SAP的四大优势

打造敏捷、韧性的供应链体系	全球商业网络	全球跨行业经验	端到端的技术能力

图 6-7 2022 年 SAP 的探索与实践

三、发展韧性供应链产业链的几点想法

全球产业链正处在深度重构的关键时刻，对中国企业和产业链提出了巨大挑战。在党的二十大和 2022 年中央经济工作会议上，中国已经将保障产业链供应链的发展和安全提到前所未有的高度[6]。各行各业都在群策群力，分析把握产业链供应链发展趋势和方向，合力建设韧性高质量的产业链供应链。在此，笔者也提出几点关于供应链产业链未来发展的想法，以供探讨。

（一）供应链和产业链关系

供应链是管理学概念，主要是针对企业而言的，重点在"连接"，目的是"协同和高效"。供应链的主体是企业，企业需要主动管理连接自己的上下游企业，共同协作达到供需精准、协同高效。

产业链是经济学概念，主要是针对国家或区域而言的，重点在"拥有"，目的是"发展和安全"。产业链的主体是政府，政府根据资源特点、区位优势、营商环境等引导市场形成有竞争力的产业上下游企业的集聚和产业布局。

在全社会普遍重视供应链产业链的背景下，供应链似乎呈"什么都可以往里装"的趋势，但是实际上，供应链是非常专业的领域，应该在把握"供应链重在链，重在体系，需要链上各方共同协作"的基础上进行专业的操作；同时政府和企业需要形成合力，政

府面向产业链发力，各类企业依靠供应链发力。

（二）中国产业链的优势与不足

1. 大规模复制的优势

中国是产业体系最完整的国家之一。这里讲的"体系"实际上就是"链"，中国的产业链优势体现得非常明显，拥有健全的工业门类和产品配套能力，尽管产业链组成不是最好的，但却是全球唯一拥有联合国所有产业分类的国家。产业链门类齐全、最大单一市场、最多的受教育人口等规模化效应成就了中国制造业独特的竞争力，也就是在全球化环境中大规模复制的能力。

2. 科研和管理创新不足

一些处于低附加值的全球供应链中的单环节，产业链中的中小企业各种要素成本持续升高；产业链中关键技术和环节被制约；各方面过于注重规模及 GDP 的发展，对细分专业分工不够重视，对产品研发持续投入不足；各方面对产业链供应链运营端到端的模式创新认识不足，数字化运营投入有差距，等等。

（三）如何建设更有韧性、更加安全、更高质量的供应链产业链体系

这需要从两个方面来思考，一方面是实体供应链产业链，另一方面是数字化供应链产业链。

首先，从实体供应链产业链方面来思考。

1. 整体梳理，摸清底数，专业深耕，强链补链

以重点行业龙头为牵引，梳理摸清产业链的底数和长短板。从产业链供应链角度，深耕链条上细分领域，通过水平分工和垂直分工相结合，重点培育产业链供应链中的专精特新企业。研究表明，这类在全球产业链细分领域起核心导向作用的隐形冠军——专精特新企业，德国是最多的，占全球 40%，其研发投入强度往往能够达到 6%，而且并不追求走多元化快速扩张道路[7]。政府要支持这类企业增加研发投入，推动企业向微笑曲线两端延伸，注重研发与供应链的高度连接。这样可以解决有效细分市场不

足和被制约等问题，提高产业链的含金量，提升我国企业在全球产业链中的地位。

2. 模式创新，鼓励协同，市场配置，变重为轻

要有供应链思维，变拥有为协同，形成"供需匹配、资源整合、过程协同"。鼓励管理模式的创新，从重视垂直分工到水平分工，从重规模到重管理。中国拥有门类最齐全的产能资源，如果只是继续通过产能规模的"内卷"模式发展，形成的 GDP 既浪费了各种宝贵的要素资源，也可能会形成企业和政府的包袱。通过鼓励核心企业发展以专业化、市场化配置资源，管理形成供应链产业链协同，形成供应链资源优化的模式。这样一方面可解决同质化竞争的问题，另一方面也可解决细分市场开发不足问题。此外，鼓励企业成为供应链管理的优秀企业，建立行业性供应链产业链联盟，汇集既懂业务又懂供应链运营的专业人才，促进产业链供应链管理的可持续发展。Gartner 评估的全球供应链管理优秀公司尤其是轻资产的管理公司，80% 都在西方发达国家。未来中国企业在这方面大有可为。

......

然后，从数字化供应链产业链方面来思考。

1. 循序渐进推动数字化产业链的思维

从供应链产业链的发展视角，可以看到从企业微观到行业中观再到国家宏观层面的角度。相对应的，数字化产业链供应链的发展，从国际国内趋势来看，也呈现了从链主供应链到行业供应链产业链生态圈再到跨行业生态圈的趋势。在这个过程中，数字化新技术起到了重要的作用。尤其是以链织网的新技术，改变了以企业为中心的传统垂直供应链结构仅能实现产业链上下游点对点的连接；而多层级、全链接的、多对多、轻量化网络结构，不仅将企业内部研发生产、采购物流和市场销售等进行融合打通，帮助企业打造敏捷、透明、稳定的供应链体系，而且能够实现同行业、跨行业区域 / 国家的联合，形成产业链协同网络。

2. 鼓励支持数字化链主供应链

政策支持链主企业建立供应链数字化平台，积极支持链主企业带动产业链上下游中小企业入链上线，赋能中小企业数字化转型以及参与和链主企业数字化供应链高效协同；促进有条件的企业间系统对系统直接对接，形成整个供应链数字化转型和数字化内循环。

3. 内生外化构建行业产业链生态圈

鼓励支持有条件的链主企业、龙头企业，通过其数字化产业链平台对外赋能，为整个行业的产业链服务。可以选择支持一些重点行业，如汽车、新能源、生物制药、高科技、装备制造、消费品等行业标杆客户和优秀的供应链软件企业合作，通过先进的产业链供应链架构底座，构建重点行业的数字化产业链平台，内生外化，为整个行业的产业链上下游提供专业的服务，形成产业链高度集成。最有代表性的是，2021年由德国政府牵头，欧洲第一个汽车行业供应链数据生态网络企业联盟Catena-X汽车行业协同供应链生态[8]。其目标是建立行业未来创新发展平台，促进企业尤其是中小企业的可持续发展。目前，其已经发展到104个核心会员，2023年的目标是1 000家汽车行业会员加入平台，并且制定了清晰的2024年发展路线图，以及10个关键的产业链供应链的主题，包括：循环经济、全过程追踪、快速需求供应模拟与控制、数字化"双胞胎"、赋能业务伙伴等。详见图6-8和图6-9。

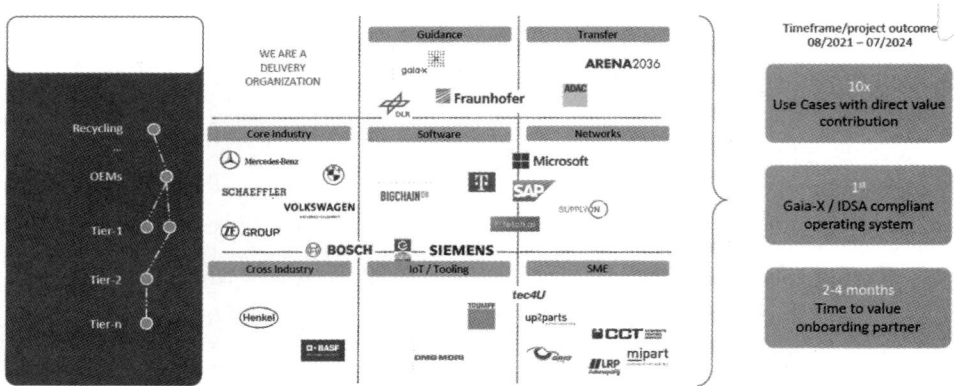

图 6-8　德国政府牵头 Catena-X 汽车行业协同供应链生态

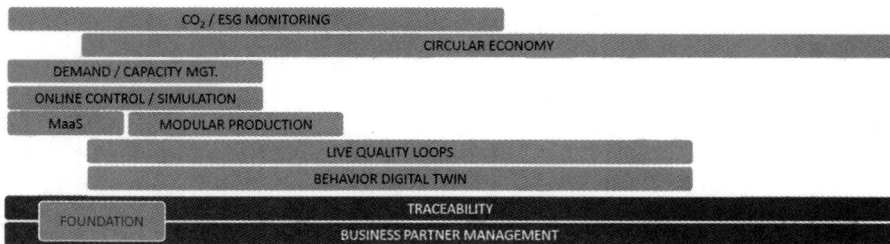

图 6-9　Catena-X 10 个关键的产业链供应链战略主题

4. 安全对接全球产业链生态圈

企业应重视网络空间市场价值，充分发挥跨境电商的作用，利用日益形成的贸易关系将产业链上下游优势企业导入对接，拓展海外目标市场。政府驱动鼓励产业链安全对接全球产业链生态圈，打通数字化外循环。

5. 积极定义数字化产业链生态圈的战略方向

政府积极定义产业链供应链生态圈的标准和方向，明确责权利，做大做强生态圈，带动产业链供应链的未来发展。未来供应链产业链标准的建立、数字化供应链金融、绿色可持续发展供应链、行业及国家数字化供应链产业链风险预警平台等是最重要的战略主题方向，这将极大地降低要素成本、提升产业链供应链的质量和韧性、确保产业链的战略安全。

参考文献

[1]　McKinsey.The Next Normal–a Digital and Resilient Supply Chain[EB/OL].2022.

[2]　IDC.Future Scape: Worldwide Supply Chain 2022 Predictions[EB/OL].2021.

[3]　IDC.Integrated Business Planning is Critical to Building a Resilient Supply Chain[EB/OL].2021.

[4]　Gartner. From Automation to Autonomy: The Supply Chain 2035 Roadmap[EB/OL].2022.

[5]　SAP. 从设计到运维，打造可持续供应链产业链 [EB/OL].2022.

[6]　商务部、工信部、中物联等 .2022 年全国供应链创新与应用示范名单 [EB/OL].2022.

[7]　黄奇帆 . 战略与路径 [M]. 上海：上海人民出版社 ,2022.

[8]　CATENA-X.The First Open and Collaborative Data Ecosystem[EB/OL].2022.

07

第 7 章

现代供应链韧性管理研究

中兴通讯股份有限公司

刘婷婷

21 世纪以来，全球供应链高速发展，新的机遇与挑战层出不穷。当企业在享受全球化带来的巨大好处时，供应链似乎变得比以往任何时候都更加脆弱不堪。2022 年，新冠病毒不断变异，表现出更强的传播性，对供应链造成持续性的干扰；地缘政治冲突，让全球经济面临高通胀挑战，石油、天然气、镍等大宗商品价格飙升，国际物流受阻，物流成本上涨；而伴随着新的国际政策的出台，半导体供应链面临新的不确定性。全球供应链相互联系的复杂性使其非常容易受到系统性风险的影响和冲击，往往牵一发而动全身。美国物料搬运协会（MHI）所发布的《2022 年 MHI 年度行业报告》显示，供应链中断与短缺成为供应链管理的首要挑战[1]。

在新形势下，供应链已经成为全球所关注的焦点，供应链的韧性不仅影响着企业的竞争力，还深刻影响着世界格局的发展。大国纷纷将供应链韧性与安全提升至国家战略层面。2022 年习近平同志在向产业链供应链韧性与稳定国际论坛的贺信中提出，维护全球产业链供应链韧性和稳定是推动世界经济发展的重要保障。而置身于全球供应链宏观环境中的企业个体，是实现全球供应链安全稳定的基础。在工业化时代，供应链以大批量的流水生产为主，所追求的更多的是质量、成本和效率，但是在新时期下，伴随着越来越多的中断事件发生，现代供应链的管理理念和目标正在发生新的变化。而想要在变化的环境中获得可持续竞争力，供应链需要开发出面向未来的韧性管理能力，并且不断审时度势，更好地与不确定性共存。

一、 新理念、新实践：现代供应链越来越重视安全与韧性

环境变化驱动着供应链的转型升级，在稳定的环境下，供应链优势来自效率和规模经济，但是在一个高速变化的时代，成功往往来自创新与适应性。为了应对新时期的各类挑战，领先企业开始寻求新的思路，通过重塑供应链策略、模式、机制、人才

与技术等，提升供应链韧性，打造新时期的核心竞争力。

（一）重塑策略：从精益生产到库存备份

日本丰田汽车公司（以下简称"丰田"）创立了准时制（Just in Time，JIT）的生产方式，企业生产系统的各个环节、工序只要在需要的时候，按需要的量，生产出所需要的产品。随着后工业化时代的发展，丰田这种多品种、小批量、零库存的生产模式在越来越多的企业中被推广和复制。时至今日，JIT 仍然是供应链领域最伟大的发明之一。

然而，JIT 模式就像一台精密的仪器，在安全稳定的环境中运行得非常顺畅，但是一旦脱离了稳定的环境，在风险应对方面就显得"力不从心"。2021 年以来的半导体的缺货潮，导致很多汽车制造商只能减产或者停产。

而丰田在经历过 2011 年日本"3·11"大地震事件所带来的打击之后，深刻意识到半导体的交货时间过长，无法应对自然灾害等破坏性的冲击。为此，其决定定期囤积汽车的关键零部件，要求供应商为丰田储备 2 到 6 个月的芯片。在其他车企普遍担忧缺芯片时，丰田却上调了产量和盈利预期。虽然之后东南亚疫情的加重和反复导致丰田的零部件采购受阻，也被迫大幅调产，但与其他车企相比影响较小。根据丰田公布的数据，2021 年丰田全球销量达 1 049 万辆，同比增长 10.1%。

备份的库存策略被认为是最昂贵但也是最有效的风险管理策略之一，库存可以灵活调整，以备不时之需 [2]。当供应端的交付发生延迟或者中断，备用库存可以保证中短期的持续供应。此外，除了可以抵抗风险、保证供应，库存还有可能带来收益。

然而，冗余的库存也带来成本增加的风险，如何更加"精准"地备货将成为越来越多企业面临的难题。随着数字化技术的发展，供需之间的库存可以实现透明可视，而库存模式也会越来越灵活，除了传统的实物储备，未来越来越多的企业可能会采用协议储备或者产能储备的方式。例如：万华化学的库存管理已进入 3.0 阶段，通过与供应商签订协议，根据库存水位与需求情况实时补充物料，并与核心供应商实现数据对接，不仅能看到供应商寄售的库存，还能看到供应商端的库存；国家在部分战略物资的储备方面采用产能储备的模式，让供应商预备一定的产能，以备特殊时期保障战略物资的生产。

（二）重塑模式：全球资源，本地交付

在 2022 年 Gartner 全球供应链 TOP25 强的评选中，联想以第 9 名的好成绩再次入围。联想 2021 年的财报显示，联想全年营业额近 4 600 亿人民币，同比增长 18%。其业绩的大幅增长，与背后强大的供应链能力密不可分。

联想通过"全球资源，本地交付"，以中国生产基地为主，用多样性网络激活国际市场的道路，打造了高韧性的全球供应网络[3]。联想对全球的供应链网络进行了前瞻性的布局，虽然联想 90% 的产品都是在中国生产，然后发到海外，但是联想在墨西哥、巴西、日本、印度都有工厂，当国内工厂出现产能不足的时候，可以很好地利用跨国工厂的产能，为本地客户提供最好的服务。例如，联想从 2021 年开始在匈牙利中部佩斯州开设了一条新的生产线，主要生产服务器和台式机，很好地增进了和当地民众的关系，也充分体现了"制造是最好的外交"。

另外，联想借助自有工厂＋代工厂协同组合的模式，来应对脉冲式的、不确定性的订单。例如在 2022 年，很多卡车将原本送往深圳工厂生产的物料，转移到合肥工厂。这种异地多工厂间的协同生产模式，很好地强化了供应链的韧性。

（三）重塑机制：健全业务连续性管理

中兴通讯是一家全球化的高科技企业，为了提前应对各类风险事件，公司导入了 ISO 22301 业务连续性管理体系，并逐步发展和完善供应链韧性管理的框架，该框架覆盖了从研发、生产到客户交付的全业务过程[4]。

中兴通讯供应链按照"快速响应，积极防范，降低风险，建立世界级企业的业务可持续能力"的方针，建立了相应的管理体系和应急响应机制，并设立了专门的业务连续性管理委员会和运作团队，通过不同层级间的日常沟通、监控以及评审来确保相关计划、改进的实施和落地。其核心运行模式是通过识别公司赖以生存的产品和服务以及这些产品和服务的关键活动和资源，进行业务影响分析和风险评估，选择和确定合适的业务连续性策略，制订业务连续性计划和事故管理计划，通过演练检验公司在灾害应急和业务恢复方面的能力，最大限度地保障客户、股东等相关方的利益，降低公司经营风险。

为保障公司商业可持续，不发生材料供应中断风险，供应链构建了从产品设计、计划、采购、生产制造到订单履行的分层防御体系：一是在产品设计方面，公司一直

秉承开放合作、共享共赢的理念，坚持核心技术创新与全球化采购并行的策略，通过前端研发选型管控、前瞻性资源布局以及全球供应商战略合作，提前防范风险，做到技术、质量、成本和交付等综合成本最优；二是在计划与采购方面，加大对行业产能紧张、采购周期长、供应弹性差等关键风险物料的缓冲库存，预防供应中断；三是在生产制造方面，建立了深圳、河源、长沙、南京、西安五大生产基地，各生产基地之间具备一定的相互备份的能力，在中断事件发生后能够保障业务快速恢复；四是在订单履行方面，每周协同市场、供应商进行中长期供需平衡分析，及时解决各类供应风险，确保全球项目及时交付。

中兴通讯关注可能导致潜在运行中断的事态影响，当事件影响程度已达到规定的上报标准时，按照突发危机事件升级管理流程，立即上报到公司业务连续性管理委员会，持续报告事件处理进展，直到恢复完成及事后复盘结束。

（四）重塑人才：前瞻洞察，远期管理

2022年，采购要么忙着应对供应链中断，要么忙着控制"涨价"。尤其是大宗物资价格的飙升，企业焦虑，采购不安。在这个时候，谈判、比价、招标似乎显得力不从心，为了管理不断变化的成本，一些企业想出了新的方法。

在亨通集团（以下简称"亨通"），涉及的大宗物资采购较多，包括有色金属（铜、铝）、黑色金属（钢铁制品）、塑料等。这些原材料市场价格波动往往比较激烈。企业虽然可以预测价格，但却无法控制价格。为了应对价格的冲击，亨通十分关注行情的波动，集团内部安排专人跟踪，及时预警，并建立了情报收集和汇报机制。

亨通提倡人人都是情报员，采购每天都会接触供应商的各种信息。采购部指定人员收集信息，并由专人汇总发到内部采购群共享、分析。而在集团总部层面，品类负责人会专注各自负责的品类收集信息，并及时共享。每个月，品类负责人也会形成重点品类的行情分析报告，指导采购决策，为招标提供建议，保证信息通畅。

为了更好地管理远期成本，亨通在上海设有专门部门——期货集采部。每周日，期货集采部都会总结国内外情况并提出建议，包括基本预判以及一些注意事项、趋势变化等。此外，集团内部还有一套比较完整的套期保值制度，可以指导员工严格按照要求进行套期保值，避免风险。如果发现大宗物资价格波动厉害，采购会及时和供应商沟通，根据情况建议供应商备货，避免价格大涨时产生损失。此外，对于有能力的供应商，采购也会与其一起商讨，做套期保值工作；针对有能力和有资本的供应商，采购

会预付一部分定金，让供应商在现货上做备货、囤货，预锁定一部分的现货。可以看出，亨通通过和产业链上的供应商一起努力，来规避风险。

（五）重塑技术：风险地图提升供应链能见度

德勤《2021 年全球首席采购官调研报告》的研究显示：70% 的受访者认为在过去一年采购风险有所加剧；56% 的受访者表示其关键供应商已经破产或受到严重影响；41% 的受访者不得不加快运输以保持供应线路畅通；70% 的首席采购官虽然认为他们对一级供应商存在的风险有很好的了解，然而仅有 15% 对二级及以上供应商存在的风险有所了解 [5]。可见，很多企业对自己的供应网络知之甚少，供应链透明度的提升是一片蓝海。一些领先的企业如思科、IBM 等利用数字化的工具绘制供应链风险地图，提升供应链能见度，从而更加主动地管理风险。

风险可视化可应用在多种场景中，例如：风险的级别可视，以便不同层级的风险触发不同级别的响应；风险的分布可视，地理位置可视，做到"心中有谱"；风险的影响路径可视，关联关系可视，缩短定位时间。

供应链弹性和风险管理解决方案的提供商 Resilinc 的 EeventWatch 工具可以 7×24 小时对社交媒体和新闻进行实时监测，包括与企业的供应链相关的地震、飓风、洪灾、破产、网络攻击、供应短缺、工厂倒闭等，这些新闻事件会被实时推送到手机终端。例如地震或者飓风发生后，Resilinc 可以根据突发事件对物料的影响给出提示，对受影响的供应商进行快速识别，并且评估风险得分，估算财务损失有多少、受影响的物料有几种。在确认受影响的供应商之后，还可以让采购方和供应商一起进入虚拟的作战室来开展事件的应急响应，实时沟通与互动。此外，Resilinc 通过对供应链网络实现可视化来揭示链条中最脆弱的环节。无论是 1 级供应商，还是 2 级，甚至 2 级以上，无论是地震、火灾还是人员罢工等，在供应链风险地图上都能清晰地展示出来。

戴尔之前需要花费数周时间来分析自然灾害事件带来的影响，使用 Resilinc 数字化风险管理工具之后只需要几分钟。这样，企业就有可能及早发现问题并预料到严重性，从而比竞争对手更早地确保供应、安排运输，并将影响降到最低。而没有可视化分析工具的企业，可能还在手工统计上耗费时间。

近年来，国内一些软件企业也在大力投入风险可视化工具的开发实践。例如用友的风险管理平台，不仅将突发事件以地图的形式展示出来，还能形成风险事件的报表，并对风险的处置进程进行可视化，从而实现风险的闭环管理。

二、新能力：构建面向未来的韧性供应链

通过综合分析行业领先韧性管理实践，我们可以看出，供应链韧性的提升涉及策略、模式、人才、管理、技术等方方面面的内容，是一个系统工程。随着供应链韧性越来越成为企业、行业乃至国家层面的核心竞争力，在开展供应链顶层设计时，需要充分考虑韧性的机理。在综合研究供应链韧性管理理论与实践的基础上，本节提出供应链韧性管理（Supply Chain Resilience Management，SCRM）模型，如图 7-1 所示，为各行各业开展供应链韧性顶层设计提供参考。

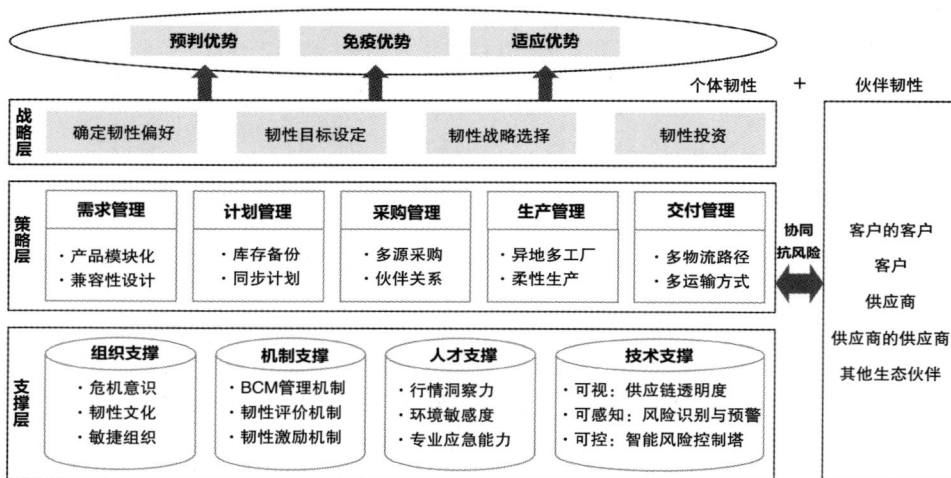

图 7-1　供应链韧性管理（SCRM）模型

（一）供应链韧性管理（SCRM）模型介绍

本模型从战略层、策略层，再到相应的组织、机制、人才、技术等支撑层进行系统性的规划，并从个体韧性延伸到伙伴韧性，构建一套全方位的供应链韧性管理体系。下文对模型各重点模块进行简要介绍。

1. 将韧性纳入战略层面

制定正确的供应链韧性管理战略是非常重要的第一步。很多企业虽然内部有一系列的风险管理流程、机制和应急计划等，但是这些文档制定出来之后便被束之高阁，

或者因为种种原因得不到有效实施。实际上，韧性是战略层面需要考虑的，因为韧性往往需要投资，这需要企业从战略层面进行评估与决策。根据 2020 年 Gartner 的调查，39% 的受访者认为投资成本是加强供应链韧性的关键阻碍因素 [6]。另外，企业还需要从战略层面选择需要优先保护的活动。只有将其纳入战略设计，才能予以足够的重视并有效落实。

2. 制定全面而动态的韧性策略

有了战略之后，需要制定全面并且动态的风险管理策略来支撑战略目标的达成。通常，每个企业所面临的风险不同、风险偏好不同，所选择的战略和策略也是不同的。在提升供应链的反脆弱性方面，通常有两大类的策略，一种是缓冲策略，另一种是增强策略。缓冲策略，意味着备份资源、备份库存、备份物流、备份生产能力，甚至是对关键人员进行备份等，也就是为应对未来的不确定性而制订 "B 计划"；增强策略意味着要提升供应链的核心竞争力，帮助企业产品获得更大的成功。在实战中，供应链韧性策略通常会采用组合拳，并且需要端到端跨职能的共同努力，例如产品需求端通过模块化设计提升产品通用性，采购端通过多源采购来避免单一来源采购的断货风险，生产端通过多基地布局来避免唯一工厂带来的生产中断风险，等等。因此，韧性的提升不是单点改进，而是需要系统全局的思维。

3. 韧性管理的四大支撑

韧性的提升不仅需要高层的战略和科学的策略，还需要有一定的保障机制，来确保韧性战略的落地实施。此处将保障机制总结为 OOPT(Organization、Operation、People、Technique 的首字母组合)，即在组织、机制、人才、技术方面予以保障。在组织方面，需要构建韧性的文化，来更好地适应充满不确定性的环境；在机制方面，应建立常态化的业务连续性管理（Business Continuity Management，BCM）机制，并将韧性的评价体系和激励机制纳入供应链整体管理体系当中；在人才方面，引入与培养具有风险洞察能力、专业应急素质的专业人才；在技术方面，利用数字化、智能化技术，建立风险控制塔，实现风险的可视、可感知和智能可控。

4. 协同共建产业链韧性

全球供应链、产业链深度融合，一个断点的出现就有可能导致整个供应链的崩塌。对于企业来说，即便自身具备非常完善的韧性管理体系，如果企业的相关方抗风险能力不足，仍然会给企业带来输入型的风险。因此，韧性的管理要从个体走向生态，企业与合作伙伴深度协同，共建韧性能力，才能更好地抵抗风险，应对复杂多变的环境。

（二）利用 SCRM 模型提升三大韧性优势

根据波士顿咨询的亨德森智库（BHI）针对"高韧性企业"开展的一项研究，高韧性企业更能提前识别威胁，并且在受到外部冲击时，业绩受到的直接影响低于同行；其次，其业绩恢复速度高于同行；危机过后，其恢复后的水平高于同行。可见，一个高韧性的组织在负面冲击面前，具有预判优势、免疫优势和适应优势。本小节结合新时期所面临的核心挑战和机遇，探索采用 SCRM 模型中的重点举措和方法来提升三大韧性优势，即数智化提升预判优势、产业链协同创新提升免疫优势、组织重塑提升适应优势，为现代供应链开展前瞻性风险管理工作提供参考。

1. 数智化提升预判优势

预判能力能够让供应链提前识别风险，以便及时应对。风险的本质是不确定性[7]，对于不确定性，很多供应链的管理者靠经验做决策和预判。但是随着组织规模越来越大，业务场景也越来越复杂，供应链应向数据驱动型决策转变，将"不确定"变成"相对确定"，更加快速地感知风险。

在数字智能时代，数据成为核心生产要素。供应链数据资产，不仅包括 ERP 中的订单、交货、库存等交易数据，还包括企业内外部的半结构化和非结构化的"大数据"，这些数据来源包括地理位置数据、新闻网站、电子邮件、音频文件等。充分利用这些数据，将为供应链风险管理带来巨大的价值。例如，通过监测社交媒体领域产品潜在缺陷的报道，来提前识别质量风险；通过数据挖掘来评估供应商的交付业绩和当前财务状况，进而预测未来零部件的短缺状况；运用大数据和高级分析技术，模拟各种风险及场景，基于情景开展产能、库存与物流规划。未来，越来越多的企业、行业将利用人工智能、数字孪生、物联网、仿真模拟技术等来提升供应链的能见度，开展前瞻性的监测、感知和预警，图 7-2 所示为一个风险监测与预警平台的参考模型。

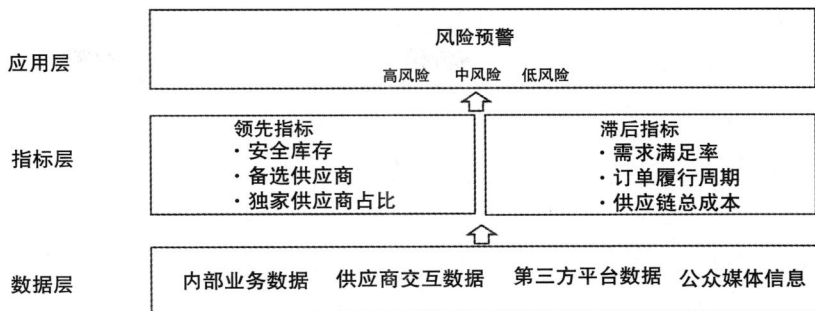

图 7-2　风险监测与预警平台的参考模型

从宏观层面来看，需要充分利用数据资源和数字技术，发挥国家政府公共平台优势，开发全球风险可视和预警系统，分行业做好供应链风险预警的指标体系设计，对风险管理的领先指标和滞后指标进行监测与分析，为各行业开展风险预警提供参考。例如，通过国际货运平台的大数据分析，提前识别货运的堵点、断点，实现资源的高效配置和智能调度，打通国际物流路线；在公共卫生领域引入供应链控制塔，为重大公共事件提供哨点服务。

2. 产业链协同创新提升免疫优势

即便企业拥有了很强的预判能力，但是很多时候，风险事件不可避免地会对企业造成冲击，因此，企业需要提升自身的免疫能力，使得冲击带来的影响尽可能小。一方面，企业要有制订"B 计划"的能力，对关键资源做好备份；另一方面，企业与企业之间的竞争，越来越演变为生态圈与生态圈的竞争，企业只有跟生态圈的合作伙伴形成共生共长的关系，才能更好地强链、壮链。

企业需要和供应链上下游企业建立联盟型的伙伴关系，共享数据、技术、资金、人力优势，为企业产品带来更大的竞争优势。如果企业在选择供应商时，一味地追求低价，在危难时刻，便很难保证得到供应商的支持。例如，在仓位和运力严重不足的时候，就很难确保仓位，物流成本会大大增加，供应商更无法提供一些定制的个性化服务了。因此，企业要审视如下问题：是否有核心的战略供应商？这些供应商能否在关键时候帮助自己解决问题？有了这样的供应商，平时是否有善待这些供应商？合作的时候是否有遵循契约精神？

由此，供应链组织需要设计好配套的利益分配机制、契约机制、激励与保障机制、风险共担机制等，与合作伙伴共享共赢。此外，在智能时代，各类数据（供应商的数据，制造商的数据，消费者的数据，产品设计与开发、产品生产、消费者的购买与使用数据）被打通、共享和利用。越是战略层面的伙伴，互联互通的程度越深。

从宏观层面来看，需要充分整合国内资源，在做大内循环的基础上积极参与外循环，带动更多产业链供应链上的企业融入全球供应链，增强国际信任，塑造新的竞争优势，促进全球供应链可持续发展。例如建立产业链融合创新的机制，鼓励新材料、新技术、新工艺的攻关和突破，实现优势互补。此外，合理优化供应链危机下的资源调配机制。例如，在重大公共事件发生后，通常紧缺资源转变为由政府集中掌握，成为战略物资，政府与企业需要及时沟通与互动，合理整合和调配资源，有效缓解对供应链、产业链的冲击。

3. 组织重塑提升适应优势

尽管企业做好了各种预案，也增强了自身的免疫力，但是在灾难真正来临的时候，仍然会发生一些意料之外的情况，这就考验供应链的应变力。为了更好地适应环境的变化，企业往往需要在重塑文化、组织及人才等方面做好管理。

（1）形成拥抱不确定性的韧性文化。

日本经济大学的经营学院院长后藤俊夫，提到"企业最大的风险，就是经营者意识不到风险"。风险管理意识和敬畏之心的缺乏往往会给企业带来非常可怕的后果。风险管理的软文化至关重要，而文化应该更加具有包容性，让人人都能成为风险的管理者[8]。

很多企业的文化是命令式的，员工不太可能开诚布公地讨论存在的问题，这对风险管理极为不利。企业文化应更加具有包容性，鼓励员工发现问题与缺陷，融入他们的知识、观点和看法，这样便更有利于企业全面掌握风险。管理者应该重新审视组织的奖励机制，想办法去驱动"主动识别风险""风险应对提案"等事前行为。

（2）建立敏捷型组织。

管理大师德鲁克指出："组织不良最常见的病症，也就是最严重的病症，便是管理层次太多，组织结构上一项基本原则是，尽量减少管理层次，尽量形成一条最短的指挥链。"同时，德鲁克也预测到："未来的企业组织将不再是一种金字塔式的等级制结构，而会逐步向扁平化组织结构演进。"

在不确定性的时代下，当组织面对的商业环境越来越充满不确定性时，如果死守着原来的控制权不放，便会丧失对一线的敏感度，也会造成效率的低下。而随着数字化技术的快速发展，信息会变得越来越透明。因此，当下组织要做的不是一味地通过增加审批或者增加管理层级来加强控制，而是通过更合理的授权和更精准的赋能，来实现更加高级的控制，让每一层业务单元发挥自己的主观能动性，去面对复杂多变的环境。只有建立更加敏捷的组织，才能更好地适应未来的新常态。

（3）培养专业风险管理人才。

在未来的世界中，风险管理关乎人人，人是决定因素[9]。专业的风险管理人才需要具备风险意识，对风险保持敏感，具备训练有素的应急素质，并能够掌握数字化的工具。

供应链环境的分析与洞察将成为新时期供应链人士的必修课。专业的供应链人士需要敏锐洞察商业环境的变化，多关注供应商，对市场的风吹草动保持敏感，对各种指数进行研究，关注政策动态，并做出相应的判断，将有用的信息转化为商业决策的输入。

从宏观层面来看，面对重大突发风险事件时，专业的应急素质变得越来越重要。不专业者，手忙脚乱，而训练有素者，能有条不紊地进行应对。应急供应链的管理，较传统供应链而言，工作难度和复杂性更高。紧急事件发生前如何做预案、如何做演练，事件发生后如何紧急应对、如何管理舆情，需要专业的应急管理知识与技能。对于不知道的，引入专业培训；针对不愿意的，从利益上进行重新调配；针对不能够的，利用技术手段来解决。风险应急管理人才尚为社会紧缺人才，国家应积极培养储备和引进。

三、 新趋势：2035年需要关注的五大变量

百年未有之大变局在给供应链带来冲击的同时，也在促进其韧性的加强。然而，未来是与不确定性共存的时代，供应链还将面临很多新的问题，一些可能是我们认知之外的，而另一些可能会进一步颠覆我们当前的底层管理逻辑。本节将进一步审时度势，从中长期的角度，提出未来供应链需要关注的五大变量。

（一）ESG 的发展

ESG 即环境（Environment）、社会（Social）和治理（Governance）英文单词首字母的组合。ESG 指标分别从环境、社会以及公司治理角度，来衡量企业发展的可持续性。具体来说，环境主要包含气候变化、可持续性等议题；社会主要包含多样性、人权等议题；而治理则主要包含管理架构、薪酬等议题。

与传统财务指标不同，ESG 指标能够更有效地衡量企业的可持续发展能力和道德影响，帮助投资者更好地预判企业未来的财务情况以及绩效。截至 2022 年 1 月 17 日，全球加入联合国责任投资原则组织（UN-PRI）的机构已达到 4 706 家，相较 2021 年 5 月

末增加 676 家，呈现持续高速增长状态。

ESG 指数的提升，是人类社会进步与发展的必然趋势，而这将给企业带来深远的影响。某领导就在"ESG 全球领导者峰会"上提出，在社会责任方面，企业不能搞性别歧视，不能推崇过度加班。

供应链的管理者不得不去思考如何平衡 ESG 目标与企业经济增长的目标，如何把握 ESG 投资增长下的时代机遇。

（二）粮食危机

民以食为天，粮食是人类的生存之本。在蝗灾和极端气候等多种因素叠加下，全球的粮食安全面临着巨大的考验。疫情下，已有多个粮食出口国采取了保护性出口禁令，给全球粮食供应链造成冲击，不少高度依赖粮食进口的国家陷入粮荒。

而 2022 年的俄乌冲突，让粮食供应链雪上加霜。根据联合国粮食及农业组织统计，2021 年，俄罗斯小麦产量 8 199 万吨，占全球小麦产量（77 618 万吨）的 10.56%，乌克兰产量 2 903 万吨，占比 3.74%。在出口方面，2021 年俄罗斯出口小麦 4 249 万吨，占全球小麦出口量的 21.99%，是全球最大的小麦出口国；乌克兰出口 2 036 万吨，占比 10.54%。两国总计出口 6 285 万吨，占比 32.53%。因为俄罗斯和乌克兰在全球粮食贸易中的重要地位，全球粮食供应链在叠加新冠肺炎疫情和俄乌冲突冲击下危机加剧。

根据联合国的《严重粮食不安全热点地区早期预警分析》研究报告，2020 年共有 25 个国家面临严重饥饿风险，世界将面临至少 50 年来最严重的粮食危机，预计到 2030 年，将有超过 8.9 亿人，即全球人口的 9.8% 受到饥饿影响。2022 年，联合国世界粮食计划署发出警告，人类或将面临"第二次世界大战后最大的粮食危机"，多达 17 亿人正暴露在粮食、能源和金融系统的破坏之下。

主要粮食的价格上涨可能影响到国家和地区政治的稳定性，还容易引发社会的骚乱。此外，粮食价格还会传导到普通商品的价格上，即粮食价格上涨会造成通货膨胀，各行各业的供应链未来可能会面临一定的降成本压力，需要提前关注并应对。

（三）数据安全

目前，人类社会已经进入一个数字经济的新时代。2021 年，中国的数字经济规模超过了 45 万亿元，数字经济占国内生产总值比重达 39.8%。2022 年 1 月，国务院印发《"十四五"数字经济发展规划》。数字经济和数字技术的发展，将成为供应链转型升级的核心驱动力，数据的价值将会被充分地激发和利用，与此同时，其会给供应链带来新的问题，即数据安全、数据质量、数据的隐私保护。

近年来，国家不断加大对网络安全、数据安全、个人信息的保护力度，发布了多份相关的法律法规。2022 年 7 月 21 日，国家互联网信息办公室依据《中华人民共和国网络安全法》《中华人民共和国数据安全法》《中华人民共和国个人信息保护法》等法律法规，对某企业罚款人民币 80.26 亿元。随着数字经济的发展，预计在未来，相关部门在数据安全领域的执法力度将会越来越大。

2022 年 Gartner 发布了供应链战略性的新技术，数据结构、网络安全、隐私增强技术都被列入清单。由此来看，数据治理是一个全球关注的问题。在供应链方面，企业需要考虑，如何通过新的技术手段来增强数据及信息流的安全性。

（四）人口老龄化

我国步入老龄化社会是个不可阻挡的趋势。国家卫生健康委员会党组成员、全国老龄办常务副主任王建军表示，预计到 2050 年前后，我国老龄人口数将达到峰值 4.87 亿人，约占总人口 1/3。随着我国劳动适龄人口的明显萎缩，低成本制造业的地位将面临越来越大的压力。

供应链不得不面对新的问题，包括劳动力的短缺、不同的需求模式、制造中心的转移、新兴市场的崛起等。为应对这些挑战，供应链一方面需要在关键岗位、关键人才、关键技能上做好储备，另一方面要加速利用数字化、智能化技术替代传统劳动力，将确定性业务自动化、不确定业务赋智化。

（五）新兴技术带来降维打击

科技是第一生产力，科学技术的发展和产业的兴起是人类文明持续进步的动力。400 年前开启的工业化进程已从机械化、电力化、信息化逐渐演进到智能化阶段，人类运行逻辑与国家治理规律正被智能化的高速、高效与高频颠覆。

2020 年 9 月，保定乐凯新材料股份有限公司发布了关于公司股票被实施其他风险警示的公告，大致内容如下。热敏磁票销售收入占公司营业收入的比例为 70.59%，是公司最主要的产品。2020 年 6 月，国铁集团及其下属企业停止采购热敏磁票产品，公司"热敏磁票生产线"一直处于停产状态，且预计在三个月以内无法恢复生产。鉴于客票电子化持续推进，国铁集团及其下属企业存在永久停止采购公司热敏磁票产品的可能性，对公司营业收入、现金流和经营性利润产生重大不利影响。公司或将持续亏损，持续经营能力存在重大不确定性。

在未来，类似这种由于技术发展对企业造成影响的案例会越来越多。随着颠覆式技术的涌现，企业甚至有可能不知道未来竞争对手会是谁。技术上的降维打击，将会给产业链、供应链打来巨大的冲击。

另外，在经济学中有个现象叫涟漪效应，指的是当新一代技术变革时，如果企业、行业甚至国家，能够把握好新的技术变革，就会呈现出一个非常快速的经济增长趋势。但是，如果没有跟上新技术的浪潮，经济水平最多只能维持在原有的水平上，从而，经济上产生明显的剪刀差。未来，新兴技术将会重新定义商业模式，企业应该积极地去拥抱新的技术变革。

Gartner 发布的《2022 供应链未来》报告表明，未来三到五年，是供应链在各组织乃至世界范围占据核心位置的关键时期，企业需要敢于针对性地进行自我改造。我们都需要鼓起勇气迎接这一刻：重塑自我，重塑专业，重塑社会生活 [10]。

复杂多变的环境加上利益相关方的压力，无不驱动着现代供应链更加主动地管控风险。唯有更加主动，为未来的冲击和动荡做好准备，强化韧性，才有可能逆势增长，在不确定性的环境中受益。

参考文献

[1]MHI.2022 MHI Annual Industry Report: Evolution to Revolution[R].2022.

[2] 渥克 . 灰犀牛：如何应对大概率危机 [M]. 王丽云译 . 北京：中信出版社，2017.

[3] 林雪萍 . 供应链反脆弱：大国制造护城河 [N/OL]. 知识自动化，2022.

[4] 刘婷婷 . 供应链韧性管理体系架构研究 [J]. 供应链管理，2022（6）：23-34.

[5]Jim K,Jennifer B,Ryan F, et al. 2021 年全球首席采购官调研报告 [R]. 德勤，2022.

[6]Geraint J. Future of supply chain: crisis shapes the profession[R].Gartner，2020.

[7] 英国皇家采购与供应学会 . 供应链风险管理 [M]. 北京：机械工业出版社，2014.

[8] 宫迅伟，刘婷婷，王维 . 采购全流程风险控制与合规 [M]. 北京：机械工业出版社，2020.

[9]Michel Crouhy.Risk Management[M].New York:Mc Graw-Hill,2000.

[10]Gartner.The Future of Supply Chain 2022[R].2022.

08

第 8 章

由供应链安全看我国
新能源车产业发展

张泽明

2022 年，新能源车在我国的发展逐步进入快车道。尽管新能源车行业发展形势总体较好，但是从供应链安全角度看，新能源车行业仍然存在隐忧，业界不乏对个别关键负面因素会直接制约行业发展产生担忧。比如汽车芯片短缺是否会成为制约行业发展的问题，动力电池供应是不是能跟上新能源车产销的速度？笔者以为，全球产业链不稳定因素固然会给我国新能源车行业带来不可忽视的消极影响，但无论从短期还是长远来看，主导我国新能源车供应链向好发展的积极因素仍将占据主要地位。本章拟根据公开资料，从新能源车的主要供应链角度予以分析。

一、我国新能源车行业供应链现状

（一）国产新能源车需求回暖趋势明显

经历了前两年的新能源车产销低迷态势后，进入 2022 年，国产新能源车出现了产销回暖的可喜局面。按照中国汽车工业协会的数据[1]，2022 年 11 月，新能源汽车产销分别完成 61.7 万辆和 59.3 万辆，同比均增长 1.2 倍，市场占有率为 24.5%。2022 年 1—11 月，新能源汽车产销分别完成 327.9 万辆和 319.4 万辆，同比均增长 1.2 倍，市场占有率为 22.1%。

值得一提的是，按照《中国物流与采购》的数据[2]，2022 年上半年新能源重卡累计销量 10 120 辆，同比增长 491%，较于 2022 年 1—5 月 488% 的超高涨幅，再度增加 3 个百分点。这说明在社会复工复产的大环境下，市场回暖形成的运输需求正在选择新能源车。由于在港口、钢厂、矿山、市政专用等使用场景中，车辆路线相对固定，新能源车充换电比较方便快捷的优势凸显，在油价居高不下的情况下，电费远低于油费的成本优势使得客户开始逐渐转向新能源重卡，新能源车在需求驱动而非单纯政策驱动下的产销基础更加稳固。

从出口端看，国产新能源车"出海"势头不减。工业和信息化部发布的数据显示[3]，2022 年 1—7 月新能源汽车出口 25.7 万辆，同比增长 1.0 倍。按照中国汽车工业协会的数据，7 月，新能源汽车出口 5.4 万辆，同比增长 37.6%，环比增长 89.9%，呈现快速增长势头。

乘用车市场信息联席会数据显示[4]，2020 年新能源车出口 22.3 万辆，表现较好；2021 年新能源车出口 58.8 万辆，持续走强；2022 年 1—6 月新能源车呈现出口强势增长的趋势，出口数量达 37 万辆，同比增长 113%，占全部出口市场销量的 27.8%。

受芯片短缺影响，欧美、日本等国家和地区的汽车制造商的供应能力出现一定程度的减弱，但东南亚等地对汽车的需求仍然旺盛。在海外市场供应下滑的情况下，由于中国汽车产业链条相对完备，且生产能力快速恢复，填补了全球汽车市场供给不足的缺口，给汽车出口带来了巨大增量。

目前中国车企正在凭借新能源领域的优势打开发达国家的市场。据《财经》杂志报道[5]，2022 年 7 月，上汽 MG 品牌首次斩获月度瑞典汽车市场"纯电销冠"，在欧洲单月销量更是继续保持了万辆规模。据汽车数据平台 CARSALESBASE[5]，2021 年上汽 MG 在欧洲售出 5.4 万辆，同比增长 114.29%。而 2022 年前七个月，上汽集团在海外市场的累计销量已经突破 47.9 万辆，同比增长达到 54.9%。同样在 2022 年前七个月，奇瑞集团汽车出口量实现创纪录的 19.8 万辆，同比增长 36.8%，在总销量中的占比达到 33%。

由于欧洲议会已通过了欧盟委员会的立法建议，决定到 2035 年禁止在欧盟境内销售燃油车[6]，日本政府也规划，最晚到 2035 年要实现所售新车全部为电动汽车[7]，中国的新能源车有望延续良好的出口势头。

（二）国产新能源车供应链上游不稳定因素开始显现

自 2021 年年底以来，动力电池价格上涨与汽车芯片的短缺，已经成为制约我国新能源车产销的两个重要因素，部分厂家的新能源车因此推迟交付。加之新能源车补贴逐步退出，国产新能源汽车的价格因此呈现出不断上涨的趋势。进入 2022 年以来，由于关键领域被制约，新能源车供应链上游各种不稳定因素也不断显现。

一是芯片领域"卡脖子"风险不断加大。2022 年 8 月，美国《芯片和科学法案》

被正式签署，多家企业将会被限制在中国建造或扩大先进制程晶圆厂。此外，部分企业在中国拥有的芯片封装和测试工厂或许也将受到影响。

二是政府的压力进一步影响新能源车供应链安全。2022 年 8 月，美国《通胀削减法案》被正式签署，该法案将影响部分企业对华关键领域投资计划，包括半导体、量子技术、人工智能、关键矿物和材料以及大容量电池等。

三是汽车电池供应紧缺与原材料价格上涨并存。新能源车电池对锂的需求量越来越高，锂资源供应短缺也引发了销售价格不断飙升。据 Wind 数据[8]，2022 年 10 月 12 日我国电池级碳酸锂价格为 52.35 万元 / 吨，再创历史新高，已经是 2021 年同期价格的 2.8 倍。从国产主要新能源造车新势力蔚来、小鹏和理想的财报来看，2022 年一季度，三家的利润率或明显下滑，或仅有勉强增长，毛利率和净利率逐年大幅改善的趋势不再延续。三家企业的管理层在说明情况时，都提到了动力电池和多种关键材料的涨价对盈利状况影响巨大。尽管特斯拉宣称利润率基本一直在提高，2017—2022 年一季度的毛利率水平分别是 18.90%、18.83%、16.56%、21.02%、25.28%、29.11%[9]，但其终端车型也开始提价。种种迹象表明，虽然自 2020 年始，新能源车的销量和市场占有率都在快速增长，但规模增长带来的成本摊薄效应已经被原材料价格的快速增长所抵消，新能源车主要生产商的利润率不容乐观。

二、 国产新能源车供应链积极因素不容忽视

尽管国产新能源车产业链多个环节面临不小的压力，但产业链各环节也不乏积极因素，因此对新能源车未来发展不应持过度悲观的态度。

（一）新能源车用芯片供应紧张有所缓解

芯片复工复产的速度远低于消费端的需求复苏速度，芯片行业供应链上下游衔接出现问题导致芯片价格暴涨。2022 年以来，消费电子类控制芯片的市场价格持续走低，从百元高位跌至两位数，芯片市场上出现了降价销售的情况。据央视财经报道[10]，一款意法半导体芯片是电子控制系统的核心部件，曾是 2021 年最紧俏的芯片产品之一，市场报价一度上涨至 3 500 元左右一个，2022 年从高位下滑至 600 元左右一个，降价幅度超过 80%；另一型号的芯片，在 2021 年价格维持在 200 元左右一个，目前售价仅为每个 20 元左右，只有最高价的 1/10。

在 LED 照明产品中会使用到发光芯片和驱动芯片，这两类芯片的价格在 2022 年也开始出现回落。业内人士称，发光芯片的价格同比有 20%～30% 的回落，驱动芯片的价格回落幅度可能会更大一些，有 40% 左右[11]。

芯片制造商们也在不断扩产增能。据央视财经《经济信息联播》栏目报道[10]，随着近几年新能源汽车市场的日益火爆，转型研发生产新能源汽车急需的芯片成为许多企业的选择。在江苏徐州高新区的一家芯片企业里，多条生产线正在高速运转，生产一种车用大功率有机钝化芯片，这种芯片主要应用在新能源汽车电源控制器上。在深圳一家汽车芯片封装测试生产工厂，工厂产能利用率已经接近 100%，为了保障交付，企业进口了不少制造设备来扩充产线，提高产能。

即便美国在对我国的芯片业进行打压，其出台的出口管制措施和《芯片法案》在努力切断先进的芯片设计和制造产能与中国联系的同时，也在极力地避免破坏现有的产业生态，防止对现有产业链造成冲击。简而言之，美国是准备对高端芯片在中国的设计与制造进行"精准打击"，而对于新能源车用的低端芯片，还暂时没有动手，这也是因为中美之间经贸联系密切，避免因制约中国而导致"误伤"美国自身企业。

（二）新能源车用动力电池供应日益有保障

以锂电池的供应为例，彭博社 NEF 数据显示[11]，中国在锂离子电池市场的份额目前可能高达 80%。全球 10 家电动汽车电池生产商中有 6 家位于中国，全球每 10 块电动车电池中有 3 块由宁德时代生产，这样的优势已延伸至整个供应链。

国内对于锂原料的开采也在加紧布局，不少地方政府在加速抢滩锂电产业，例如宁德、宜春、遂宁、宜宾、新余等地，均在致力于借助新能源汽车发展的东风，将本地打造为"锂都"，实现本地产业链的转型。

以率先打出"亚洲锂都"口号的江西宜春为例，其现已探明可利用氧化锂储量 258 万吨，占全国锂资源的 23.8%；已探明的可开采氧化锂储量为 110 万吨，占全国的 31%，世界的 12%[12]。2022 年 8 月 15 日，宜春市政府、宜春经济技术开发区、宜丰县政府、宜春市矿业公司与比亚迪签订战略合作框架协议约定，比亚迪拟在宜春市投资 285 亿元，建设年产 30GWh 动力电池和年产 10 万吨电池级碳酸锂及陶瓷土（含锂）矿采选综合开发利用生产基地项目[12]。

2022 年 8 月 12 日宁德时代宣布，拟在匈牙利投资建设新能源电池产业基地项目，项目总投资不超过 73.4 亿欧元（折合人民币 509 亿元），建设 100GWh 动力电池系统生产线，总建设期预计不超过 64 个月，其中首栋厂房在获得相关审批后将于 2022 年内开工建设[13]。

由于锂的提取主要依靠盐湖矿产，碳酸锂的持续高价促进了南美和中国的盐湖提锂建设提速。锂电池材料回收与循环利用在技术上已无障碍，中国的格林美表示[14]，业内锂的回收率普遍在 85%～90%，公司锂资源的回收率可以做到 90% 以上，目前阶段，公司废料成本比原矿成本低 10% 左右。与此同时，公司已与 1 000 余家整车厂、电池厂及运营商建立合作关系，布局超过 200 个回收网点。加之世界各地的海洋里含锂量非常丰富，未来低成本海水提锂技术仍可能有更大发展。新的电池技术也在不断发展，比如钠离子电池、燃料电池等技术路线成熟后，可能会逐步减少电池对锂元素的需求和用量。

同时，除了锂矿企业，其他电池相关矿物原料的开采企业的利润状况并没有显著变化。镍、钴曾经都被认为是动力电池容易紧缺的金属元素，但现在看，因为事前准备充分，这些金属元素虽然供应情况不甚乐观，但并未引发如碳酸锂一样的供需严重错配，导致涨价潮。因此锂短缺引起的电池原料价格飞涨不会成为常态，相关数据也在验证这个供应链稳定向好的趋势。按照工业和信息化部发布的 2022 年上半年锂离子电池行业运行情况数据[15]，上半年全国锂离子电池产量超过 280GWh，同比增长150%，全行业收入突破 4 800 亿元。在锂离子电池环节，上半年储能电池产量达到32GWh，新能源汽车动力电池装车量约 110GWh。锂离子电池产品出口同比增长 75%。在一阶材料环节，上半年正极材料、负极材料、隔膜、电解液产量分别达到 73 万吨、55 万吨、56 亿平方米、34 万吨，同比增长均超过 55%。在二阶材料环节，上半年碳酸锂、氢氧化锂产量分别达 15 万吨、10.2 万吨，分别同比增长 34%、25%。电池级碳酸锂、电池级氢氧化锂（微粉级）价格高位震荡，上半年均价分别为 44.5 万元/吨、43.2 万元/吨。

正负极是动力电池重要的上游产业，如今多家中国企业拥有了全球影响力，特别是负极产能，中国占据了全球 90% 的市场份额，几家龙头企业垄断了全球市场。用于电池的隔膜、电解液国内也在保持供应。因此，新能源车的电池供应链安全可以保持谨慎乐观。

（三）新能源车零部件供应水平有所提升

蔚来董事长李斌谈及 ET7 车型交付进展时表示，因为压铸件供应不足，7 月生产较计划减少了数千台 [16]。对此情况，政府和相关企业都在努力改善供应。比如汽车零部件产业是大连市旅顺口区的支柱产业之一，旅顺口区 11 家汽车零部件规模以上企业于 2021 年成立了一个联合开发、优势互补、利益共享、风险共担的创新合作平台——汽车零部件产业创新联盟 [17]。目前，创新联盟已取得了喜人成果：亚明公司位于旅顺开发区的数字化智能工厂已经投产、"5G+"工业互联网项目正在有序推进，亚明、德迈仕、仓敷橡胶相继被评为国家级专精特新"小巨人"企业 [17]。

资本市场也看好汽车零部件行业，浙商证券指出 [18]，电动智能时代车型迭代速度加快，使得车企对零部件企业响应服务效率的要求大幅提升，过去固化的整零关系有望打破，国产零部件产业链顺势崛起，同时电动智能加速推进催生了大量增值零部件和产业新趋势，因此看好国产崛起与电动智能双击的增量产业趋势。

三、2023年国产新能源车供应链情况预测

综合分析国内国际形势，如果不出现重大的"黑天鹅"事件，2023 年我国的新能源车供应链布局会愈加完善，供应链各环节向好态势维持不变。这主要基于以下几个方面的考量。

（一）电池及原材料供应紧缺有望得到缓解

基于前文所述，2022 年锂资源开采布局加速，锂资源回收不断优化，这些供应链上游生产力都会在 2023 年得到释放，使得锂原料供需紧张的现状得到缓解。据上海钢联测算 [19]，进入 2023 年后，随盐湖、辉石等诸多项目陆续释放，锂资源供应增速或将在 2023 年正式超越需求增速，原先因供需错配带来的需求缺口将得以弥补。叠加锂电池回收带来的供应补充，从而迎来连续 3 年左右的累库情况，届时，锂价或将随供需结构修正而逐步回归理性。

针对动力电池涨价等问题，工业和信息化部已经明确表示，要适度加快国内资源开发进度，坚决打击囤积居奇、投机炒作等不正当竞争行为，引导产业链上下游企业强化协作、共同发展，推动关键原材料价格回归理性 [20]。2022 年 11 月 10 日，工业和信息化部办公厅、国家市场监督管理总局办公厅印发了《关于做好锂离子电池产业链供应链协同稳定发展工作的通知》，切实从 5 个方面稳定新能源车锂电池供应链。

一是推进锂电产业有序布局，避免各地低水平同质化发展和恶性竞争。二是引导

锂电池产业链上下游企业深度合作，通过签订长单、技术合作等方式建立长效机制，引导上下游稳定预期、明确量价、保障供应、合作共赢，同时要严格查处锂电产业上下游囤积居奇、哄抬价格、不正当竞争等行为，维护市场秩序。三是采取部门统计、问卷调查、行业管理、企业调度、大数据分析等方式，加强锂电行业产能、投资等运行情况监测，及时发现产品价格异常波动及产能短缺、投资过热等问题并予以响应。四是加强监督检查，保障高质量锂电产品供给。五是着力破除地方保护和区域割裂，共同建设高效规范、公平竞争、充分开放的全国锂电统一大市场，引导锂电产业健康有序发展。

同时，全球动力电池出货量前十企业当中，我国企业占六席。宁德时代、比亚迪、中航锂电、国轩高科、欣旺达和蜂巢能源这样高出货量的企业，必然将优先保证国产新能源车的电池供应。

（二）国产芯片供应链可控度不断提升

2022 年 9 月 14 日，上海市经信委主任吴金城在新闻发布会上透露，集成电路领域已经实现 14nm 工艺规模量产，90nm 光刻机、5nm 刻蚀机、12 英寸（1 英寸 =2.54 厘米）大硅片、国产 CPU、5G 芯片等实现突破。此外，全上海市集成电路产业规模达到 2 500 亿元，约占全国总量的 25%，吸引了全国 40% 的集成电路人才 [21]。

同日，工业互联网产业联盟公布最新"时间敏感网络（TSN）产业链名录计划"，其中东土科技刚刚发布的中国首款自主设计的 TSN 芯片——KD6530，成为首款进入该名录的 TSN 芯片 [22]。TSN 芯片能够将控制指令的传送过程控制在微秒级别的时间精度内，每一辆自动驾驶车的"大脑"部位，都会用到时间敏感网络芯片，确保控制指令信息无延迟精准传输。东土科技该款芯片的成功，标志着国产芯片正式进入 TSN 商用领域。

从芯片的设计、制造、封装测试等几个环节来看，我国芯片设计整体情况与世界领先水平差距不大。中国有大量的芯片设计企业，其中华为海思 2018 年一度排名全球第 5，紫光展锐、寒武纪等企业芯片设计水平也令业界瞩目。在芯片封装测试领域我国企业也具有较强的竞争力，长电科技、通富微电、华天科技分别在全球排第 3 名、第 5 名和第 6 名，并都实现了 5nm 产品的工艺和认证。虽然我国企业在芯片制造领域的竞争力较弱，但美国大规模的断供行为，会加快国产化进程和第三方产品替代，从长远看，不能长久阻碍我国的新能源车行业发展。而且，从新能源车目前主要使用的中低端芯片来看，我国保证供应链稳定越来越乐观。

（三）被制约领域研发进展使供应愈加乐观

车载操作系统国内自主研发进程没有中断，主要集中在斑马智行和华为等几家公司。华为基于 Harmony OS 分别打造鸿蒙座舱操作系统 HOS、智能驾驶操作系统 AOS 和智能车控操作系统 VOS，鸿蒙智能座舱系统已搭载于问界 M5、问界 M7、极狐阿尔法 S 等多款车型上。斑马智行则对外公开了以"分层双解耦、跨域共用"为技术特征的中国方案自动驾驶操作系统——AliOS Drive，2022 年已有近 300 万辆汽车搭载 AliOS 量产。

在高端芯片领域，中国要"补的课"还有很多，短时间内想要解决相关问题不现实，但不代表在细分领域没有推进和新的突破。在 2022 年第八届湖南省"互联网+"大学生创新创业大赛上，一个名为"麦粒软件"的工业设计软件项目凭借突出表现引起评审专家和业界关注。麦粒团队开发的软件适用于工程（土木和建筑）和路面施工设计等 5 个方面，实现了科技创新和技术突破。

（四）零部件一体化制造供应能力不断加强

国内多个企业探索零部件一体化制造，出现了"上汽星云"纯电专属系统化平台、"上汽珠峰"油电一体化整车架构、"上汽星河"电氢一体化整体架构、吉利浩瀚纯电架构、长城第四代电子电气架构、埃安 2.0 纯电专属平台、长安智能汽车超级数字化平台 SDA 架构等多个国产品牌架构，不仅助力企业提高零部件通用率、降低研发成本、提高产品性能，更大大提升了新车上市速度。

（五）新能源车使用配套产业供给充足

一是换电模式进一步得到推广。2022 年 4 月，宁德时代 EVOGO 换电服务在厦门正式启动。EVOGO 换电站具有占地小、流通快、容量大、全气候的特点。每一个标准站的占地面积约为 3 个停车位，站内可存储 48 个换电块，仅需约 1 分钟就可以完成单个电块的换电，并且有不同版本的换电站可以适配不同地区的气候环境[23]。宁德时代 EVOGO 推出的换电体系，其换电核心产品"巧克力换电块"能适配 80% 已经上市及未来 3 年即将上市的纯电平台开放的新车型，车型跨度从 A 至 B、C 级乘用车及物流车[23]。换电站适配使用前述电块的各种品牌车型，同时现有电块支持现有家充和快充补电方式。

中国石化也表示[24]，到 2025 年，中国石化有近 5 000 座加油站将建设充换电站，占到总量的近 1/6。按照规划，城市核心区域的加油站都将变身加能站。各地加氢站的建设也陆续上马。

二是智能驾驶技术的进步优化新能源车驾乘体验。《深圳经济特区智能网联汽车管理条例》于 2022 年 8 月 1 日起施行，这是我国第一部关于智能网联汽车管理的法规。该条例对智能网联汽车定义、道路测试和示范应用、准入和登记、网络安全和数据保护，以及最重要的事故权责认定等内容进行了明确的规定。在该法律文件的支持下，企业可以加大探索 L3 级自动驾驶商业化的力度，即做好在自动驾驶系统提出动态驾驶任务接管请求时，由驾驶人响应请求并立即接管车辆的 L3 级自动驾驶商业化工作。

激光雷达被认为是 L3 级以上自动驾驶的核心传感器，2022 年以来，奔驰、宝马、蔚小理等车企的多款搭载激光雷达的乘用车纷纷上市，搭载激光雷达成了 2022 年智能车的主要卖点之一。随着众多车企的新车型密集落地，激光雷达的渗透率有望进一步提升。国内激光雷达供应链企业与车厂配合度高，更容易获得市场订单，因此降本速度会更快，形成良性循环，进一步吸引消费者。

（六）政策支持依然利好新能源车消费

"十四五"规划要求推动城市公交和物流配送车辆电动化。

住建部也从居住社区充电设施建设入手，大力支持新能源汽车消费，修订、发布了《城市居住区规划设计标准》《电动汽车分散充电设施工程技术标准》等一系列标准规范，明确了"新建住宅配建停车位应 100% 建设充电设施或预留建设安装条件"，并制定了充电设施的规划选址、供电系统、配套设施、竣工验收等方面标准。对于新建居住区，住建部会同有关部门结合完整社区建设，指导各地严格落实 100% 配建充电设施或者预留建设安装条件的规定，并配合有关部门严肃查处房地产开发企业未按照规定配建充电设施的行为。对于既有居住区，住建部指导各地，将改造或建设小区及周边电动汽车充电设施作为城镇老旧小区完善类改造内容。2022 年 1—5 月，各地在城镇老旧小区改造中增设充电桩 8 940 个。

2021 年以来，住建部选取 59 个样本城市开展城市体检工作，将充电设施等社区低碳能源设施的覆盖率列为城市体检内容，通过自体检、第三方体检和社会满意度调查相结合的方式，指导样本城市查找充电设施建设短板，结合实施城市更新行动，统筹确定充电设施的建设目标、计划和项目。

2022 年 7 月，商务部等 17 部门发布《关于搞活汽车流通 扩大汽车消费若干措施的通知》，聚焦支持新能源汽车购买使用、加快活跃二手车市场等 6 个方面，提出要破除新能源汽车市场地方保护、降低新能源车使用成本、支持二手车流通规模化发展等政策措施。该文件要求各地区不得设定本地新能源汽车车型备案目录，不得对新能源汽车产品销售及消费补贴设定不合理车辆参数指标；提出加快推进居住社区、停车场、加油站、高速公路服务区、客货运枢纽等充电设施建设，引导充电桩运营企业适当下调充电服务费，提高车辆充电便利性，降低使用成本。目前新能源车购置税减免已延期至 2023 年年底。这一系列政策组合拳，均为促进新能源乘用车消费提供了有利环境。油价的高涨也将进一步放大新能源车的需求。

参考文献

[1] 董建伟 . 新能源重卡渐成倒短运输新利器 [J]. 中国物流与采购 ,2022(15):32-33.

[2] 郭怀毅 . 车市迎史上最佳 7 月，上汽领衔汽车出口创新高 [EB/OL].2022.

[3] 证券时报 .2022. 欧盟官宣 2035 年开始在境内禁止新售燃油车！大众和奔驰表态支持，全面加速电动化转型 [EB/OL].2022.

[4] 中国经济网 . 日媒：MEF 拟提出 2030 年半数新车为 "零排放" 目标 [EB/OL].2022.

[5] 杨忠阳 . 新能源汽车 "出海" 要有大格局 [EB/OL].2022.

[6] 赵觉理 . 深度解读：美国 "芯片法案"，对中国芯片产业究竟意味着什么？[EB/OL].2022.

[7] 新京报 . 美国紧逼！台积电何去何从？[EB/OL].2022.

[8] 森宁 . 马斯克定义能源独立："锂电池是新的石油"，中国领跑全球 [EB/OL].2022.

[9] 赵越 . 谁是中国真正的 "锂都" [EB/OL].2022.

[10] 陈康亮 .2022. 宁德时代拟在匈牙利投资建设新能源电池产业基地 [EB/OL].2022.

[11] 同花顺金融研究中心 . 格林美：目前业内锂的回收率在 85%—90%，但我们公司已经可以做到 90% 以上，镍钴锰的回收率超过 99%[EB/OL].2022.

[12] 工业和信息化部 .2022 年上半年锂离子电池行业运行情况 [EB/OL].2022.

[13] 汽车之家 . 受压铸件供应不足影响，蔚来 ET7 少生产几千辆 [EB/OL].2022.

[14] 祝福 .29 家企业获省 "专精特新" 认定旅顺口区创新高 [EB/OL].2022.

[15] 证券时报 . 汽车产业链掀涨停潮，咋回事？[EB/OL].2022.

[16] 证券时报 . 浙商证券：电动智能时代车型迭代速度加快，国产零部件产业链顺势崛起 [EB/OL].2022.

[17] 文夕 . 碳酸锂价格 "空中加油"，8 万亿赛道几家欢喜几家愁 [EB/OL].2022.

[18] 王政 . 新能源汽车越发受到市场认可 [N]. 人民日报，2022-9-7(18).

[19] 上海市人民政府新闻办公室 . 上海举行"奋进新征程 建功新时代"系列新闻发布会（第一场)[EB/OL].2022.

[20] 肖彤 . 首款国产 TSN 芯片获正式商用通行证 [EB/OL].2022.

[21] 腾讯网 . 苗圩：比"缺芯"更迫切，汽车操作系统缺失将是致命问题 [EB/OL].2022.

[22] 澎湃新闻 . 宁德时代首批换电站落地厦门，单块电池月租最低 399[EB/OL].2022.

[23] 央视财经 . 超级大"风口"来了！"加油站"变"加能站"！新能源车换电仅需 2 分钟，会更省钱吗 [EB/OL].2021.

[24] 刘哲铭 ."断供"令市值蒸发千亿美元，英伟达踏上华为的路 [EB/OL].2022.

趋势三

供应链可持续发展

09

发展绿色能源技术，
提高自主可控水平，
推动船舶发动机产业高质量发展

中国船舶集团有限公司第七一一研究所

岳文

瓦锡兰中国有限公司

卢伟雄

一、前言

当今世界正经历百年未有之大变局，全球经济正在发生深刻变化，逆全球化趋势加剧，部分国家大搞单边主义、保护主义，全球产业链和供应链受到了严重冲击。在中国船舶工业处于转型发展的关键的这几年，世界政治经济局势变化引发了国际产业分工和生产格局的深刻调整，继而也给具有高度国际化特征的船舶动力行业的科研、生产、经营活动带来了严峻挑战。

自主可控的核心技术是国之重器，发展绿色、低碳的船舶发动机工程是构建船舶动力产业新发展格局、实现高质量发展的必由之路。

二、船舶发动机的产业链与供应链现状

船舶发动机是船舶最核心的设备之一，具有高附加值、高技术门槛的特点。世界海运贸易逐步复苏、国际海事组织（IMO）环保政策趋严以及绿色低碳技术逐步成熟，推动了全球船舶向绿色低碳发展，故全球船舶发动机产业也将迎来新的变革。从全球竞争格局来看，船舶发动机的高端品牌及产业链中的高附加值部分主要集中在日韩欧美船舶发动机企业手中，而我国围绕船舶发动机及其关键零部件的研制、生产则呈现沿海、沿江分布，主要集中在上海、大连、潍坊、广州、武汉、重庆等城市。

小功率高速船舶发动机主要生产厂家有潍柴重机、淄柴动力、广西玉柴、东风康明斯等；大功率中高速船舶发动机主要生产厂家有河柴重工、陕柴重工、镇江中船、广柴厂等。我国低速船舶发动机经历了深层次的调整和重组，行业集中度大增，有中国船舶集团旗下的 WinGD、沪东重机、宜柴和大柴等企业。

船舶发动机行业作为传统的制造行业，具有综合性强、技术门槛较高、行业业务

总量相对较小、竞争激烈的特点。图 9-1 所示为船舶发动机行业波特五力模型分析。

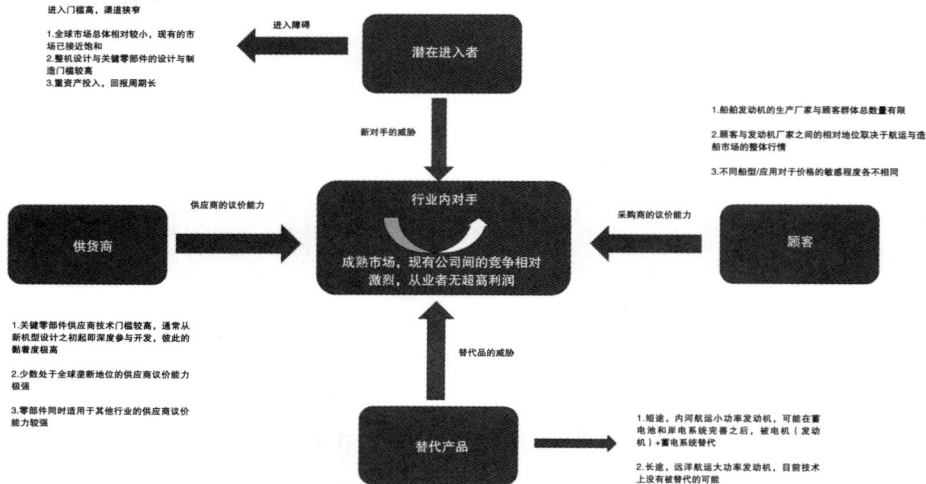

图 9-1　船舶发动机行业波特五力模型分析

（一）船海市场保持平稳发展，船舶发动机产业发展前景向好

克拉克松研究公司统计数据显示，2021 年全球造船完工总量达 11 985 万载重吨，其中中国造船完工量占全球总完工量的 48%。2022 年 1—6 月，我国造船完工量、新接订单量和手持订单量以载重吨计分别占世界总量的 45.2%、52% 和 47.8%，按修正总吨计分别占 42%、47.7% 和 41.5%，国际市场份额均位居世界第一。据此推测，国际市场对船舶发动机的需求有回暖趋势，产业发展机遇向好。同时，"一带一路"倡议作为推动开放型世界经济和构建人类命运共同体的伟大实践，为船舶发动机的发展也开辟了新的市场空间。图 9-2 所示为 2021 年世界造船完工量和新接订单量份额。

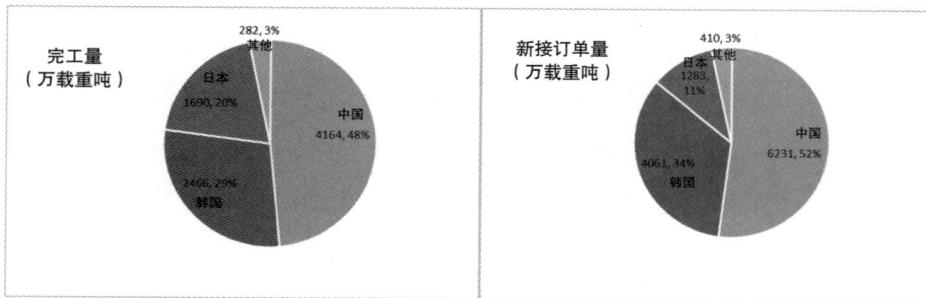

图 9-2　2021 年世界造船完工量和新接订单量份额

我国国内经济复苏持续向好，国内对能源矿产、粮食等进口需求稳步回升，散货船、油船、气体船等新造船市场有机遇可寻。同时，传统贸易模式在加速向智能化航运、区域化贸易转变，国内物流将会成为新的增长点，智能船舶、支线船舶、内河船舶等迎来了发展新契机。内河及江海直达航运能力增强、船舶标准化和大型化、老旧运输船改造淘汰等对发动机的需求也在逐渐增加。

（二）《巴黎协定》背景下，我国船舶发动机产业迎来了换道竞争的发展机遇

为加快航运业温室气体减排步伐，国际海事组织（IMO）提出到 2030 年国际航运碳排放强度相比 2008 年至少降低 40%，到 2050 年力争降低 70%，且 2050 年年度温室气体排放总量相比 2008 年至少降低 50%，并努力通过愿景中提出的与《巴黎协定》温控目标一致的减排路径，逐步消除国际航运温室气体排放。

在此背景下，碳减排已成为国际社会共同努力的方向，航运业碳排放占全球排放总量的 3% 左右，所以降低能耗和低碳排放也成了船舶发动机技术发展的重要引领。为达到碳减排的目的，船舶动力的发展的技术路径目前有如下几种。一是纯电动推进系统，以锂电池、燃料电池为核心技术，直接用电控发动机推动船舶。这条技术路线，在岸电系统较为发达地区和短途小吨位的运输领域，可以直接实现船舶电动化，绿色零碳排。如扬州中远海运重工有限公司承建的中远海运发展两艘 700 国际标准箱单位（TEU）电动集装箱船首制船开工建造。船舶总长 119.8m、型宽 23.6m，电池容量 57 600rWh，推进功率 2×900rW，配载方便更换的 36 只船用集装箱式电池作为动力源。但这条技术路径，在电池储能密度得以革命性提升以及配套的岸电系统大规模布局到位之前，其应用领域极其受限。船舶动力发展的另一条技术路线，是传统船舶动力的进一步优化改造。此前十余年，主要是对船舶发动机的排放直接进行处理，如在船舶上加装 SCR（选择性催化还原）装置控制有害的氮氧化合物（NOx）直接排放，又或加装脱硫塔控制硫化物排放。但这条技术路线，随着碳排放的要求进一步严格，也已经不能完全适应要求。故，将现有以船用重油、船用柴油为主要燃料的发动机，逐步转变为以天然气，以及以氢、氨为主要燃料的发动机，是更切实可行的技术路线。以低碳燃料（天然气、醇类、醚类等）、碳中和燃料（生物燃料、合成燃料）、零碳燃料（氢、氨、电能等）等绿色燃料为代表的新一轮技术革命对传统的以柴油为燃料的船舶发动机产业来说既是挑战，更是机遇。

当前国外船舶发动机低碳零碳技术研究与应用还在初期阶段，实现的绿色燃料以甲

醇、氨为主。相对于传统船舶发动机技术性能较为落后的局面，我国在绿色燃料发动机的研发方面并不落后，2022 年 8 月 28 日，中国船舶集团旗下中船动力（集团）有限公司下属中船动力研究院有限公司研发的 6M320DM 甲醇机在安庆中船柴油机有限公司首次点火成功，其甲醇供应系统由沪东重机有限公司研制。总体而言，低碳零碳发动机研发对我国来说是难得的契机，为我国在这一领域实现技术引领提供了战略机遇。

（三）国内国际双循环新发展格局的形成对船舶发动机的产业发展提出了更高要求

发动机制造业关联度高，需要石化、钢铁、材料、关键系统及零部件等上游产业的支持，这些行业具有基础性、原料性、联系性强的特点，决定了发动机产业的发展速度和质量。尤其是曲轴、涡轮增压器、轴瓦、高压油泵和供油系统、电子及液压元器件等上游关重件产业，对船舶发动机产业的发展起到重要支撑作用。表 9-1 简要分析了上述关重件在四冲程船舶发动机产业链中的上游供应商分布情况。

表 9-1　四冲程船舶发动机部分关重件的供应商情况

发动机部件	技术难点	市场主流供应商	备注
曲轴	原材料的纯净度和尺寸精度要求高，检验设备和过程要求高	ALFING（德国） 辽宁五一八（中国） 中车资阳（中国）	在中小型曲轴方面，国内供应商已具备一定的竞争力
涡轮增压器	增压器叶片在超高温高压下的高精度和稳定性	Accelleron（瑞士） KBB（德国） 曼恩（德国） 重庆江增（中国）	市场相对较小，国外供应商先发优势明显
调速器	零部件的精度和整体设计的可靠性	WOODWARD（美国） 重庆红江（中国）	国外供应商供应中断风险较高。国内供应商应与整机厂密切配合，从技术要求相对较低的型号开始，快速迭代改进
高压油泵和供油系统	高精密度配合偶件在高压下的稳定性	Bosch（德国） L'Orange（德国） 重庆红江（中国）	这是开发绿色燃料机型的关重件。因船舶市场相对较小，国内供应商与国外技术差距较大，应专项扶持
轴瓦	材料及巴氏合金浇铸工艺	Miba（奥地利） 重庆跃进（中国）	国内供应商在整机技术指标要求不高的机型市场有一定的占有率，在高端市场还应加快研发迭代以缩小差距
电子及液压元器件	不同工况下的工作稳定性	Parker Hannifin（美国） 国内暂无同等级供应商	此类部件不仅用于船舶发动机，还广泛应用在其他很多产业。提高国内供应商的产品力和竞争力是一个系统工程

在国内大循环为主体、国内国际双循环相互促进的新发展格局下，自主可控、绿色低碳已然成为国家战略，建设现代船舶发动机供应链，加快推动真正的中国动力"芯"建设，已显得十分重要和紧迫。这为船舶发动机产业发展创造了良好的机遇。

三、船舶发动机产业链和供应链面临的挑战

海洋是新时代国家安全的重要领域和国家利益拓展的主要战略空间。当前，我国正在深入推进海洋强国战略，旨在把我国建设成为在开发海洋、利用海洋、保护海洋、管控海洋方面拥有强大实力的国家，而这些都离不开强大的船海装备产业作支撑。船海装备中的发动机产业是综合性高端装备制造业，具有技术密集和资金密集的特点，是很多国家都在大力发展的战略性产业。欧美俄日韩等国家和地区一直在该领域强化投入，意图维护其优势地位，抢占海事和军事领域话语权。离开了产业链自主可控，海洋强国只能是无源之水、无木之本。

船舶发动机产业覆盖面广、产业链长，产业链自主可控问题较为复杂。图 9-3 所示为船舶发动机产业链示例。

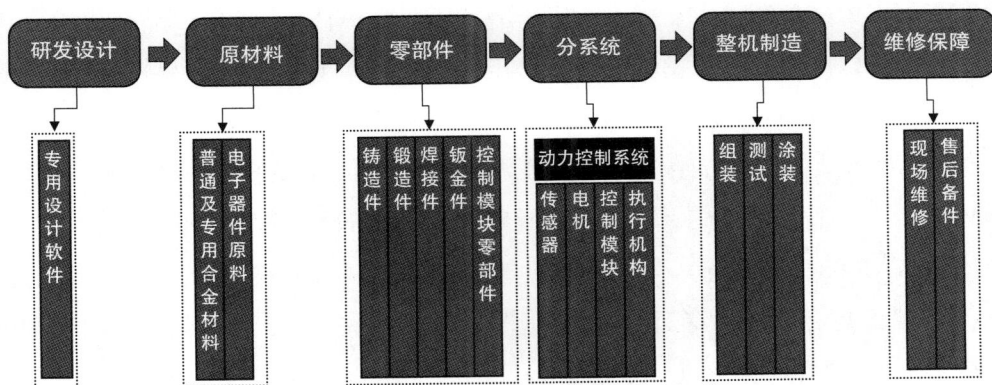

图 9-3　船舶发动机产业链示例

船舶发动机产业从应用类型看，分为船舶、海工、科考、新能源、养殖等行业；从产业基础看，包括研发、设计、制造、测试与试验验证等环节；从技术领域看，涉及结构、流体、材料、能源、电力、自动化、信息、电子等众多学科。长期以来，我国通过许可证生产或合资方式采购国外品牌柴油机技术或整机，以适应国际国内市场需求，实现了产业规模和总装能力的快速提升。

但是，许可证发放在知识产权方面有严格限定，国内船舶发动机生产厂家只能按图生产，而无法得到更深层次的技术；发动机的关键零部件，由于设计时已经选定主

流的国外品牌供应商（或共同开发），关键零部件的国产化也受到限制；同时按生产台份收取的高昂专利费用，也限制了国内船舶发动机专利生产厂家的利润，而同一机型许可证在不同厂家同时发放，促使国内船舶发动机专利生产厂家在面对竞争激烈的市场时，被迫进行价格战，这种恶性循环更进一步削减了国内生产厂家的利润；而与国外主流发动机厂合资的厂家，本质上只是一个"组装车间"，其在获取核心技术及售后市场的利润方面，基本上无所作为，也无能为力。

部分关重件的对外依赖使得产业链受制于人的问题也较为突出。据统计，我国完工典型船舶国产配套发动机本土化装船率约为50%，而日韩在90%以上，对于LNG船、钻井平台等高端装备，国产船舶双燃料发动机装船率仅为20%。与此同时，国际形势正在发生变化，大国竞争出现新局面，产业发展外部环境不确定性越来越强，国防用船舶发动机产业链安全问题日益凸显。

除了在船舶及海工装备领域的广泛应用外，船舶发动机也可适用于不同需求的陆用设施。尤其在发电领域，其柴油发电机组大量应用在石油、化工、矿山、农业、核电等多种场合。随着我国电力能源结构调整，产业聚集区、工业园区、商业中心、机场、交通枢纽、数据存储中心和医院等对分布式能源的需求将不断扩大，柴油发电机组将在我国电力结构调整中发挥更大的作用，而当前高端可靠的国产品牌柴油发电机组还无法满足国内市场未来发展需要，尤其是大功率、气体等绿色燃料发电机组还没有形成系列化产品。

我国船舶发动机行业的各家企业参差不齐，虽然各自都搭建了供应链管控框架，但与日本洋马（YANMAR）、韩国现代重工（HIMSEN）、德国曼恩（MAN）、芬兰瓦锡兰（WARTSILA）与美国卡特彼勒（CAT）等日韩欧美国家的该行业链主企业的模式相比还存在不小差距，主要体现在型谱不完善、行业顶层决策协调机制和制度体系协同手段有待进一步加强，同时，供应链服务资源的重复建设、整体性过剩、"各自为战"和被制约问题也使得我国船舶发动机行业整体还处于不高效的运行状态。

型谱不完善。如缸径大于320mm、单缸功率大于500kW的四冲程船舶发动机，目前在国内品牌发动机厂商中还没有经市场验证的成熟产品。

行业顶层决策协调机制和制度体系协同手段有待进一步加强。中华人民共和国成立以来，我国的船舶发动机产业走的是总装和配套协调发展的道路，但从20世纪90年代以来，我国取消了对技术引进和国产化的优惠政策，除了少数船舶发动机制造企业外，大部分企业的技术引进难以为继，国内船舶发动机及其关重件产品的技术水平和国际逐步拉开差距。21 世纪以来，随着我国加入 WTO，外资进入中国更为便利，船东（包括国内船东）可直接进行全球采购，国外零部件企业更愿意直接在中国投资建厂或合资生产，原先的引进国外技术、国内生产的模式更加难以推行。这期间由于造船市场的繁荣，我国船舶发动机零部件产业得到了较快的发展，但更多地体现在生产规模扩大和经营状况好转上，国内优秀的自主品牌产品始终没有打开局面。

而这段时间日韩政府对其国家的船舶发动机配套产业的发展和运行进行了强力"调控""干预"，对相关企业提供税收优惠和金融支持。其整合资源协调发展以规避企业间的不良竞争、减少内耗，逐步形成了集中生产优势并促使了本国国产配套率的大幅度提升。其同时也积极地发挥行业组织在发展过程中的沟通协调作用：一方面为本国政府制定产业政策提供支撑，另一方面代表大多数企业协调国际竞争和合作关系。日韩政府通过行业组织来对该产业的企业实行统一管理。

历史原因造成的供应链服务资源的重复建设、整体性过剩、"各自为战"现象突出。一是部分发动机企业为追求大而全和所谓的产业链安全而重复建设了一部分的零部件产能。二是在 2005—2008 年船海市场爆炸式增长期间，不少民营企业或独自或与国有企业合作，投资了不少船舶发动机零部件的生产工厂。随着这些年市场化的竞争与淘汰，虽极度的产能过剩情况已经有所好转，但总体这些中低端的发动机零部件仍处于过剩状态。另外，国内传统的火车内燃机车在整机和零部件产业链供应链层面上，也有很大一部分与船舶发动机重合。而这些年随着动车和高铁等电力机车的发展，传统的机车内燃机和零部件产能也处于过剩的状态。然而，由于分处不同的行业，彼此间的合作相对分散。

我国船舶发动机供应链中的关键零部件、特殊材料和重要元器件对外依存度较高。例如，船舶四冲程发动机核心的部件是电控系统和燃油系统，然而高端精准的发动机电控和燃油系统，尤其是天然气或甲醇、氨等绿色燃料发动机的高压共轨装置和燃料喷射部件等少数关键零部件目前都被国外企业所垄断，国内尚没有技术完全成熟、运行可靠耐久且经市场验证的合格供应商。再如，船舶发动机控制系统中所用的高端芯片，尽管所需的绝对数量并不多，但在欧洲能源危机导致的全球性高端芯片短缺危机中也显得不够。相关零部件企业和发动机整机企业被迫付出更高的成本来避免供应中断。

近年来，远洋运输成本高企，物流周期长；国内运输的价格上涨，加上大宗原材料价格的上涨，给国内船舶发动机供应链上诸多企业的物流和运营来了极大的挑战。

四、化解问题、风险，进一步提升船舶发动机产业供应链水平

近年来，我国发展的内部条件和外部环境发生了深刻变化，船舶发动机产业链核心竞争力不突出。尽管我国拥有最完整的工业体系，且处于"世界制造中心"的地位，但是"大而不强""全而不优"的问题较为突出。因此，急需从补短板、强控制、提韧性、筑优势4个方面化解这些问题和风险，进一步提升我国船舶发动机产业的供应链水平。

第一，聚焦"补链"。坚持技术驱动发展，关注重点领域，培育补齐供应链短板。

我国船舶发动机上目前仍有高压共轨装置、燃料喷射及控制单元、轴瓦等零部件，由于国产品牌的制造技术或基础材料相较于国外品牌还有一定的差距，在高端或重要的项目中仍需进口采购。笔者认为应发挥新型举国体制优势，针对目前船舶发动机仍需的进口配套零件或基础材料建立自主可控项目清单，建立"两线（行政线和技术线）和三师（设计师、工艺师、质量师）"机制，以解决关键问题成效为衡量标准，构建自主可控、安全可靠的国内生产供应体系，着力提升在关键核心技术方面的话语权，加快国内供应商的培育速度，在关键时刻做到自主循环。

以进一步提高船舶发动机传统动力机械的热效率为突破口，加快开展低碳清洁燃料（如LNG、氨、氢、甲醇、乙烷等）和应用新能源（如风能、太阳能、燃料电池等）等新型船舶动力系统的关键技术研究，补齐产业链中的短板，逐步提升能力。这其中，在研发新机型时，国内供应商的早期参与至关重要。尽管国内供应商在一部分零部件的性能指标和可靠性方面确实与国际主流供应商存在差异，但只有让国内厂商先参与到新机型的研发中，后面其才会有机会不断改进和迭代，缩小与主流供应商之间的差距。否则极易形成恶性循环：零部件性能差距越大，整机设计（因考虑到整机性能）越不敢选用或共同设计国产零部件，而越没有机会参与新机型设计，则越没有改进和迭代的可能，差距将越拉越大。从这一角度来看，在布局船舶发动机的新品研发上，也宜采用"小步快走，快速迭代"的总体思路，从而让更多国内零部件供应商有机会"上车"，以进一步实现国产替代、增强自主创新能力，实现高质量发展。

第二，聚焦"强链"。培育本土链主企业，强化供应链控制权。

企业是产业链的主体，应当通过推动形成一个船舶发动机产业链的链主企业来提升发展能级和发挥领头羊作用，协调产业链各节点活动，淘汰落后环节，引领带动整个产业链实现安全稳定运行。

链主企业应聚焦强链，强化供应商管控能力、信息化集成应用能力和采购风险防

控能力建设，将与供应商战略合作共赢的思想导入供应链管理的前端，通过事先储备共享的供应商资源，提高供应链的反应速度。

链主企业还应建立全方位的"链式服务"体系，发挥链主企业靠近客户和背靠生产性服务产业的优势，从供给侧和需求侧开展行动，通过以企引企等方式吸引配套企业、生产性服务企业、资金、人才等资源要素集聚。政府鼓励中小民营企业深耕细分市场，在产业链上下游培育一批掌握关键技术的专精特新企业，提升产业链关键环节的产品技术含量。我们应推动链主企业主动联合上下游配套企业、科研院所、中介服务机构等形成深度协同、共生发展的产业链生态系统，增强集群效应，实现产业链各个环节的可控和迭代升级。

第三，聚焦"固链"。坚持与各产业链开放合作，深化全面质量管理，保障供应的连续性和坚韧性。

坚持基础研究和开放创新不动摇，把有限的资源集中到能创造价值的领域，积极整合调动产业链要素资源。我们应通过中国内燃机工业协会、中国科协航空发动机产学联合体、中国物流与采购联合会等行业组织的专业力量推动相关大中小各类所有制企业跨单位、跨领域、跨学科融通创新，协同发展，培育核心能力，开展标准化建设，推广标准化产品，联合行业骨干企业建立统一的售后服务平台，提升本土配套率。

利用产业链合作共赢和"首台套"奖励等税收或金融支持的政策使得关键零部件国产替代、船舶发动机高端制造之路越来越清晰。通过跨产业链的深度合作实现共同突围，较大幅度提升国产化水平，共同实现自主可控能力，有效实现高质量发展。

第四，抓住数字化重组机遇，推动绿色可持续发展，构筑船舶发动机产业供应链竞争优势。

深化低碳发展理念，以智能制造为主攻方向，加快建设智能车间、智能工厂在船舶发动机产业链中的布局，加强节能减排技术支持，推动"5G+ 工业互联网"的融合发展。

船舶发动机产业的数字化重组是一个系统工程。发动机设计的数字化，零部件的可追溯性与大数据，智能仓储与数字化管理，车间数字化管理平台，测试间智能化管理，备件大数据管理与应用，等等，都需要较长时间构建与优化。同时，船舶发动机的数字化还需要深度连接到产业链上下游各企业的数字化转型过程中。如作为船厂的上游供应商，船舶发动机的相关数据将高效对接到船厂的数字化生产中；船舶发动机的运行过程中产生的各类工况运行数据，也将在航运管理数字化中起到重要作用，并与船舶运行数据同时传输到智能化港口管理系统中。这样建立数据在整个产业链中的互联互通机制，使船舶发动机供应链中的信息传递更加透明，信息传输更有效率，从而提高整个产业链的运行效率。

充分发挥数字产业化和产业数字化双轮驱动效应，带动船舶发动机产业链转型升级，促进船舶发动机由生产型制造向服务型制造转型，从而提升整体绿色发展水平，推动我国船舶发动机产业向价值链高端攀升。

五、结束语

作为传统的高端装备制造行业，船舶发动机产业在 2023 年里，机遇与挑战并存。挑战方面有二。

一是关键零部件的供应中断风险。随着中美贸易摩擦的延续，美国在制造业的回流和试图与中国"脱钩"的趋势越发明显，船舶发动机供应链的稳定性也面临着日益严峻的挑战。美国已经在诸多领域对中国多家公司、科研机构、大学等实施关键技术、设备和部件的供应限制，而且趋势是限供范围越来越大。船舶发动机中目前由美国供应商提供的零部件产品，如调速器、气体发动机、液压件等，也不能完全排除未来中断供应的风险。国内的船舶发动机厂需要做好相应的风险管控措施，短期内应囤积足够的零部件，长期则应该立即开始对标国产化的工作。

二是物料成本不断上升的风险。国外（主要是欧洲）供应商的成本在不断攀升。其成本上升的根源，一方面是各种大宗金属原材料价格的上涨，另一方面是欧洲能源价格的不断上涨。这些因素对于欧洲个体供应商而言，确实属于不可控因素。其中财务状况较差的公司可能倒闭，从而造成供应中断风险，而正常运营的公司则会试图通过提升价格来维持生存。同样地，国内的零部件供应商，由于人工成本、原材料价格、运输成本上升等诸多因素，其价格也一直在上涨。这样一来，国内船舶发动机的厂商及其下游客户的成本也会不断上升。根据近期的趋势，2023 年的成本上涨趋势或将有所延缓，部分原材料甚至有可能下降，但总体而言还将在高位徘徊。

对于船舶发动机厂商而言，主要应对措施是优化供应链，通过各种细致深入的预测与计划，与供应商从初期开始加强合作，尽可能早期锁定价格或减小价格上涨的幅度。同时，对各类零部件供应市场做深入的分析，采取针对性的库存措施。有的应着重于预防供应中断风险；有的则应该减少库存资本压力；有的则需要与供应商合作，适当囤积原材料以锁定零部件的价格。总之，船舶发动机厂商需尽可能深入地优化供应链的总成本。

机遇方面，由于国内造船行业低迷了很长一段时间，船舶发动机厂家的产量也一直在低位徘徊。近年的触底反弹对于大部分船舶发动机厂家而言，都是一个难得的稳定和适度扩张的机会。而各类环保规范与碳排放的规定、新型绿色燃料机型的研发需求，也确实为国内船舶发动机产业提供了在新赛道上与国际厂商在接近的起跑线上赛跑的机遇。同时，由于疫情防控政策的调整，运输和物流对于大部分船舶发动机厂家而言，2023 年相比成本高企、物流周期长、供应链极其不稳定的 2022 年，也必将逐步恢复到正常的水平，更有利于供应链运营的稳定。

总体而言，我国船舶发动机产业链上下游企业还需进一步加强合作，抓住 2023 年的机遇，稳定供应链，提升自主研发、设计及制造能力，提高我国船舶发动机的国际市场竞争力。

参考文献

[1] 克拉克松海运情报网 .Shipping Intelligence Network (SIN)[EB/OL].2022.

[2] 王华堂 . 船用柴油机百年发展简史 [EB/OL].2022.

[3] 许倩茹 . 临港新片区三周年 | 五大动力产业解读：船舶动力的现状与变革 , 澎湃新闻· 澎湃研究所 (2022-08-23).

[4] 赵凯 . 船用甲醇发动机的研发现状与发展趋势 [EB/OL].2022.

10

第 10 章

2022 年绿色低碳钢铁供应链发展回顾与 2023 年展望

鞍山钢铁集团有限公司

侯海云

习近平总书记在党的二十大报告中指出，"积极稳妥推进碳达峰碳中和"。落实"双碳"目标仍然是未来我国一项全局性、长期性的工作，挑战与机遇并存。面对"双碳"目标和绿色低碳钢铁供应链技术的挑战，钢铁行业的企业正在以自主创新为战略基点和核心要素，瞄准绿色低碳钢铁供应链关键短板发力，努力成为绿色低碳钢铁供应链的探索者和先行者。

一、2022年绿色低碳钢铁供应链发展回顾

（一）2022 年钢铁行业整体发展现状 [1]

钢铁产量有所下降。据国家统计局数据，1—10 月全国生铁、粗钢产量分别为72 689.2 万吨、86 056.9 万吨，分别同比下降 1.2%、2.2%。

钢材进出口量总体下降。据海关总署数据，1—10 月全国累计出口钢材 5 636 万吨，同比下降 1.8%。其中，10 月出口钢材 518 万吨，同比增加 16.1%。1—10 月全国累计进口钢材 911 万吨，同比下降 23%。其中，10 月进口钢材 77 万吨，同比下降 31.5%。

钢材价格略有下降。据中国钢铁工业协会监测，10 月末中国钢材综合价格指数为109.50 点，环比下降 3.26 点，降幅为 2.9%。

进口矿累计保持下降。据海关总署数据，1—10 月全国铁矿砂及其精矿进口量91 742 万吨，同比下降 1.7%。其中，10 月全国铁矿砂及其精矿进口量 9 498 万吨，同比增加 3.7%。

（二）我国钢铁行业的"双碳"目标及愿景

根据工业和信息化部、国家发展和改革委员会（简称"发改委"）、生态环境部三部门 2022 年 1 月联合印发的《关于促进钢铁工业高质量发展的指导意见》和中国钢铁工业协会发布的《中国钢铁工业"双碳"愿景及技术路线图》，钢铁行业要确保 2030 年实现碳达峰，2060 年借助碳汇和社会力量实现碳中和，中国钢铁行业落实从碳达峰到碳中和的目标是 30 年时间。

（三）绿色低碳钢铁供应链发展 5 个步骤

1. 强化顶层设计，标准体系建设引领钢铁供应链绿色低碳发展

2022 年国家市场监管总局联合相关部门印发了《建立健全碳达峰碳中和标准计量体系实施方案》（以下简称《方案》），提出了构建"双碳"标准体系的工作要求，以"双碳"工作对标准的全方位需求为导向，为构建全覆盖、多维度、多层次的"双碳"标准体系提供了"路线图"。标准体系建设是"双碳"工作的重要基础，标准作为国家基础性制度的重要方面，在实现碳达峰碳中和目标过程中发挥着基础性、引领性作用。如标准为实现"双碳"目标提供重要支撑，为实现"双碳"目标提供创新引领，为实现"双碳"目标提供国际协调的规则。

针对碳达峰、碳中和需求，钢铁行业在全国钢标准化技术委员会（SAC/TC 183）下已成立碳排放管理标准化工作组（SAC/TC 183/WG11）和低碳冶金标准化工作组（SAC/TC 183/WG12），开展钢铁行业碳排放核算、碳排放限额、碳排放监测与管理、碳交易与碳资产管理、低碳冶金技术规范、低碳评价、碳捕集、封存与利用（CCUS）技术规范、碳汇等方面的标准化工作。目前，已初步形成钢铁行业碳达峰、碳中和标准体系框架。钢铁供应链相关工作者集钢铁企业、设计院、研究院所和供应链上下游企业的力量，参与编制了多项绿色低碳发展相关标准项目，涉及供应链相关的物流、信息流、资金流、商流领域，例如已发布的国家标准《绿色物流指标构成与核算方法》GB/T 37099-2018、团体标准《钢铁企业绿色高质量发展指数》T/CISA 044-2020，2022 年国家标准化管理委员会（简称"国标委"）下达碳达峰碳中和国家标准专项计划中国家标准《物流行业能源管理体系实施指南》（20220828-T-469）、国家标准《物流企业能源计量器具配备和管理要求》（20220834-T-469），行业标准《企业绿色物流评估指标》（303-2020-001）、行业标准《物流企业温室气体排放核算方法》（303-2020-

002）、行业标准《物流企业碳排放管理体系实施指南》等，这些标准对引导钢铁物流企业建设和持续改进能源管理体系、碳管理体系，并引导其提高温室气体排放管控水平、促进钢铁物流碳达峰碳中和目标的达成具有指导意义。

2. 坚守底线思维，构建资源保障体系，确保钢铁供应链韧性可靠

我国铁矿资源保障能力不足，供需存在结构性失衡。在"双碳"背景下，我国铁矿资源保障面临以下形势。一是流程结构变化。由于历史和资源禀赋，我国钢铁流程结构一直以长流程为主导，未来随着我国钢铁产业进一步向峰值区中后期发展，废钢资源、电力等支撑条件逐步完善，工艺流程结构由长流程调整为电炉钢是必然趋势，但调整周期可能会较长。二是炉料结构变化。目前，世界钢铁生产重心由发达国家向发展中国家转移，呈现出"东升西降"发展趋势，但是冶金炉料需求中心仍在中国。自然资源部矿产资源保护监督司司长鞠建华指出，我国矿产资源基本国情没有变，在国家发展大局中的地位和作用没有变，资源环境约束趋紧的态势没有变。应坚守"底线思维、巩固国内、市场配置、绿色发展、合作共赢"原则，强化重要矿产安全保障，推进资源开发与生态保护相协调，构建安全、绿色、高效资源保障体系。事实上，未来，我国对高品位低杂质含量铁矿石产品的需求将保持结构性增加态势。

面对铁矿石的资源保障问题，鞍钢集团敏锐地发现其已成为影响我国产业经济安全的重大风险点、国内大循环的堵点。作为国内钢铁行业唯一一家具有全产业链的钢铁企业，鞍钢集团心怀"国之大者"，立足世界格局、国家战略，以"勇当铁矿石供应链链长"为己任，确定实施"钢铁＋矿业"的"双核"战略，把矿产资源提到与钢铁产业同等重要的地位，为"十四五"发展找准新方向，全力稳定供应链，确保关键领域安全稳健发展。特别是 2022 年全国最大的单体地下铁矿山——鞍钢西鞍山铁矿项目正式开工建设，鞍钢集团坚持绿色发展理念，采用"大直径深孔空场嗣后充填法"采矿工艺，通过利用地下废石和选矿尾砂对采掘部位进行充填，能够有效保证地下岩体稳定，确保周边环境不受破坏，实现了"地下开采，地上绿栽，嗣后空填，绿色矿山，持续发展，利国利民"，并"为全球贫铁矿资源绿色高效开发提供整体解决方案"。中国钢铁工业协会副会长骆铁军在接受媒体联合采访时，对西鞍山铁矿开工建设的示范作用进行了阐释，"提升战略性资源供应保障能力是党的二十大提出的明确要求，西鞍山铁矿也因此引起各方重视与关注。西鞍山铁矿的开工，其意义不仅在于它本身可以建成一个千万吨的精品矿山，同时也为采矿行业树立了一个绿色矿山开发的标杆，为行业高质量发展起到示范作用。同时，也会带动'基石计划'其他相关项目的审批，

对保障钢铁产业链的稳定和协同发挥积极作用。"[2]

3. 明晰技术路径，资源共享凸显绿色低碳钢铁供应链价值创造力

2022 年中国钢铁工业协会发布的《中国钢铁工业"双碳"愿景及技术路线图》中明确提出我国钢铁行业的"双碳"技术路径是系统能效提升、资源循环利用、流程优化创新、冶炼工艺突破、产品迭代升级、捕集封存利用。其中，系统能效提升是通过深度节能技术应用与装备升级改造，实现能源精细化管控，余热余能应收尽收，做到全系统极致能效；资源循环利用是将钢铁生产流程产生的固、液、气等二次资源以及社会产生的废钢等二次资源，通过钢铁循环高效再利用，实现资源利用价值最大化；流程优化创新是立足现有工艺及装备，通过调整和优化原料结构、工艺结构和用能结构，创新钢铁制造工艺流程，提升流程效能；冶炼工艺突破是摆脱传统工艺流程和装备的束缚，寻求关键技术变革性创新，重大的冶炼工艺突破是钢铁行业近中期和中远期快速减碳的关键；产品迭代升级是基于钢铁产品全生命周期评价，通过开发更高性能的绿色钢铁产品，使钢铁材料具有更高强度、更高寿命、更高效能，减少钢铁材料用户需求量；捕集封存利用是将二氧化碳从钢铁制造排放源中分离，并经济高效封存、固化或资源化利用，是实现钢铁行业碳中和的重要保障。从"碳达峰"到"碳中和"各个阶段，六大路径及各路径关键技术各有分工，有的贯穿始终，有的在"碳中和"阶段发挥显著作用；有的技术可同步推进、实现"同频共振"，有的技术则彼此接力，完成"螺旋上升"。六大路径相辅相成、协同互补，共同构成中国钢铁工业"碳中和"技术路线，有力支撑钢铁行业"碳中和"目标实现。

钢铁供应链领域在绿色低碳技术路径支撑下也实现了较好的价值创造。例如鞍山钢铁集团实施的"构建绿色供应链管理体系，实现价值创造新优势"项目通过运用现代供应链管理思维和方法，推动设计、采购、制造、运营、物流、销售、消费信息交互等流程再造，加快制造业与物流业的数字化协同升级，优化物流方案，减少物流动作，取得绿色低碳新优势，获得国资委研究中心组织的中央企业智库联盟颁发的"中央企业基于实践案例的碳达峰碳中和实现路径研究重点课题"特等奖。河北钢铁集团用低碳技术串联起绿色钢铁供应链、产业链、价值链，用更轻、更强、更环保的钢铁材料，聚力打造低碳家电、零碳汽车、负碳经济。物流装备绿色方面，河北钢铁已有 50 台氢能车辆稳定运行，累计行程 150 万千米，完成减碳 5 100 吨，实现运量 97 万吨。流程绿色方面，河北钢铁变以铁矿石为原料的"高炉—转炉"长流程为以废钢为原料的电炉短流程，河钢石钢新区的"蜕变"，预见钢铁工业低碳绿

色发展的梦想空间。

4. 重塑融合格局，多方合力实现绿色低碳钢铁供应链共赢生态

供应链创新的本质是创新供给体系，优化供给质量，创造新价值，形成新动能。发展现代供应链必然要构建起符合钢铁产业链、供应链、生态链发展规律的，上中下游协同发展的科学、畅通、高效、高质量的供应链，才能应对新的挑战，建立健康发展的新业态、新生态，这是 2022 年钢铁流通领域贯彻新发展理念、高质量发展的主要思路。

实践中，河钢集团与宝马集团签署《打造绿色低碳钢铁供应链合作备忘录》，携手打造绿色低碳钢铁供应链，每年将减少二氧化碳排放量约 23 万吨。这标志着钢铁与汽车行业联动减碳跨领域合作取得突破，开启了双方深化战略合作、实现协同发展新纪元。面向未来，双方将联手打造产业链"深度融合、绿色发展"的合作典范，为应对全球气候变化提供更好的解决方案、做出更大的贡献。根据备忘录，双方将共建绿色低碳钢铁材料供应链，围绕绿色低碳钢铁材料的研发及使用，基于宝马对钢铁材料的低碳需求，开发低碳、绿色汽车用钢材料并完成相关认证。宝马将成为河钢绿色低碳钢铁的第一家客户。从 2023 年中期开始，宝马沈阳生产基地量产车型将逐步使用河钢的低碳汽车用钢（以下简称"低碳钢"）。相较于传统钢材，这些低碳钢的生产过程将少产生 10% ~ 30% 的二氧化碳。2026 年起，宝马沈阳生产基地将开始在整车量产过程中使用河钢生产的绿色汽车用钢（以下简称"绿钢"）。这些绿钢基于绿电和电炉等工艺，其生产过程将逐步实现减少二氧化碳排放量 95%。按照目前的采购计划，从 2026 年起每年预计将减少约 23 万吨的二氧化碳排放量。再如宝钢股份与北京奔驰正式签署《打造绿色钢铁供应链合作备忘录》，致力于在整车制造过程中使用更加绿色的原材料，共同打造绿色汽车钢铁供应链。该备忘录明确了具体减碳技术路径，并有真正落地的详细计划与措施。其中，宝钢股份将在 2023 年逐步提供碳排放强度大幅降低的低碳钢；从 2026 年起，借助氢基竖炉—电炉的技术路径，宝钢股份提供车辆用钢的碳排放强度将逐步降低 50% ~ 80%；随后还将进一步提供减碳 95% 的绿钢。

5. 实施成果转化，推广应用助力绿色低碳钢铁供应链跨越升级

2022 年 5 月 19 日钢铁行业 EPD（环境产品声明）平台成功发布，作为我国工业领域首家 EPD 平台，自发布以来已入驻权威第三方验证机构 14 家；累计注册用户数 750 个，涵盖钢铁企业、下游行业、高等院校、专业机构等；发布 8 份 EPD/CFP（产品碳足迹）报

告，另有 10 余份 EPD/CFP 报告正在推进中，EPD 平台关注度与行业影响力持续提升。钢铁行业 EPD 平台的成功发布与顺利运营，源于中国钢铁行业绿色低碳发展内生动力的驱动，是钢铁行业绿色低碳发展的必然要求，也是大国钢铁的责任和担当。2022 年 11 月 8 日备受行业瞩目的钢铁行业 EPD 平台标签（以下简称"EPD 标签"）正式发布。EPD 标签是基于具体业务场景，为用户定制开发的产品环境绩效信息电子标签。以太钢集团奥氏体不锈钢冷轧板产品的 EPD 标签为例，产品 EPD 标签由左侧的数据区及右侧的完整信息入口组成，直观地展示了奥氏体不锈钢产品的 GWP100 全球变暖潜力数值（3.125t CO_2-eq/t）及简写的 EPD 报告注册编号（TISCO-20220003）。终端用户只需用微信扫描标签右侧的二维码，即可实时溯源该产品种类的基本信息，例如产品种类名称、制造商、生产地、失效日期等，还可进一步登录以查看完整 EPD 报告，全面掌握该产品种类"从摇篮到大门"的环境绩效信息。汽车、建筑、家电等产业链下游用户纷纷表示，钢铁产品 EPD 标签的发布和使用会产生头羊效应，有助于打造绿色低碳钢铁供应链。

2022 年 11 月，宝钢股份智慧碳数据平台正式上线，为宝钢股份节能减碳战略决策、实现碳达峰碳中和提供重要的量化工具和大数据支撑。其采用云计算、大数据、人工智能等技术，依托宝钢股份大数据中心，汇集碳相关数据，覆盖公司全流程、全工序、全品种的宝钢股份智慧碳数据平台，包含碳核算、碳资产、碳足迹三大核心模块，依据国际通用的全生命周期评估（LCA）方法论，构建了覆盖四基地的大类产品及明细物料的 LCA 碳足迹计算模型，实现每一个钢卷碳排放的可追溯、可管理、可报告、可核查，为下游用户提供每一个产品的碳数据，有"迹"可循。结合"一公司多基地"管理模式要求，在同一平台、同一规则指导下，扎实开展节能减碳、对标找差、效率提升、碳核算、碳资产管理、低碳产品设计等工作。各部门、各基地、各子公司要进一步提高碳数据质量、优化平台相关功能，开发有价值的数智化应用，挖掘平台的价值，真正发挥平台的决策作用，助力"双碳"目标实现。

二、2023年绿色低碳钢铁供应链发展展望

2023 年中国钢铁将站在更高的视角谋划布局，立足新阶段，服务新格局，继续聚焦全面夯实产业基础和强化钢铁供应链自主可控能力这一根本任务，为实现低碳绿色、高质量发展发挥出更大的时代价值。

（一）落实政策支持项目是绿色低碳钢铁供应链发展的关键

钢铁行业的"双碳"目标实现，就是绿色发展的转型过程。没有金融的支持，仅仅靠提高钢铁行业的国际标准、规定技术路径和制订降碳进程计划，这种绿色转型并不能够自动实现。因此，钢铁供应链工作者需要紧密结合配套的信贷、债券、保险、信托、碳交易市场等金融工具和政策的支持，包括利率优惠、财政的贴息等开展相关工作。落实政策支持开展的相关工作将推动钢铁行业向绿色低碳转型，也将最终影响钢铁上下游产业的整体减碳水平。

工业和信息化部、发改委、生态环境部 3 部委联合发布了《关于促进钢铁工业高质量发展的指导意见》(以下简称《意见》)，《意见》明确了钢铁工业的定位，指出钢铁工业是国民经济的重要基础产业，是建设现代化强国的重要支撑，是实现绿色低碳发展的重要领域。钢铁行业作为工业的重要领域，是能源消费大户，同时也是二氧化碳排放大户，中国钢铁行业二氧化碳排放占全国总量的 15% ～ 17%，在工业领域中是仅次于电力行业的第二排放大户，其能否实现低碳发展对国家"双碳"目标的实现具有重要影响。《意见》针对钢铁行业深入推进绿色低碳，促进钢铁行业高质量发展，提出了具体的、可操作的措施。钢铁供应链工作者应按照《意见》支持构建钢铁供应链全过程碳排放数据管理体系，参与全国碳排放权交易。即，在原有能源监测、统计和管理的体系的基础上，加强钢铁供应链碳排放统计核算能力建设，建立和完善适合中国国情的二氧化碳排放因子数据库，深化钢铁供应链的碳排放核算方法研究，加快建立统一规范的多层次的碳排放统计核算体系。推进碳排放实测技术发展，加快遥感测量、大数据、云计算等新兴技术在碳排放实测技术领域的应用，提高统计核算水平。借助"互联网 +"，建立钢铁制造流程的碳素流管控平台和碳核算管控平台，实现数据的实时上传与共享，在行业全面推行能效、减排对标，不断提升钢铁行业节能减排与低碳管理公共服务能力。同时，要积极参与全国排放权交易。完善全国统一的排放数据报送系统、注册登记结算系统等市场支撑体系，尽快研究制定钢铁行业全国统一碳市场准入标准、配额分配方法和有关技术规范。组织钢铁企业进行碳排放权交易培训以及参与全国统一碳市场测试运行活动，为钢铁供应链进入全国统一碳市场做准备。

（二）协同共享将成为构建可持续发展钢铁供应链的基石

中国钢铁行业以钢铁生产为核心，有序统筹钢铁与石化、建材、化工等多产业链协同，建设高效循环利用互为资源化的工业生态圈，产业链供应链的协同将成为构建可持续发展钢铁供应链的基石。一是加强废钢、冶金渣等再生资源回收和高效利用技术的研究、推广和应用，加强大废钢比冶炼工艺研发应用和收集，提高废钢判定、分选和加工技术效率；提升钢渣热焖分选再利用、高炉渣冷却破碎筛分再利用等技术的应用效果和效率；建立全流程废水资源的综合处理与回收利用技术框架，梯级利用水资源，实现废水高效循环利用；结合超低排放改造，加强烟气处理和各类副产物的高效循环利用，拓展钢铁生产各类炉窑、工艺流程产生废气的资源化综合回收利用途径。二是探索共享生产新动力。如鞍钢发挥自身冶金化工废弃物处理优势，共享资源，服务于国内其他冶金企业和城市。一方面解决了冶金工序难于处理的化工副产物，实现污染物超低排放；另一方面通过深加工提高其经济附加值，得到社会发展必需的化工产品，例如染料、药物中间体和碳素材料。三是打造资源循环新模式。发挥钢铁生产流程能源加工转换功能，在某些地区构建以钢铁生产为核心的能源产业链，因地制宜，选择经济合理的供应半径，与钢铁生产企业周边石化、化工、建材、有色等工业企业，工业气体公司，居民及商业用户等实现煤气、蒸汽、氧氮氩气、水等能源互供，替代区域内能耗、污染物、碳排放较高供应设施，实现区域能源、资源、环境协同优化。

（三）数字技术赋能深入推进绿色低碳钢铁供应链发展

全球电子可持续发展倡议组织（GeSI）调查数据显示，到 2030 年，ICT 技术将在很大程度上助力全球二氧化碳当量排放减少。作为低碳转型的重要推动力，数字化、智能化技术带来的效率和成本优势日愈凸显。数字技术在绿色低碳钢铁供应链发展的模式转型中，将扮演不可替代的作用。充分发挥技术创新的支撑作用，促进数字化和绿色化的产业融合，推动绿色低碳钢铁供应链建设，是实现钢铁供应链转型升级和长期可持续发展的基础。一方面，供应链的数字化转型本身就会带来减碳增效，数字协同彻底改变了组织沟通和协作的方式，大大提升了钢铁供应链的敏捷性和效率；另一方面，数字技术低成本、可信赖、成规模的特性，可以帮助衡量和管理经济各环节的生态足迹，致力于减少现实能源消耗，是低碳绿色发展的重要"使能者"。再者，建设绿色低碳钢铁供应链智能平台，借助大数据、人工智能等技术推进资源环境数据收集及分析，将推进绿色低碳钢铁供应链各环节形成智能化处理和应用。

（四）绿色金融构筑绿色低碳钢铁供应链发展新格局

中国钢铁行业作为制造业碳排放大户，在绿色设备改造、绿色运输改造、绿色能源改造等领域需要大量资金，绿色金融与绿色钢铁的交集将越来越多。据专家测算，中国钢铁行业要想实现碳中和，在 30 年的有限时间内平均每年需投资数千亿元，这需要金融机构的大力支持才能完成。

首先，中国钢铁体量和生产结构决定实现"双碳"目标需要大量资金投入。中国钢铁行业体量大，90% 以上的粗钢通过长流程生产，其碳排放量占中国总量的 15% 左右，中国长流程粗钢产量占世界长流程钢产量的 70.4%，中国碳排放量占世界的 28%。长流程吨钢碳排放量平均为 1.82 吨，短流程电炉钢吨钢碳排放量为 0.4 吨。由于中国钢材消费以建筑钢材为主，废钢资源释放需要一个漫长过程，所以在相当长的时间内只能以长流程生产为主。在行业利润方面，中国钢铁行业在 2008 年金融危机后，销售利润率长期低于工业行业平均销售利润率水平。中国钢铁行业靠自身积累实现"双碳"目标很难，需要宏观层面产业政策、金融政策的推动，微观层面金融信贷的大力支持。

其次，碳中和创新技术研发需要大量资金投入。目前全世界还没有找到工业化的碳中和成熟技术，都在摸索中。这意味着仅靠企业自身力量远远不够，国家需要做好顶层设计，给予支持，创新技术的研发需要不断摸索和大量投资。

最后，中国从碳达峰到碳中和的时间短于其他发达国家，时间紧任务重，离不开绿色金融的支持。目前中国宝武、河钢、鞍钢、包钢都纷纷宣布了碳达峰和碳中和路线图和时间节点；中国宝武成立碳中和股权投资基金，并联合全球钢铁企业及生态圈伙伴成立了"全球低碳冶金创新联盟"。鞍钢、包钢、酒钢等也正在开展相关研究、实验等。未来钢铁行业"双碳"行动将离不开绿色金融的支持。[3]

三、2023年绿色低碳钢铁供应链发展建议

（一）做好绿色低碳钢铁供应链标准体系建设，推动钢铁供应链高质量发展

面对当前"双碳"工作对标准的迫切需求，钢铁供应链工作者应按照《方案》的指导开展四项重点行动，以加快绿色低碳钢铁供应链标准体系的建设进程。一是开展"双碳"标准强基行动。加快完善钢铁供应链碳排放监测、数据管理、核算、核查、报

告与评估、碳中和、信息披露、碳排放管理体系等碳达峰急需的基础通用标准。通过集中申报、集中立项、急需标准随时立项等有效措施，加快基础标准制定进程。二是开展节能降碳标准提升行动。在钢铁供应链相关用能产品和设备领域，加大钢铁物流装备、信息通信设备等用能产品强制性能效标准及测量检测评估标准的制修订工作，推进车辆燃油经济性及电动车能效等标准制修订。同时加速完善与强制性标准配套的推荐性节能标准的制修订工作，有效支撑能效能耗标准实施。加快建立能效能耗标准实施监测统计系统，加强标准实施与宣贯培训，提升节能降碳标准的实施效果。三是开展低碳前沿技术标准引领行动，布局若干"双碳"领域重点研发计划项目，推动技术研发与标准研制协同布局。通过开展"双碳"领域国家级标准验证点建设，提高标准的有效性。推动"双碳"领域国家技术标准创新基地创建，培育技术、标准、产业联动的创新机制，以标准先行带动绿色低碳钢铁供应链技术创新突破和推广应用。四是开展绿色低碳标准国际合作行动，联合更多相关方，扩大合作渠道，加大节能、新能源、碳排放、碳汇、碳捕集利用与封存等领域国际标准的实质性参与力度，推进节能低碳国家标准及其外文版同步立项、同步制定、同步发布，提升我国绿色低碳钢铁供应链标准的国际影响力。

（二）强化绿色低碳钢铁供应链人才培养，激活钢铁供应链高质量发展新动能

钢铁供应链绿色"双碳"目标实现，离不开技术的提高和改善，而技术提高和改善的关键在于科技和研发人员的积极性、创造性。科技和研发人员的创造性来源基础理论和应用成果不断积累和迭代升级的过程，从研发到应用不是一蹴而就的，而是需要分阶段有计划地实现，要建立起激励研发人员进行降碳技术研发创新的机制和晋升机制。同时，要建立起有效的科研成果转化机制。科研成果的转化离不开价值规律的作用，好的激励机制可以促进科研成果转化为真正的生产力。"双碳"目标的实现，对于科研来说，需要巨大的资金投入和个人智力、精力和时间投入，科研成果的转化不仅要弥补成本，获得利润，更重要的在于支持"双碳"科研的可持续性。因此，需要设计好的科研成果转化机制，比如允许科技和研发人员的智力和付出可以在薪酬之外股权化、股份化，甚至可以进行股权转让，这样既可吸引社会资本支持研发，也有利于激发研究人员多出具有实效的科研成果，对钢铁供应链的绿色低碳转型具有重要意义。另外，要加快"双碳"标准化人才培养，主动培养具有国际视野和创新理念的应

用型、复合型"双碳"标准化专家队伍，加大宣传培训力度，提升各相关方运用"双碳"标准的技术能力。

参考文献

[1] 新浪财经 . 发改委：钢铁行业 2022 年 1—10 月运行情况 [EB/OL].2022.

[2] 鞍钢集团 . 全国最大单体地下铁矿山项目在鞍钢开工建设 [EB/OL].2022.

[3] 中国冶金报社 . 钢铁行业低碳发展呼唤绿色金融 [EB/OL].2022.

趋势四

全球供应链重构

11

第 11 章

推进区域供应链生态建设，积极应对全球供应链重构

中国物流与采购联合会采购与供应链管理
专业委员会研究室主任
马天琦

2022 年发生了许多大事：世界经济复苏乏力，局部冲突和动荡频发，全球性问题加剧；主要国家经贸政策调整，逆全球化思潮抬头……全球市场的碎片化颠覆了全球分工和大规模制造中心的传统供应链模式。全球统一市场被分割成很多相对独立的局部市场，全球供应链重构加速演进。2022 年 6 月 19 日商务部国际贸易经济合作研究院发布的《跨国公司在中国：全球供应链重塑中的再选择》指出，从全球分工向区域聚集转变是目前全球供应链格局呈现的重要趋势之一。

习近平总书记在党的二十大报告中强调，要"深度参与全球产业分工和合作，维护多元稳定的国际经济格局和经贸关系"。中国如何在全球供应链重构进程中再次抢抓机遇？依托京津冀、长三角、粤港澳大湾区、成渝地区双城经济圈等重点区域，统筹推进产业集群跨城市发展，促进区域创新要素整合共享，构建协同互补、供需联动的区域供应链发展生态，形成对外竞争合力。

一、2022年全球供应链重构加速

虽然"全球供应链重构"不是一个新趋势，但 2022 年发生的几件大事确实加速了这个过程。

（一）RCEP 重构亚太供应链合作生态

2022 年 1 月 1 日，区域全面经济伙伴关系协定（RCEP）对中国、文莱、柬埔寨、老挝、新加坡、泰国、越南、日本、新西兰和澳大利亚 10 国正式生效，标志着全球人口最多、经贸规模最大、最具发展潜力的自由贸易区正式落地。RCEP 成员包括东盟 10 国、中国、日本、韩国、澳大利亚和新西兰共 15 方，覆盖世界近一半人口和近 1/3

贸易量，截至 2023 年 1 月 2 日，RCEP 的 15 个成员中已经实施 RCEP 的达 13 个。

RCEP 使得成员国能积极利用协定中的市场开放承诺和规则，扩大对 RCEP 成员国进出口贸易规模，深入参与区域产业链供应链合作，有效加深了亚洲经济体之间的经济连接，有力提振了亚洲区域贸易与投资信心，进一步强化了区域内部产业链与供应链韧性，为构建区域内部统一市场和实现全球繁荣发展注入新动能。

（二）俄乌冲突持续迫使全球多条供应链重新布局

2022 年 2 月 24 日，普京宣布发起"特别军事行动"，俄乌冲突爆发，随后美国、日本及欧盟等西方发达国家和地区对俄罗斯开展全方位制裁。作为 21 世纪以来最大的地缘政治冲突，俄乌冲突给全球能源、工业原材料和农产品供应链带来了深远影响。俄罗斯是全球主要石油生产国和出口国，也是全球天然气最大储量国和出口国，欧洲大幅减少对俄石油及天然气进口，同时俄也主动限制石油、天然气对"不友好国家"出口，缺口被美国、中东等国家和地区替代，全球能源贸易格局随之改变。俄乌两国都是全球重要粮食出口国，乌克兰号称"世界粮仓"，冲突持续使得俄乌两国粮食生产和出口受到影响，全球粮价创历史新高，粮食贸易保护主义抬头。乌克兰是氖、氩、氪等气体供应大国，俄罗斯是全球镍、钯金的生产大国，这些都是微芯片生产的关键材料，俄乌冲突导致这些产品供应受阻，进而影响芯片供应链及使用芯片的多个产业，如汽车。我国部分从事俄乌贸易的企业也受到不同程度的波及。对中国来说，虽然能源、芯片、粮食价格上涨都会推高中国经济运行成本，但给中国新能源产业发展、国际能源合作等领域带来了重要机遇。

二、构建区域供应链生态圈是应对全球供应链重构的有效方式

对于中国应该如何应对全球供应链重构，许多专家都给出了建议，包括鼓励企业建设韧性供应链、培育供应链专业人才、提高产业链供应链自主可控水平、推进关键设备国产化、加快供应链数字化转型等，在此不予赘述。这里主要围绕构建区域性供应链生态圈，提出几点建议。

（一）依托国内重点区域，统筹推进供应链生态圈建设

早在 2017 年国务院办公厅《关于积极推进供应链创新与应用的指导意见》中，就提到了要"开展供应链创新与应用示范城市试点，鼓励试点城市制定供应链发展的支持政策，完善本地重点产业供应链体系"。这是我国着力于区域供应链生态体系建设的起点。随后，除商务部、中物联等 8 单位联合开展的"全国供应链创新与应用试点及示范创建"工作，分别于 2021 年和 2022 年评选出 10 个和 15 个全国供应链创新与应用示范城市之外，工信部也在 2022 年启动了"产业链供应链生态体系建设试点"工作，评选出了首批 12 个产业链供应链生态体系建设试点城市。在城市层面进行供应链建设，属于我国特有的中宏观供应链理论。长期以来，西方学术界对供应链的研究都局限于企业运营的微观层面，但近几年全球供应链的变化说明供应链早已超出了微观企业运营管理的范畴，需要从中观行业、宏观国家等多层次建设。

不论是全国供应链创新与应用示范城市还是产业链供应链生态体系建设试点城市，主要任务都是通过机制创新、要素集聚、平台搭建、政策支持等，协调一定区域内的企业、高等院校、科研院所、金融机构等协同联动、形成合力，在实现区域内的降本增效提质基础上向外辐射，实现正外部效应。在第一批全国供应链创新与应用示范城市中，这种由地方政府、行业协会等专业服务机构、科研院所、企业构成的区域供应链生态体系已经基本形成——地方政府因地制宜出台政策营造良好营商环境，行业协会提供专业解决方案，科研院所提供理论智力支持，共同为企业打造供应链创新环境。

在长三角、粤港澳大湾区、长江经济带等区域共建的供应链生态体系中，内生循环作用尤其突出。杭州、上海、宁波、江苏等地，以长三角一体化战略、长江经济带为切入口，开展与周边省市的多层次供应链合作，形成区域供应链共建共享，建设长三角区域应急供应链协作机制。一方面分类做好与周边城市的区域产业规划、专项产业规划和产业园规划对接，推动产业深度对接、集群发展；另一方面在培育本地优质企业时与周边产业合理分工、互补发展。同时，这些城市还不断推进长三角地区甚至跨区域车辆、载具、流通加工、仓储设施等标准共享互认，保障资源要素无障碍高效流动。武汉市加速培育城市圈同城化发展，推进政务服务事项同城化"跨市通办""一网通办"，积极探索联合招商、飞地经济等区域供应链一体化发展模式。这种互利共赢的供应链生态体系既有一定的自给自足能力，又能充分调动区域禀赋，提高在全球分工中的竞争力，是这个时代应对全球供应链重构的有效发展方向。

（二）依托禀赋错位竞争，深度融入全球供应链

我国地大物博，存在京津冀、长三角、粤港澳大湾区等多个重点经济发展区域，不同的城市群由于地理位置、自然资源等的不同，具有不同的产业发展禀赋，也受到不同的约束，例如化工是长三角经济区的传统产业，而电子是粤港澳大湾区的优势供应链。部分区域间也存在一些禀赋重合。在发展区域供应链生态圈的过程中，要根据不同地区的禀赋差异实施错位竞争，尽量避免优势产业冲突，争取让各区域供应链小生态组成互补合作的全国供应链大生态，实现国内国际双循环中的"内循环"。

当然，要有效应对全球供应链重构，还要积极融入"外循环"。依托我国超大规模市场优势和活力，在全球供应链分工协作体系中创造新的竞争优势，构建开放型经济新体制，加强与贸易伙伴的经贸关系，形成更为紧密的国际供应链关系。

从亚太地区来看，我国目前鼓励国内产业向研发设计、系统集成等高附加值环节升级，同时近年来不断加强与东南亚国家在产业链方面的垂直分工协作。比如在纺织、服装、轻工等领域，通过设立境外产业合作园区、中小企业合作园区等形式，让东南亚国家的成本优势和中国制造业配套的完备优势互补。而对日韩则是在电器设备、汽车等高端供应链进行合作。这都是优势互补的国际供应链分工协同体系。

要长久保持错位竞争，关键是要打造不可代替的"长板"，如稀土。这就要求我国在提升自主创新能力的同时，坚持开放创新，加强国际科技交流合作，进一步推动产业链供应链优化升级。

（三）加强国际大区域合作，多渠道备链

虽然近年来我国一直致力于提高供应链自主可控水平，在关键性行业，特别是能源、粮食、化肥、汽车、半导体、金属矿产等重点领域，实施供应链强链补链工程，充分利用税收优惠机制激励企业加大研发投入，鼓励领军企业组建创新联合体，通过产业链上下游协同研发，在产学研技术创新合作中加快推进关键核心技术攻关。但必须认识到补链需要时间，对于暂时无法解决的弱项，仍需加强供应链的多元化布局，通过国际合作多渠道备链。

一方面，要依托我国特色优势产业，利用国内大市场、产业配套、政策环境等综合优势，继续吸引海外优质资本来华投资，吸引更多的外资高端制造业项目落地，吸引更多的外资企业和人才来华发展，提高产业链供应链发展层次和水平。

另一方面，也要发挥好比较优势，抓住共建"一带一路"、RCEP 等合作发展机遇，综合运用生产、技术、人才、资金等优势，重点面向合作意愿强、合作条件好、合作环境优的重点国家和地区，以成套装备出口、投资、收购、承包工程等多种方式，促进优势产能对外合作，团结友好的国家和人民、国际组织等，实现国际大区域内的优势互补、互利共赢。

RCEP 正是我国加强供应链国际大区域合作的一阵东风。在 RCEP 的原产地累积规则下，以纺织业为代表的传统产业充分利用关税减让政策红利，在东盟区域扩大自己的产业链。当然，随着世界经济发展国际大区域合作可能迎来新的发展机遇，要注重营造与主要国家的良好政治关系，深化我国与区域内其他国家的供应链合作，共享中国大市场产业升级的红利。

（四）勇担大国责任，推进全球供应链治理体系建设

全球供应链重构并非全球化的倒退，而应当被看作全球化的再平衡。全球供应链的重心从增量发展转变为存量竞争，从追求速度和规模转变为效率和质量。全球供应链重构既给国际社会带来经济发展的机遇，同时也对现有的国际经济治理提出了挑战。以美国、欧盟、中国为代表的世界主要国家或地区均是推动新经济治理建设机制的重要力量。

作为世界第二大经济体，中国是全球供应链融合发展的受益者，也是构建全球供应链新生态的积极探索者，因此要勇于承担大国责任，主动推动构建开放共享、深度融合的全球供应链。在全球基础设施、贸易通关、信息平台等互联互通的支持下，我国要联动各方共推全球供应链治理体系重建，促进全球供应链整合水平和协同效率迈上新台阶。

从微观层面，要鼓励我国供应链产业链链主企业带动供应链合作企业"抱团出海"，深度融入全球供应链体系，充分利用国内外两种资源，推动国内国际双循环高效联动、相互促进。从宏观层面，要践行 ESG 发展理念，以实现经济价值与社会公益的统一为目标，继续依托全球规模最大、门类最全、配套最完备的制造业体系，展现稳定全球供应链的责任和担当，积极推动全球供应链的重塑与复苏。

这不仅要加快同有关国家协商签订自由贸易协定和投资协定，推进国内高标准自由贸易试验区建设，还要加强与相关国家在供应链资格互认、标准互通、认可认证、知识产权等方面的磋商与合作，推动建立有利于完善供应链价值与利益联结机制的全

球贸易新规则。这些工作说起来简单，但都可以进一步分解成多个小任务，例如推进供应链标准国际化不仅包括积极参与全球供应链标准制定，还包括加快制定供应链产品信息、数据采集、指标口径、交换接口、数据交易等共性标准，真正实现起来仍任重道远。

全球供应链体系应该是高效有序的，通过国际物流的互联互通和信息系统的互联互通，带动金融贸易的便利化，使得供应链体系高效运作；更应该是包容开放的，以存同化异来推动供应链面向全球的开放，让更多国家和企业、更多跨国公司加入这个供应链体系。要建设这样的全球供应链，需要各参与方超越文明冲突、冷战思维、零和博弈，相互尊重、平等协商，以对话解决争端、以协商化解分歧，一如既往地促进贸易和投资自由化便利化，尊重供应链多元多样性，尊重各国根据本国国情、资源禀赋和产业结构参与全球分工，走适合本国国情的发展道路，共商、共建、共享互利合作、分工有序的全球供应链关系。

三、2023年全球供应链重构趋势展望

（一）全球供应链复苏加速

中国是全球供应链重要枢纽之一，会继续发挥稳定作用。中国"制造业大国"的地位，短期内不会改变，也不可替代。随着我国"稳增长"继续发力，2023 年我国经济秩序将逐步回归正轨，产业链供应链恢复通畅运行，企业生产活动有序开展，有望实现经济回稳向上，进而拉动全球供应链复苏。

（二）全球供应链治理机制更加完善

2022 年的诸多国际事件再次暴露了全球供应链缺乏韧性的问题。单一企业缺乏独立应对系统性危机的能力，要构建富有韧性的全球产业链供应链，各国政府必须主动发挥作用，通力协作，充分考虑供应链成员所属国家和地区的实际情况和独有特征，开展必要的顶层设计，通过完善的规则设计、平等的协商机制，确保全球供应链在面对重大突发事件时仍然能够确保关键物资的全球顺畅流通。RCEP 关于一系列争端的解决方案，也可以为全球治理体系提供重要参照。

（三）全球供应链生态优化

尽管国际经济政治格局发生深刻调整，全球供应链面临冲击，但各国利益高度融合、彼此相互依存的客观态势没有改变，全球分工合作、互利共赢的趋势仍是不可逆的。虽然近几年由于疫情影响，美欧等发达经济体纷纷鼓励本国制造企业回流，供应链本土化趋势凸显，一些跨国公司也相应调整了产能布局战略，但长期来看，这些调整将进一步优化全球供应链分工布局，实现各区域供应链安全与效率的平衡。

参考文献

[1] 商务部国际贸易经济合作研究院. 跨国公司在中国：全球供应链重塑中的再选择 [EB/OL].2022.

[2] 蓝庆新. 俄乌冲突 10 月有余，全球经贸变局显露 5 大趋势 [EB/OL].2022.

[3] 钱童心、樊雪寒. 苹果供应链趋于多元化但中国地位尚无法被取代 [EB/OL].2022.

[4] 经济日报. 全球产业链供应链深度调整 [EB/OL].2022.

[5] 工业和信息化部. 工业和信息化部启动首批产业链供应链生态体系建设试点工作 [EB/OL].2022.

12

第 12 章

中央企业供应链创新发展研究

中国物流与采购联合会采购与供应链管理
专业委员会研究室项目主管

冯君

一、央企加强供应链管理的现状

（一）加强供应链管理顶层设计

供应链管理由于覆盖面广、涉及因素多，事关重大，每一条企业供应链都或多或少具有个性，加强供应链顶层设计显得尤为重要。目前，各大中央企业积极加强供应链顶层设计，纷纷推出了内部的供应链发展规划。如，中国电信集团有限公司、中国能源建设集团有限公司、中国航空工业集团有限公司等都结合自身实际推出了《"十四五"供应链发展规划》。

在制定供应链发展规划的同时，各中央企业也纷纷上线了各自的供应链综合管理平台。如国家电网搭建了"5E 一中心"智慧供应链平台、中国移动供应链管理系统打通了从投资立项到计划、采购、下单、仓储、工建、交维、转资、退服及逆向物流的每个环节。中国航空工业集团有限公司组织推进供应链管理体系和信息化平台建设，完善生产协同管理平台、物流仓储协同管理平台、服务保障协同管理平台、综合管理协同平台等平台功能，已经完成 SZHK 供应链信息平台一期建设及应用验证，实现在三大主机厂及大配套厂之间贯通验证。

（二）建设电商化平台

近年，我国电商化平台发展迅猛。根据商务部《中国电子商务报告（2021）》，2021 年全国电子商务交易额达到 42.3 万亿元，同比增长 19.6%，其中商品类交易额31.3 万亿元，服务类交易达到 11 万亿元；全国网上零售额达到 13.09 万亿元，同比增长 14.1%，其中实物商品网上零售额是 10.8 万亿元，占社会消费品零售总额的比重为

24.5%。

近几年，中央企业发展电子商务的势头十分迅猛，其不断加大"触网力度"，涌现出国网电商、易派客、欧冶云商等一批知名的中央企业电商平台。2020 年在全国电子商务交易中，纳入统计的 74 家中央企业电子商务交易规模高达 7.86 万亿元，连续三年实现 28% 以上的增长。

（三）成立专门机构开展供应链金融业务

目前国资委直接管理的中央企业中，有 56 家设立了商业保理公司，部分中央企业如中国中化控股、国家电网、中国医药、鞍钢集团、中国远洋运输集团等由于历史合并和业务战略布局等设立了 2 家以上的商业保理公司。由于强大的产业背景，绝大多数中央企业供应链金融业务围绕产业开展，很多中央企业都建立了自己的数字化供应链金融平台。

就供应链金融的产品而言，数字债权凭证、线上保理、票据类产品及与供应链金融相关的各类资产证券化产品已成为中央企业集团中接受程度最高、应用最为广泛的供应链金融产品。此外，越来越多的中央企业依托产业场景在数字仓单、订单融资、交货融资、普惠融资等方面进行探索或发力。

例如，2021 年 6 月，中核（上海）供应链管理有限公司和中核财务有限责任公司共同搭建了中核集团供应链金融平台，该平台主要上线了"核财信"和"核财票"产品。中国兵器装备集团有限公司下设中国兵器装备集团商业保理有限公司、兵器装备集团财务有限责任公司、中国兵器装备集团融资租赁有限责任公司等机构，并通过其下属机构开展供应链金融业务。中国宝武钢铁集团有限公司于 2015 年 2 月 11 日发起设立了上海欧冶金融信息服务股份有限公司。中国远洋海运集团有限公司下设海汇商业保理（天津）有限公司、远海商业保理（上海）有限公司、中远海运集团财务有限责任公司、中远海运租赁有限公司等内部金融机构。

（四）加快绿色供应链建设步伐

中央企业从几方面推进绿色供应链建设。第一，推进绿色采购工作，搭建采购平台，实现招标采购全流程线上管理；第二，从需求侧加强绿色产品采购，制定绿色采购目录清单，推动原材料、设备的绿色低碳采购；第三，从供给侧加强绿色供应商建设，完善供应商绿色评价体系。加强低碳零碳负碳的科技攻关，引领带动绿色低碳技术的突破。能源中央企业在积极布局风电、核电、氢能、新能源汽车等绿色低碳技术装备攻关任务，推进智能电网、储能、氢能、碳捕集等技术研发应用。

（五）加快全球化布局

近年来，中央企业积极加快全球化布局。一是全球供应链实力显著提升。2022年6月国资委发布的数据显示，2021年中央企业资产总额为75.6万亿元，年均增长10.3%，拥有境外机构和项目超过8 000个，资产总额近8万亿元。二是全球供应链业务领域继续扩大。近年来，中央企业国际业务领域逐步由以贸易和对外工程承包为主拓展到设计研发、生产制造、资源开发、物流和园区建设等供应链多个环节，对外投资合作的快速发展，带动了国内设备、技术、劳务进入国际市场。三是业务模式逐步拓展。中央企业更加注重投资、工程、贸易等业务领域的协同和带动效应，发挥一体化综合优势，提供整体解决方案，产能投资、跨国并购股权置换、战略联盟和项目合资合作等对外投资方式越来越丰富。四是全球供应链风控意识、风控能力逐步提升。中央企业普遍强化了国际化经营的风险管控，初步建立了包括风险识别、控制和规避等在内的风险防范体系，突发事件应急机制逐步建立，应对境外突发事件能力、融资能力和资金管理能力进一步提高。近年来，中央企业聚焦自主可控，大力开展关键核心技术攻关，有效填补多领域空白，集成电路、5G、高速铁路、大飞机、发动机、工业母机、能源电力等领域关键问题得到不同程度缓解。

二、央企供应链建设中存在的问题

（一）供应链理念尚未全面普及

供应链在我国是个舶来词，供应链管理是从西方引入的概念。我国的供应链基础十分薄弱，真正有意识地研究供应链是在2000年以后，2017年供应链战略才上升为国家战略。调查显示，中央企业高层对供应链管理的熟悉程度停留在熟悉或比较熟悉两个状态，而只有少部分企业高层对供应链管理非常熟悉。中央企业普遍处于行业垄断地位，同时承担更多社会责任，在市场竞争、成本控制和客户影响方面的压力不是十分明显，而推行供应链管理模式会对中央企业目前的生产组织模式和管理要求造成巨大冲击。目前，中央企业已经树立起了发展供应链的意识，但普及和重视程度还远远不够。虽然部分中央企业着手开展供应链建设，但对供应链战略的选择、制定、规划和实施，还处于十分模糊的状态。以供应链成熟度为例，目前很多中央企业对自身供应链发展到了哪个阶段、如何评价自身目前的供应链基础、未来供应链的发展方向等问题并没有清晰的认识。

（二）供应链管理人才匮乏

供应链发展时间短、底子薄的情况严重影响了供应链管理思想的发展、传播和实施，也造成了供应链管理人才的匮乏。目前我国的供应链人才培养还处于启动阶段，近 3 年，我国供应链管理人才需求数还有 430 万人的缺口。我国的供应链管理人才培养真正启动是在近几年。2019 年度普通高等学校本科专业备案和审批结果中，各高校新增备案专业 1 672 个，其中，教育部同意 17 所院校设置"供应链管理"本科专业。而在此前，2018 年度普通高等学校本科专业备案和审批结果中，7 所高校申报的"供应链管理"专业得到教育部同意设置。可以说我国专门的供应链管理人才培育才刚刚起步，基础很弱。供应链管理已然成为一门融合了技术与管理能力的专业，在需求预测、供应链网络设计、仓储物流优化、供应链绩效评价与激励等方面急需专业人才。

（三）供应链风险主动防控机制未建立

目前，国家层面缺少统一的供应链战略规划，部分中央企业虽然制定了自己的供应链发展规划，但在这些规划中，更强调供应链的建设，对供应链风险的防范认识不足，缺少有效应对机制。企业对供应链风险的预警、监控能力有限，当较大的供应链风险，如贸易管制等信息传到企业时，几乎已成定局。而产业链中的供应风险，由于企业和上下游供应商的合作不够紧密，很难第一时间捕捉到，因此当风险发生时，企业常常被动应对。

（四）供应链建设停留在表面，深层次作用尚未发挥

目前，虽然中央企业加强供应链建设的声音很大，但供应链建设的真正应用和作用发挥尚停留在表面。具体表现在缺乏与现代供应链管理相匹配、完善的供应链组织架构、岗位体系。很多中央企业虽然设立了供应链管理部，但是有的是挂在原来的采

购部门下的；有的和采购部门是一套人马、两块牌子；有的虽然由集团领导挂职管理，但是供应链管理的绩效与企业经营指标却没有合理体现，人员的岗位职责和绩效考核也体现得不充分。企业内部的计划、采购、生产、销售等活动缺乏统一协调和组织，无法对客户需求和变化做出快速反应。供应链管理通过联合计划和共享信息来实现协同运作，但限于招投标法等法律法规，绝大多数中央企业与供应商、经销商之间通过单笔交易形成了贸易关系，却无法与上下游企业建立紧密的战略合作关系，更难以同供应商共享数据、技术、人才等资源，缺少上下游协同创新。

（五）发展绿色供应链的动力不足

2021 年 2 月，国务院印发《关于加快建立健全绿色低碳循环发展经济体系的指导意见》，提出全方位全过程推行绿色规划、绿色设计、绿色投资、绿色建设、绿色生产、绿色流通、绿色生活、绿色消费，建立健全绿色低碳循环发展的经济体系，推动我国绿色发展迈上新台阶。

为响应国家号召，中央企业虽然在有意识地加强绿色供应链建设，但发展动力不足。首先，受制于发展绿色供应链的成本，表现在绿色设备采购、绿色材料采购、绿色运营、绿色储运、绿色研发本身的高成本。由于高投入并不一定带来高产出，很多中央企业加大绿色投入的热情不高。其次，目前我国很多行业的碳足迹核算工作还没有启动。许多行业因为缺少碳足迹核算方法和模型，碳足迹核算的对象、范围和边界模糊，即使同一类产品的碳足迹核算标准也不统一，使得企业及相关机构难以开展碳足迹核算及评价工作。最后，受制于绿色产品与原系统的有效安全衔接。这突出表现在能源类中央企业中。如随着新能源发电比重的逐步提升，风电、屋顶光伏等分布式电源的广泛接入，电网设备稳定运行、安全运营压力倍增。

（六）数字化转型工作深度尚待继续挖掘

中央企业的数字化平台建设工作虽然风生水起，但对数字平台的运用还有待挖掘的空间。第一，中央企业目前都搭建了信息系统来辅助供应链的管理，但是由于信息系统没有适应企业的业务流程，一些工作只是从线下搬到了线上，在优化业务流程、加强企业管理方面的作用体现得还不够，严重影响了企业供应链管理的效果。第二，当前中央企业还不能对采集到的数据进行有效的加工和解读，数据利用程度远远不够。

近年来，中央企业的数字化、智能化建设工作取得了很好的成绩。企业在自动化和数字化升级后，产生大量并且还在不断增加数字信息，但这些数字信息很多还停留在业务统计报表层面，没法形成洞察型分析，没法直接运用于可以指导生产经营的决策指南。此外，由于数据口径不一，跨部门数据没有贯通，跨部门数据的有效性尚显不足。

（七）部分央企链主作用难发挥

当前，部分中央企业的主业不是很突出，难以发挥链主作用。如部分中央企业主营业务涵盖 10 多个领域，既涉及能源行业、水利水务、铁路公路、港口航道、市政工程、城市轨道、生态环保和房屋建筑等，又涉及规划咨询、装备制造以及钢铁、水泥等原材料供应商。企业各下属机构间内部供应链协同已属不易，与外部供应链的协同更是难上加难。同时，由于行业属性跨度大，链上相关企业众多，中央企业对各供应链的核心企业作用难以有效发挥。

三、建议与思考

（一）强化央企供应链管理顶层设计

研究制定中央企业供应链发展战略规划等顶层设计。指导推动供应链发展战略实施，统筹推进供应链信用体系建设、标准体系建设、供应链风险应对等重大事项。根据中央企业监管需要，设计符合中央企业供应链发展现状、系统科学、突出重点且容易操作的评价指标体系。抓住供应链财务绩效、业务表现、成本控制、绿色低碳、国际化布局、供应链韧性与安全等重要维度，针对中央企业共性，设计系统全面的中央企业供应链管理综合评价指标体系，定期评价中央企业供应链管理水平。

以绿色低碳供应链为例，在进行评价指标体系设置时，可从几个维度来加以评价：第一，是否按照 2022 年 8 月 1 日起施行的《中央企业节约能源与生态环境保护监督管理办法》将节约能源、生态环境保护目标要求纳入企业发展战略和规划；第二，是否将节能降碳与生态环境保护资金纳入预算，保证资金足额投入；第三，是否建立健全节约能源与生态环境保护领导机构，是否建立相应工作机制；第四，是否对各类能源消耗实行分级分类计量，是否建立突发环境事件应急管理制度。

此外，企业内部也要建立自身的供应链完整规划，虽然多数企业已开始重视采购与供应链管理，但对供应链如何建立、建立什么模式的供应链、本企业处于供应链的哪个部分，以及当前发展的重点是什么，还处于一个相对模糊的状态。因此有必要出台专门的规划，对这些内容予以明确。

（二）优化供应链创新发展政策环境

加大政策支持力度，坚持发挥市场在资源配置中的决定性作用，针对供应链特点制定相应的政策优惠措施。打造供应链创新标杆，在金融、财税、人才等方面加大支持力度，吸引更多社会资本和金融资本支持供应链发展，减轻供应链企业税收负担，强化供应链管理人才培养培训，支持现代供应链健康发展，更好发挥其功能作用。符合条件的供应链相关企业经认定后，可按规定享受相关优惠政策。符合外贸企业转型升级、服务外包政策条件的供应链服务企业，也可给予相应政策支持。

（三）制定央企绿色发展专项规划

针对中央企业的行业特性和发展属性，制定中央企业绿色供应链发展专项规划。加紧开展绿色供应链管理制度建设工作，出台绿色供应链管理办法，颁布中央企业推进绿色供应链环境管理的指导意见。推动绿色发展和绿色供应链管理融入中央企业战略规划，从源头（市场主体）推进绿色发展和绿色供应链管理，让中央企业更多履行社会责任。完善绿色供应链的法律法规，加强供应链企业在设计、生产、包装、物流、能源等供应链各环节的绿色化、生态化发展。通过发挥现代供应链作用，实现整个供应链上企业节能降耗、推动产业绿色转型。

（四）精进主业，进一步挖掘链主作用

当前，我国部分中央企业还存在资源分散、主业不突出的特点，各业务之间的离散度较高，相关性较弱。在产业清晰度不高的情况下，中央企业对上下游产业链企业的号召力明显减弱，不利于链主制的发挥。针对这种情况，广大中央企业需要不断精进主业，高集成度谋划产业谱系。进一步加大中央企业间资源整合，推动资源向主业企业、优势企业、链主企业集中，培育产业领军企业。支持核心企业并购、参股产业链上下游企业，延伸链条，做大企业资产规模；支持核心企业引入战略投资，整合资源，拓展物流、仓储、金融等全产业链配套增值服务。

此外，目前在中央企业的产业链推动工作中，有很多是围绕金融视角通过对上下游企业投资融资及担保来实现的。对产业链的带动方式整体比较单一，可更多地从技术应用可能性、产业发展机会等多个方面去影响产业发展。

（五）加强央企供应链专业人才培养

中央企业一方面应加大对供应链专业人才的引进力度，另一方面，加强"政产学研"协同合作，探索供应链人才职称改革，鼓励供应链人才参与国际资质认证，大力引进国内外先进供应链专业人才，支持大中专院校加强供应链学科建设，创新人才培养模式，打造多形式、多层次的供应链人才培养平台。

（六）建立碳足迹测量及评价标准体系

当前国内外形势都急需我国尽快建立碳排放统计核算体系。国家发改委、国家统计局、生态环境部联合发布的《关于加快建立统一规范的碳排放统计核算体系实施方案》（发改环资〔2022〕622 号）为我国建立碳排放统计核算体系划定了时间表。此外国外的一些政策也推动碳足迹核算的明确化。如 2022 年 1 月 1 日起生效的欧盟新电池法规就规定，从 2024 年 7 月起，只有已建立碳足迹声明的可充电工业和电动汽车电池才能进入欧盟市场。不只是电池行业，韩国、法国、意大利、瑞典等国家都对光伏产品的碳足迹提出要求。

我国碳足迹核算工作必须提上日程。我国仅发布 3 批共 24 个行业碳足迹核算方法，亟须建立、完善行业企业碳排放核算机制，依据所属主要行业有序推进重点行业企业碳排放报告与核查机制。同时，建立健全重点产品碳排放核算方法，推动适用性好、成熟度高的重点产品核算方法逐步形成国家标准。

（七）建立产业链供应链风险预警与极端冲击防范机制

中央企业要加快实施产业竞争力调查与评价工程。对产业链供应链分门别类进行分析、评价，识别关键节点、关键企业，建立产业链供应链风险预警机制，跟踪关键节点和关键链路上的风险，提升对重大安全隐患进行预测和适应性调整的能力，将有限资源精准配置到每个节点和链路上，实现整体网络的风险最小化。

提升极端情况下稳定产业链供应链的能力和水平。开展基础设施韧性评估，提升基础设施韧性。加强应急物资储备体系建设，精心设计备份系统；建立储备充足、反应迅速、抗冲击能力强的应急物流体系。推进产业链供应链的多元化。

（八）建立央企供应链数字化成熟度评价模型

在企业进行供应链数字化转型前，首先需要对自身的供应链成熟度进行评估。Gartner 在 2014 年提出了 DDVN（Demand-Driven Value Network）供应链成熟度评估模型，旨在指导企业对自身的供应链能力进行评价。中央企业是我国国民经济的重要支柱，是落实国家数字经济战略部署，推进采购供应链数字化转型、实现采购供应链数字化的引领力量。作为企业供应链、价值链的重要环节，企业的采购供应链的数字化水平直接决定着其供应链数字化转型成功与否。但在实践过程中，很多中央企业对采购供应链数字化如何起步尚无头绪、对如何开展数字化转型一筹莫展；有些企业则对自身的采购供应链数字化转型达到了何种程度、还需要往哪个方向推进等存在很多疑问。这些企业需要从理论和实践上得到指导。

因此，建立适用于中央企业的采购供应链数字化成熟度评价模型，辅助中央企业对其采购供应链数字化水平进行全面评价，帮助企业准确衡量其采购供应链数字化成熟度，对促进以国有企业为代表的企业采购供应链数字化健康发展非常必要。

13

第 13 章

生鲜行业供应链创新发展报告

上海创滩物流管理有限公司

白光利

传统的"生鲜"是指未经过烹调、加工制作等精加工步骤，经保鲜和简单处理等初级加工步骤就面向市场进行销售的初级农副产品等商品，主要包括新鲜度要求较高的肉蛋禽奶、果蔬、水产等。随着生活节奏、消费习惯、饮食习惯的变化，今天的"生鲜"商品，已经突破传统的定义，预制菜等商品也同样纳入生鲜商品范畴内。

一、中国生鲜产业链发展现状

近年来，国民消费水平和健康意识不断提升，对生鲜商品的重视程度越来越高。

在生鲜商品供应链方面的创新，许多领域在初期都获得了市场和资本的认可，但是生鲜商品本身的特殊性，对保障体系的特殊要求，使得各种创新方式并不都能得到终端消费者认可。所以这是一个热热闹闹的赛道，同时也是一个不断展现落寞退场的赛道。

但是，不管怎么样，作为中国商品零售板块为数不多的未攻破的堡垒，哪怕有再多的困难，众多参与者和资本依然不断涌向这个赛道，只不过会更加小心谨慎。在2022年，这种现象伴随着一些典型行业、典型企业的倒闭、退出而更加明显。

与生鲜产业供应链配套的仓店模式、即时配模式、预制菜模式、冷链物流不断创新。在国家《"十四五"冷链物流发展规划》的引导下，各种冷链中心、集配仓、产地仓如火如荼地开展着，尤其是在"供销社"概念出现后更是掀起了一波新的生鲜模式创新。

随着中国生鲜市场的稳步快速发展，各级政府和行业组织也不断出台各项政策予以有效支持，鼓励生鲜产业及其配套产业的发展和创新，如《关于进一步优化发展环境促进生鲜农产品流通的实施意见》（发改经贸〔2020〕809号）、《"十四五"冷链物流发展规划》（国办发〔2021〕46号）、《关于加快推进冷链物流运输高质量发展的实施意见》（交运发〔2022〕49 号）等产业政策为生鲜行业的发展提供了明确、广阔的市场环境，为企业提供了良好的生产经营环境。

虽然前几年生鲜整体的市场发展受到较大的阻碍，但并不影响长期向好的趋势。从生鲜行业整体来看，无论是商业模式还是配套的物流模式、流通模式、软硬件技术研发都一如既往地进行着创新。

（一）生鲜行业产业链发展现状

生鲜行业产业链主要围绕着上游的种植、养殖，中游的生产加工、流通分销、仓储运配，下游的农贸市场、零售超市、线上渠道三大环节展开，如图 13-1 所示。

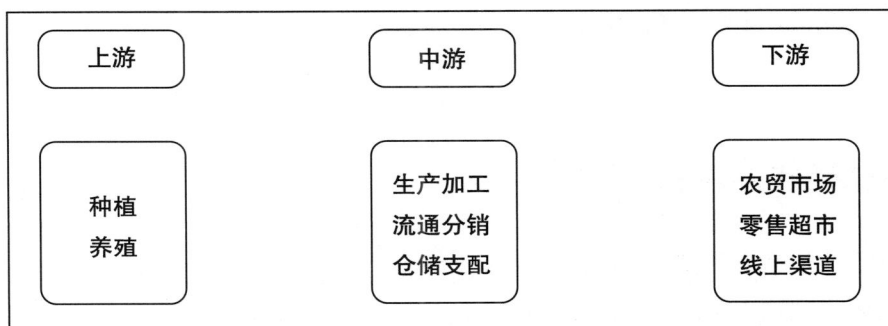

上游	中游	下游
种植 养殖	生产加工 流通分销 仓储支配	农贸市场 零售超市 线上渠道

图 13-1　生鲜行业产业链框架

根据相关数据，中国生鲜食品行业零售总额 2020 年为 58 650 亿元、2021 年为 56 350 亿元。

2022 年中国生鲜市场的零售额整体规模下滑的原因主要有经济的不稳定性以及各地发生的干旱、水灾等极端天气事件。

整体而言，2022 年疫情反复使得线下的生鲜销售受到较大的影响，促使消费者线上购买生鲜需求增加，且消费者对生鲜电商行业的信任度不断提高。数据显示，2021 年中国生鲜电商行业市场规模为 3 117.4 亿元，同比上升 18.2%。

在销售渠道上，当前的技术手段导致源头直播和优选直播模式盛行，单纯的生鲜电商 B2C 模式已经逐渐被用户和商家摒弃，即时配模式在资本的推动下迅速席卷市场，这些变化都在一定程度上推动着生鲜电商销售的高速增长。

在生鲜商品板块，最大的亮点就是预制菜。《2022 中国餐饮产业生态白皮书》显示，中国预制菜行业规模 2021 年为 3 459 亿元，预计 2022 年将超过 4 000 亿元。2021 年至 2022 年上半年，共有 450 余起与餐饮相关的融资事件，其中供应链、餐饮服务商、调味品、植物基、物流配送的融资事件共计占比 43.4%，单次融资金额最高达 8 亿美元。

而在冷链仓运配板块，作为生鲜行业的重要组成部分，整体行业规模依然处于发展态势。

2022—2028 年，我国冷藏车保有量很可能会保持 20% 以上的增速。2022 年，我国冷藏车保有量约为 21.47 万辆，较 2018 年增加 3.47 万辆。

而在冷库板块，2022 年中国冷库容量有望达到 5 800 万吨、1.3 亿立方米。考虑到《"十四五"冷链物流发展规划》中提出的我国到 2025 年要"建设 100 个左右国家骨干冷链物流基地"，在未来的 3 年内，中国高标冷库将呈现井喷式态势。

总体而言，我国生鲜行业整体规模的增长速度呈现微降，但是生鲜电商发展迅速，占比增加，配套产业供给和生鲜商品整体发展态势呈向好的趋势。

（二）生鲜行业创新模式简介

生鲜行业创新模式虽然在上游种植、养殖端也有创新，尤其是技术创新，但更多的围绕着流通渠道的中下游展开，包括：商品创新，以预制菜为代表；流通模式创新，如产地直播，跨过传统的批发零售环节；末端的销售模式，以前置仓、线上线下全渠道、即时配、仓店模式为主；冷链物流产业的运配模式、网络模式、技术模式的创新。图 13-2 所示为生鲜产业链创新框架。

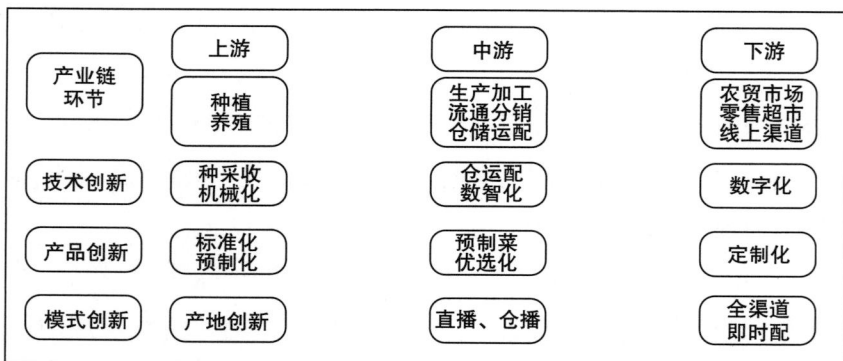

产业链环节	上游	中游	下游
	种植养殖	生产加工流通分销仓储运配	农贸市场零售超市线上渠道
技术创新	种采收机械化	仓运配数智化	数字化
产品创新	标准化预制化	预制菜优选化	定制化
模式创新	产地创新	直播、仓播	全渠道即时配

图 13-2　生鲜产业链创新框架

针对上游种植户、养殖户，农业物资等销售网络的创新主要围绕着供销社、邮政体系展开，社会资本的进入并没有想象得那样效果明显。

中游的商业流通分销体系整体在朝着压缩中间环节展开，但是效果并不明显；预制菜的创新如火如荼，各地政府、各类型与之相关的行业企业、资本蜂拥而至。

真正在生鲜领域创新影响力较大的还是在下游销售模式、渠道模式的创新。

下游销售模式的创新有许多与物流仓运配相关，《2022 年中国生鲜电商运行大数据及发展前景研究报告》显示，中国生鲜电商消费者优先关注配送速度（67.0%）、配送准时度（56.8%）。

当前，生鲜电商运力不足的问题依旧存在。因此，面对庞大的市场需求，企业提升配送能力，满足消费者购物需求，有望拉动生鲜电商市场规模的增长。在这种情况下，全渠道配送模式备受瞩目、前置仓重新焕发生机、社区团购在区域范围内开始启动、即时配市场呈一片大好的形势，而这所有的一切都是围绕速度与品质展开的创新。

1. 前置仓模式

前瞻经济学人对生鲜前置仓模式的定义是"城市分选中心 + 社区前置仓"的二级分布式仓储体系。每个前置仓，都是一个中小型的仓储配送中心，总部中央大仓只需对前置仓供货。消费者下单后，商品从附近的前置仓里发出，可以实现 0.5 ～ 1 小时内送达。线上下单、线下即时配送的生鲜前置仓模式，很大程度上提高了配送效率，减少了生鲜货损，并改善了消费体验，满足消费者快速即时的生鲜购买需求。

前置仓的代表性企业以每日优鲜、叮咚买菜、朴朴超市为全国型主要参与者。每日优鲜 2021 年 6 月 25 日在美上市，2022 年 7 月 28 日，每日优鲜发布服务变更通知，全国大面积关停前置仓，配送时间由原来的最快 30 分钟达改为最快次日达，退出前置仓赛道。叮咚买菜在每日优鲜上市后也赴美上市，其发展路径相对每日优鲜较为稳定，但 2022 年也关停个别城市的前置仓。朴朴超市在深耕福建市场后，截至 2022 年 10 月底，在全国超过 12 座城市中建仓。

整体而言，全国型前置仓参与者的经营状况以营业收入增长、利润持续亏损为现状，但是这种极速达的模式却最为普通消费者所喜欢，因此地方型参与者相对而言更了解本地消费习惯，且采取多频少量的采购模式。整体而言，地方型参与者的经营状况远远优于全国型参与者。

2. 店仓模式

店仓模式是指实体店和仓库履约功能的合二为一，主要是指以盒马鲜生、京东七鲜为代表的新零售模式，旨在打通线下门店销售与线上订单就近即时配送。

店仓模式定位于高端化，以商品高品质＋消费者到店体验＋即时配送到家等全面升级为特色。截至目前，所谓的新零售创新浪潮已经进入发展的瓶颈期。以盒马鲜生为例，其未能在这一赛道实现单位效益正向盈利，现在又开始盒马奥莱的尝试。这一新模式是盒马鲜生即期品的处理渠道，据了解效果不错，从另一方面也验证了盒马销售状况以及生鲜市场的残酷性。

2021年至今，除盒马鲜生外，中国整体店仓模式的创新已经开始出现偃旗息鼓的状况，对店仓新零售模式的再评估与谨慎态度是当前的主流思路。但是，由店仓模式进行延伸的即时配在2022年盛行。

3. 即时配模式

即时配，即为依托社会化库存，可满足10～45分钟内送达要求的配送方式，是应O2O而生的物流形态。

即时配模式，最早起源于O2O模式。在2015年的生鲜元年，早期的前置仓、社区团购、即时配、社会化共享仓模式的雏形已出现，随后生鲜创新受到阻碍，到2018年前置仓概念又重新被资本唤起，2019年社区团购被资本和电商巨头重新挖掘，而到了2021年，即时配由电商巨头、快递巨头、零售巨头共同推动。

行业参与者主要为达达、美团、UU跑腿、多点等。其中只有UU跑腿与闪送是早期存活下来的赛道参与者。多点起源于物美体系。达达与沃尔玛的合作案例广为人知。美团主要是运力复用，通过遍布全国的骑手提供代买、代送服务，借此希望能够平抑高峰、低谷运力差值。这种思路的出发点是正确的，但是单个骑手送单数量的天花板是存在的，最终盈利状况依然只能依靠规模不断壮大才会有好转，但指望即时配模式大幅提高盈利的可能性不大。UU跑腿通过城市最优模型算法、用户运力标签体系匹配等技术手段增强履约时效，通过高时效获取客户的信任，达成和锅圈食汇、叮当快药等合作，实现了小龙虾等生鲜产品40分钟内通过点对点即时配送方式送达。其在民生保供方面做出了巨大贡献。

4. 社区团购模式

社区团购是指基于泛熟人关系推荐的拼团消费行为，拼团消费的产品主要是生鲜和日用百货等。这种泛熟人关系的团购模式一般都以最小的区域为目的地，大多以本小区、本单位为目的地。

社区团购是在推荐＋拼团模式的基础上，以社区为单元的模式创新，是一种基于信任、方便、低价的模式创新，其中较为重要的环节就是"团长推荐 + 自提"。专业团长是社区团购全链路的核心环节之一，是连接平台方和社区消费者的中间纽带。

社区团购本身是基于社群、社交、位置三要素展开的拼团行为，在 2016 年就已出现，到 2018 年松鼠拼拼的出现带动了社区团购的兴起，尤其是互联网巨头和资本的介入，使社区团购成为 2019 年、2020 年风头最盛的生鲜推动模式。但是这种模式对末端行业从业者的打击，对生鲜商超的打击史无前例，受到了来自相关方面的舆论压力，而且巨额投入并不能带来短期的规模效应和赢利。而且从长期来看，其涉及民生产品，因此消费者很难产生真正意义上的忠诚度。除美团优选与多多买菜外，大多巨头参与者都已经关停并转。

但是，近几年间，各地的地方性社区团购开始重新焕发活力，通过拼团模式服务末端，不仅实现赢利而且成为有效支持地方保供民生的重要手段之一。

5. 产地 / 销地创新模式

产地市场、产地仓配的重要性一直都有共识，但是产地的各类模式发展一直都不温不火，哪怕有企业投资，最终也都以失败告终。这主要是因为产地仓、产地销售模式具有较强的季节性。

在产地方面的创新，主要是集配仓概念的提出以及对供销社作用和意义的再认识。未来供销社与集配仓概念有效结合，将成为中国生鲜供应链的重要参与者，从农资、生鲜商品采购、仓储一直到大规模供应将形成完整的产业链。

销地方面的创新主要围绕社区团购等模式展开，一般在生鲜领域大多围绕城市或区域中心的大型生鲜批发市场展开。

而真正围绕生鲜市场进行创新的成功案例并不多。河南大河四季冷链物流有限公司是河南日报报业集团与中原四季水产物流港联合设立的公司，其依托中原四季水产物流港每年交易 500 多万吨冻品的商流优势，以中原四季水产物流港为中心节点，搭建数字化冷链物流管理平台，快速建成省、市、县三级冷链物流网络和直达全国所有港口、省会城市的干线冷链物流网络。这些都是比较典型的成功案例，下一步更重要的是模式推广。

不管生鲜模式如何变化，理论上讲不是在产地创新就是在销地创新，哪怕是中间仓运配的创新，也都是围绕产地和销地展开，因此加强对生鲜产地与销地的研究是重中之重。

二、中国生鲜行业创新模式供应链变化

从 2019 年开始，生鲜行业虽然整体发展并不如预期，但是作为民生的底层支撑是绝对不能缺少的，而社会管控的政策也在倒逼生鲜行业模式的创新发生变化。

生鲜行业实现线上线下的全面融通成为这两年的重要表现。一方面，线下门店能通过生鲜引流，以高水平的运营能力实现自身赢利；另一方面，线上业务能在建立品牌区域认知度的基础上触及更大范围的用户，突破线下社区生鲜销量和用户群的瓶颈，并能降低电商物流成本。线上线下的全面打通有利于生鲜行业市场规模的进一步扩大，通过覆盖更大范围的用户，短距离短时间的便捷配送，更好地服务于广大消费者。

而销售末端的不断创新倒逼生鲜供应链整体的变革，无论是从传统的生鲜采购到仓配、销售，还是生鲜电商以及社区团购等新零售模式的供应链模型都在潜移默化地发生变化。对于生鲜产业来说，只有稳定的供应链渠道和高质量的资源配置，才能让消费者买到具有高性价比的商品。

综观中国生鲜产业的销售现状，国内生鲜零售业态发展经过初创时期产生 C2C、B2B、O2O 的电商生鲜零售模式，随着行业的不断扩张、市场竞争者的增多及消费群体、商品价格、提供的服务等变量因素的不同，也会出现业态并存等新局面。

（一）创新模式供应链的介绍

生鲜产业供应链主要围绕着"产地、销地、零售终端 + 冷仓、运输、配送、即时配"的销售主业和仓配支持的附属行业展开。

近两年，预制菜因节约消费者时间，行业需求旺盛，生鲜电商企业又纷纷入局，寻求行业增长新机遇。这一切都促使生鲜供应链发生变化。

艾媒报告数据显示，截至 2022 年 4 月底生鲜电商企业总注册量达 27 047 家，比 2017 年的 10 315 家增长了近 2 倍。生鲜电商行业内部企业出现多种经营模式，外部地产、家居、家电、连锁餐饮商超便利等企业入局抢夺市场份额，行业竞争加剧。

而与之配套的冷链物流产业，因为数字化、智能化、智慧化软硬件技术的发展随着模式的变化发生着较大的变化。

2022 年，从前端产地到末端零售、从商品到服务都深刻反映了行业发展的深度变局。下文将围绕传统生鲜产业供应链状况、预制菜模式供应链状况、生鲜渠道销售创新模式的供应链状况，以及与之配套的生鲜冷链物流模式创新状况进行简单介绍。

1. 传统生鲜产业供应链状况

传统生鲜流通模式还是当今生鲜产业的主要流通方式。这种方式遵循从产地采摘到集中储运，然后分发到销地，再进行区域化分销的模式。图 13-3 所示为传统生鲜供应链流程示例。

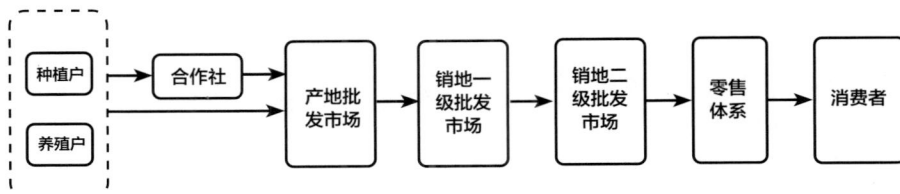

图 13-3　传统生鲜供应链流程示例

从图 13-3 可以看出，传统生鲜供应链基本上至少要有 5 个环节。而就物流而言，每增加一次过手或者装卸，其成本和对外售价都有 30% ～ 50% 的增加，其中既有损耗又有人工等成本的增加。

考虑到中国幅员辽阔、东西南北产地与销地不均的情况，改进优化的方式方法虽然一直都在持续，但在行业没有出现颠覆性的流通变革前，这种模式依然还会以主流的流通方式存在。大多数商品依然是从消费地的市场进行采买，主要是进行订单的集中汇总，统仓统配。

从现在的经营效果来看，2022 年，生鲜供应链餐饮采配公司的经营状况整体业绩不佳。

2. 预制菜模式供应链状况

中国烹饪协会联合多家单位起草的预制菜的定义是"以一种或多种农产品为主要原料，运用标准化流水作业，经预加工（如分切、搅拌、腌制、滚揉、成型、调味等）和 / 或预烹调（如炒、炸、烤、煮、蒸等）制成，并进行预包装的成品或半成品菜肴"。

依据该定义，业内将预制菜分为四大类：即食（如八宝粥、即食罐头）；即热（如速冻汤圆、自热火锅）；即烹（须加热烹饪的半成品菜肴）；即时配（如免洗免切的净菜）。

预制菜的概念从 2020 年开始推广，到 2022 年已经成为生鲜冷链行业最火爆的年度名词之一，无论是资本方还是餐饮企业，如全聚德 / 西贝莜麦面等、互联网巨头京东、家电巨头海尔 / 格力 / 老板电器，抑或是味知香，都在一定程度上推动了预制菜的发展。

尤其在地方政府的推动下，将农业前端资源进行有效整合，将农产原材料工业化，对于当地土地资源、工业产值、人员就业都将会有很大的促进作用，如广东肇庆、山东寿光等都大肆推进预制菜基地的建设。所有的因素都加大了资本和行业对预制菜的关注及曝光程度。图13-4 所示为预制菜供应链流程示例。

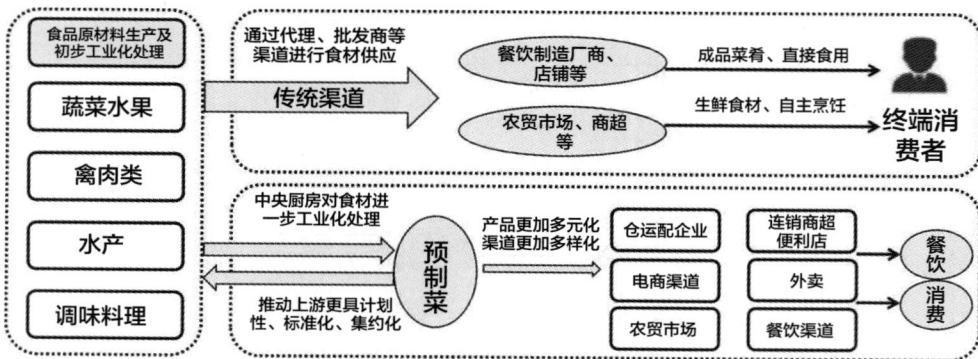

图13-4　预制菜供应链流程示例

从图13-3 可以看出传统生鲜供应链更多的是走商贸市场流通体系，层级过长。消费群体对生鲜商品的需求逐渐发生了改变，所以预制菜才能盛行。

从图13-4 可以看出，中央厨房等装备厂家使得农业工业化，变成了标品，而一旦成为标品后就可以进行多渠道流通，无论是B2B 还是B2C 领域都能得到有效保障。

当然，当前的预制菜主流销售渠道依然是B2B 模式，而末端2C 的销售占比比较小。

3. 生鲜渠道销售创新模式的供应链状况

生鲜渠道销售创新主要围绕生鲜电商、新零售电商模式展开。生鲜电商供应链也就是通常所说的生鲜B2C 模式；而新零售电商模式可以涵盖即时配模式、线上线下全渠道模式、社区团购模式、店仓模式、生鲜直播模式等。图13-5 所示为生鲜电商供应链流程示例。

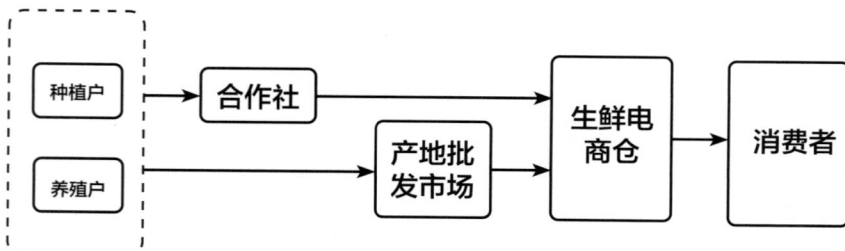

图13-5　生鲜电商供应链流程示例

从图 13-5 可以看出，整体供应链非常简单，集中采买，然后送入各地的城市物流中心，通过线上引流下单，然后仓储作业，运输配送快递至终端消费者手中。

传统的生鲜电商模式以 2009 年中粮我买网为初始，其中间一度获得资本和消费者的认可，但是随着后期获客成本、履约成本的不断提高，发展越来越受到影响。截至现在，全国型的传统生鲜电商基本上消失殆尽，而与之相对的则是新零售模式的盛行。

大家现在耳熟能详的即时配模式、全渠道模式、社区团购模式、店仓模式、生鲜直播模式等，都属于传统生鲜电商在技术的发展过程或与线下门店的结合中不断演变的结果。

首先来看生鲜直播模式。生鲜直播是基于传统生鲜电商加直播技术的一种生鲜流通模式，包括"农户自播＋产地直供、多频道网络（MCN）直播＋产地直供、MCN直播＋集中优选"几种方式。"农户自播＋产地直供"模式主要是指种植户、养殖户通过在流媒体或电商平台公司开设账号进行直播，然后快递直发全国的模式。

"MCN 直播＋产地直供"模式主要是由直播机构或直播"大 V"对农产品进行代理直播，然后订单由农户直接发出，中间的费用由平台出或农户按比例出佣等方式进行合作。

"MCN 直播＋集中优选"模式主要是由直播机构或直播"大 V"买断商品集中入仓或将农户的商品优选后入仓，订单直接由集配仓进行作业和发运。图 13-6 所示为新零售供应链流程示例。

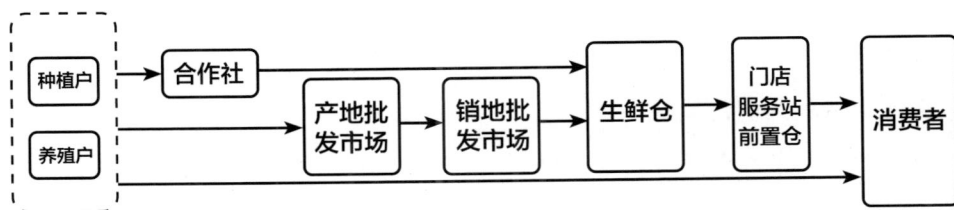

图 13-6 新零售供应链流程示例

即时配模式、全渠道模式、社区团购模式、店仓模式都是由生鲜电商＋门店＋店仓＋运力复用衍生出来的模式。

从图 13-6 可以得出以下结论。

即时配模式是"门店＋运力公司"的一种创新模式，很靠近用户，如美团、达达、UU 跑腿等公司将即时配模式作为实现"万物可配""万物皆配"，实现运力复用的一种方式，从而有效避免自身建设门店、购置库存、人工成本等，实现周边海量库存的选择，并且能够将自己的运力进行有效的低谷、峰值的均衡化，最大限度地提高单人的作业时长和单位时间内的效率、订单量，从而使成本降低、利润增加。

全渠道模式是"门店、平台公司、App、小程序、运力公司"的一种全方位线上线下融合的模式。一个"全"字不再区分线上线下，这恰恰是全渠道模式的核心。

社区团购模式的供应链是多层级模式。因为其采取预售的模式，最远端可以到产地直供、直发，最近端可以到就近的市场进行批发组单然后再发送到社区，由团长接货再由客户自提，也可以采取采购囤货模式，所以社区团购的供应链采买、仓配、分发模式是最为复杂的模式之一。但是其供应链的表述较为简单——"团长拼单—上游组货—库内分拣—配送到仓—分发至团长—客户自提"。这种模式显著的优势在于减少了送货费用，以及采取预售的囤货费用。

仓店模式是新零售的典型代表，在早期强调店面的科技特色，当普及后就变成了店面＋即时配的模式。这种模式从供应链端分成自采、自制、联营、抽佣，然后再进行周边 3～5 千米范围内的订单配送，形成了线上线下的全覆盖。但是问题在于对即时配的补贴，因为同品同价，二者必然会出现成本的差异化，本身在店销售就已经有了房租成本，再加上即时配又有了配送人员的提成。另外对于即期品的处理，以盒马为代表，盒马奥莱做得越好，越代表盒马鲜生做得越差。

4. 生鲜冷链物流模式创新状况

生鲜冷链物流模式在生鲜新零售模式创新的过程中，其越来越显示出重要的作用和地位。

针对生鲜供应链的物流模式创新主要分成前端产地集配中心模式、中端市场仓运配创新模式、末端即时配模式。

前端产地集配中心模式一度还有社会资本的进入，但是随着前端产地的分散性、季节性、基础设施滞后性、自然性等问题暴露，社会资本逐渐撤离，当前以各地供销社体系、农垦体系为主导进行模式创新。其中比较有代表性的如云南供销社体系与万纬冷链、地方政府共同打造的滇橙项目，从采、收、检、存、储、拣、发到最终直供沃尔玛或其他分销渠道，实现了产地商品供应链的创新合作。

中端市场仓运配创新模式，以河南大河冷链为例，实现了以区域中心市场向全省，乃至于全国的分发。

真正的冷链物流模式创新主要集中在城市配送和末端即时配方面，生鲜配送市场是一个万亿元级别的市场，体量足够巨大。目前市场仍有很大发展空间，但是一线城市市场竞争已开始激烈，中小规模的生鲜冷配公司已经开始抱团取暖，通过网络化、加盟化方式实现经营创新，从而度过寒冬。

末端即时配模式主要围绕着传统生鲜电商仓配模式、店仓仓配模式、社区团购仓配模式展开。

生鲜电商仓配模式按照电商 B2C 模式的仓配流程进行流转，末端通过传统站点的配送员进行配送，如图 13-7 所示。

供应商仓库 → 区域配送中心 → 电商仓库 → 订单 → 仓库生产 → 运配分拨 → 站点 → 客户

图 13-7　生鲜电商仓配模式

店仓仓配模式的末端即时配通过社会化骑手进行配送，如图 13-8 所示。以 UU 跑腿为例，围绕着门店进行末端的配送，有的是签约型客户，有的是随机下单的客户，具有灵活性特点。

供应商仓库 → 配送中心 → 预测、生产、配送门店 → 订单 → 店内生产 → 客户

图 13-8　店仓仓配模式

社区团购仓配模式主要是由社团公司在统仓做完订单生产，然后发送至前端网格仓，再通过网格仓配送至各个社区团长处，最终客户凭码到团长处取货，如图 13-9 所示。这种方式最大限度地降低了末端配送成本。

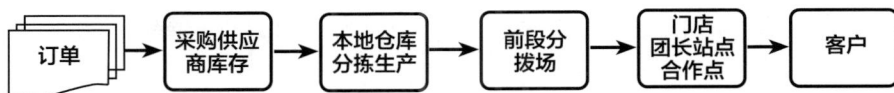

订单 → 采购供应商库存 → 本地仓库分拣生产 → 前段分拨场 → 门店团长站点合作点 → 客户

图 13-9　社区团购仓配模式

最后，在冷链物流方面的创新包括城配和冷库方面的创新。城配的整体市场现阶段受影响较大，但是基于服务和品牌的公司相对存活较好，如唯捷城配依然能够逆势扩张；而冷库方面的创新主要是标准程度越来越高，技术含量也不断提高，这主要源于客户对安全、健康的认知水平越来越高。

冷库方面的创新主要体现在对客户的服务性和技术性方面。以北京亚冷控股有限公司为例，其物业服务水平较高，更为主要的是其不仅提供仓库险，而且为客户提供库内货物险；另外其利用互联网、物联网技术，实现仓库主体、冷藏设备、运营管理、温控监管、定位管理等每个模块的安全可追溯、质量可监控、信息可跟踪等。

综上所述，生鲜冷链物流依然处于多、乱、散、小的状态，高效整合是未来的必然趋势，政府也在积极推动和引导。以夫妻店级别的店面、小的即时配公司、农民仓等为代表的末端从业者在组小团队、小团队和小公司在联盟化、大的公司在资本化、行业也在抱团合伙化。

（二）创新模式供应链优劣势对比

针对生鲜流通模式的创新，主要围绕着"多、快、好、省、安、稳、标、品"八个字展开，也就是"数量、速度、质量、成本、安全、稳定、标准、品牌"八个方面。

预制菜方面的创新实现了标准、品牌的突破，理论上可以做到质量一致、成本可控。如果质检能达到也可以做到安全、稳定。

传统生鲜电商创新更多是质量可控、安全稳定，可以实现品牌化经营。

生鲜新零售的创新模式中：社区团购模式能够实现履约成本低，质量不好把控，护城河较浅；前置仓模式的货物品类能够保证日常应用，货品相对较少，涉及多个环节的仓储、运配，因此履约成本较高，但是质量控制程度高，可以实现运作品牌化；店仓模式的忠诚度相对较高，货品较前置仓模式要多，但是履约成本高；全渠道模式可以实现多业态销售，以运作品牌为主，商品品质有保证。后两者在一定程度上都可以纳入即时配模式中，只不过真正意义上的社会化即时配是以周边三千米范围内的所有社会化库存作为本身的库存，可谓海量、快速、省钱。为了保证安全、标准、品牌、质量，也可以选择相对标准的连锁便利销售体系，选择余地比较大。

通过以上对比，即时配模式的创新是较为符合现阶段的一种生鲜流通创新模式，但是唯一的问题在于增加了履约成本，因此最终要看服务的保证性、客单价的高低、运力的复用是否能够降低配送成本。

对于未来的商家而言，生鲜销售可能会出现很大的问题，就是所有门店体系会被即时配巨头绑架的问题，这一问题其实在外卖领域已经出现。

三、中国生鲜行业未来发展预测

从 2019 年开始，中国生鲜行业模式迎来创新，2022 年中国消费者物价指数（CPI）较为平稳，总体而言，未来不会出现报复式消费的情况，对于安全、未来的不确定性导致报复式消费的可能性不大，存在观望心态、谨慎消费，慢慢恢复信心的可能性会更大。因此生鲜流通、销售模式的创新，以及配套的物流产品的创新最终到底能对市场有多大的推动作用，现在还无法确定。

但我们依然可以根据近两年的发展情况，对未来几年内的行业变局和特点进行预测。

（一）创新模式演变的终局

1. 预制菜依然会持续高速发展

预制菜的未来在 2026 年是否能够达到万亿元规模，现在不得而知。

无论是政府的助推还是资本、各产业相关方的积极参与，在一定程度上使预制菜概念迅速普及，对库存、生鲜损耗过大的恐惧都使得餐饮渠道对预制菜非常青睐。但是对于居家民众而言，预制菜只能是一种有益的补充，不可能成为主流。而对于在餐饮店吃预制菜，如何在常态下消除消费者的受骗心理将会是个挑战。

2. 冷链代运营发展快速

冷链电商的操作难度远远超过普通商品的难度，商品特性、作业环境、从业人员要求等使得自身操作的成本较高，因此将生鲜电商操作包括但不限于电商直播、冷链物流等业务进行外包会极大地促进自身的业务发展，由此可见，代运营模式会盛行。

3.BC 合一趋势越来越明显

因为销售渠道逐渐向全渠道过渡，线上 B2C 与线下 B2B 业务的界限会越来越模糊，而二者的销售渠道代运营化、仓储作业的合一化与配送体系的三方化都会推动 BC 合一趋势的发展。

4. 重视前端产地，农业工业化趋势明显

国家对供销社作用的重新定义，以及对产地作用的看重，都使得冷链前端产地的市场越来越大，并且随着预制菜的发展，能够有效帮助地方政府和前端农民实现农业工业化。在未来，这种趋势可能会非常明显。

5. 全渠道即时配模式加速

全渠道即时配模式在未来将不会是一种新的模式，将会成为商业的常态，在未来将会逐步深入人心。

6. 行业巨头兼并整合加剧

无论是从销售渠道还是从冷库、冷链物流而言，在这两年经济低位运行的状态下，众多的参与者经营状况并不是特别好。像中通冷链收购上海猫武士的案例将会陆续出现，甚至就连冷库重资产行业都将会出现倒闭、破产的案例。

（二）生鲜行业未来发展的特点

1. 数字化

基于大数据、物联网技术的普及，生鲜行业从前到后全链路的数字化程度不断提高。从商品数字化、销售数字化到冷链物流环节的数字化，以全链路"安全、温度"为核心，不断构建数字产品。通过产品、服务的数字化，最终实现供应链的可追溯、可视化。

2. 智能化

生鲜行业的智能化主要体现在生产、采摘、销售末端及冷链仓储、冷链运配等环节，尤其是冷链仓储、运配环节的智能化将会呈现爆发式发展。2022年的冷库自动化、智能化，尤其是以四向穿梭车为代表的自动化装备的普及较为迅速，行业应用效果依然需要市场检验，但是值得期待。

3. 即时化

即时化特点主要体现在生鲜末端配送环节，即时配在2022年得到行业的认可，未来普及率和接受度将会更高。但是，必须看到，这个赛道基本上是巨头的游戏，因此，众多的中小参与者要想深度介入，需要继续进行场景创新、服务创新。

4. 共享化

在销售模式上将会出现资源共享，在物流配套上将会出现仓库、运力共享，初级产品以云仓为代表，后期将会以库存共享、多仓联动模式为主，不断实现供应方、采购方、服务方、关联方的资源共用，共同降低运营成本、采购成本、物流成本等。

5. 利他化

生鲜供应链较大的问题是标准不能共享、温度不能全链路跟踪，几乎众多的问题都与数字化相关，而为了满足整体社会对生鲜商品的安全放心、健康的需求，必须加快构建安全健康的数字化体系。只有构建这一体系才能有效保证全链路的利他化，而利他化最终的目的是利己、利民、利于社会。

参考文献

[1] 农交网 .2022 年国家骨干冷链物流基地建设名单出炉 [EB/OL].2022.

[2] 艾媒咨询 .2022 年中国生鲜电商运行大数据及发展前景研究报告 [EB/OL].2022.

[3] 前瞻经济学人 .2022 年中国生鲜电商行业市场现状及发展趋势分析 [EB/OL].2022.

[4] 中国食品报社融媒体 . 中国烹饪协会发布《预制菜》等四项团体标准 [EB/OL].2022.

[5] 中商产业研究院 . 中国生鲜行业市场前景及投资机会研究报告 [EB/OL].2022.

[6] 红餐产业研究院 .2022 中国餐饮产业生态白皮书 [EB/OL].2022.

[7] 智研咨询 .2022-2028 年中国冷藏车市场深度调查与未来发展趋势报告 [EB/OL].2022.

下篇
企业案例

14

众陶联：以数据要素提升陶瓷产业供应链发展质量

佛山众陶联供应链服务有限公司

佛山众陶联供应链服务有限公司（以下简称"众陶联"）是由各级党委、政府推动成立的陶瓷产业链整合服务平台，34 名股东均为产业龙头企业，股东产值占行业22.5%。在开展供应链创新与应用试点和示范创建工作过程中，众陶联研究、分析产业供应链运行过程中的短点、痛点、难点、堵点，制定解决方案，构建上、中、下游数字环境，采用数字技术、区块链可信技术，围绕产业上下游协同"信任缺失"的障碍，组建四大产业集群，构建众陶云链区块链，最终建立陶瓷产业上下游协作共赢的生态系统。3 年来形成交易区块 21 056 条，供应链交易额 152.9 亿元，缴纳税款 20.02亿元。

一、行业背景

全球陶瓷年产量 130 亿平方米，中国陶瓷占全球 63.1%，产值 4 500 亿元，规模以上企业 1 160 家。中国具有源远流长的陶瓷文化，丰富的陶瓷原材料储量，广阔的陶瓷消费市场，完善的陶瓷生产配套产业。其中，佛山陶瓷经过 40 年的发展，已经成为世界最大的陶瓷品牌中心、交易中心、配套中心、信息中心、人才中心、研发中心和出口中心。佛山陶瓷成为佛山市一张靓丽的名片。

但是，当前建陶产业供应链面临原材料大幅度涨价、清洁能源严重短缺、消费需求严重萎缩、产业下游房地产企业违约现象增多的问题，产业发展遇到了新的难题，迫切需要数字化转型升级。具体如下。

原材料供应场景的痛点：建陶行业原材料采购及供应不透明、不规范、不标准，采购成本居高不下。

重货、散货、脏货物流场景的痛点：重货、散货、脏货运输过程，存在运力不集中、资源不匹配、信息不集成、承运不规范等问题。

陶瓷企业生产场景的痛点：生产过程中，存在"转产如破产"现象。由于陶瓷生产技术普遍掌握在技术人员手中，缺乏数字化工具辅助，当企业要进行转换生产原料、转换人员、转换产品规格或转换生产速度的"四转"工作时，往往容易出现重大生产异常，比如生产良品率不高、效率不高甚至丢失订单等。除此之外，生产过程中还普遍存在生产单线产量不高、生产损耗居高不下、能源消耗浪费严重等问题。

整体家居销售场景的痛点：终端销售成本居高不下、客户消费体验感较差、新零售营销通路难以搭建、产销平衡矛盾日渐显现。

建陶产业存在的问题，已经成为制约产业高质量发展的障碍。在当前产业面临成本上涨，销售乏力，产业链上中小企业陷入困境的大背景下，以供应链数字化解决问题，成为产业度过寒冬的必由之路。

二、主要做法

（一）组织创新，推动产业供应链互联互通

众陶联由陶瓷行业龙头企业带动成立，佛山东鹏陶瓷、新明珠、中国陶瓷城、佛山市陶瓷产业联盟等行业龙头企业成为众陶联的股东，平台再以股东资源吸引供应链上中小微企业以"合伙人"的身份加盟平台，产业股东通过标准、数字、订单、人才、技术、品牌、上下游资源、资金等方式参与平台资源构建，赋能平台，构建众陶联独特的产业供应链优势。为了让所有股东抛开芥蒂和顾虑，汇聚到平台上，众陶联设置了一层中间架构，与股东签署保密协议，所有的经营和数据任何股东都无权干预。通过这种方式，股东尤其是中小股东的顾虑被打消，成为平台第一批用户。

（二）技术创新，搭建新一代信息数字化平台，解决供应链互联互通堵点

针对产业信息孤岛、产业供应链灰色交易现象较为普遍、供应物料以次充好、供应链准交率不高、供应链支付环节不守信等问题，众陶联以产业供应链数字化为抓手，采取多项措施解决行业发展难题。

一是加强技术研发，向创新要生产力。

众陶联先后研发了众陶联价格指数大数据技术，众陶联 To B 商业系统技术，众陶联联盟区块链技术，众陶联产业上下游协作信息系统技术，众陶联供应链金融科技信

息系统技术，众陶联重货、散货、脏货运力匹配系统技术，众陶联智能制造技术，众陶联明数越通交易证据链系统，众陶联银企直联系统，众陶联产业级资金秒付系统等多个产业供应链数字技术，把产业线下活动数字化、线上化。

二是搭建多个数字化平台，提升产业供应链发展水平。

众陶联建立了供应端"众陶料"电子商务交易平台，通过源头交易、集采交易、委托交易、竞价交易、撮合交易 5 种电子交易模式，推动建陶行业原材料透明交易，提高采购效率、采购质量、规范运营能力，为企业降低综合成本提供解决方案。众陶料平台先后制定了 108 个原材料标准、36 个检验标准、6 个付款标准，已成为全球最大的砂石料供应平台，可提供产业供采双方交易指数、产业供采双方信用见证、产业新材料推广、产业原材料信息整合、产业供采双方规范化运营方案等服务内容。

众陶联建立了流通端"众陶通"工业互联网平台，针对重货、散货、脏货存在的问题，在产业末端六大物流场景，采用物流可视化技术，建立物流信息平台，通过制定承运、托运、信息发布、结算、运输过程交割、承运工具分类、货物计价等标准，提高物流服务质量，提高规范化运营能力，降低物流成本，为重货、散货、脏货运力匹配提供解决方案。

针对建陶产业存在的转产难、转料难、转速难、转人难四大难题，众陶联建立生产端"众陶智慧智造"工业互联网平台，应用大数据技术、人工智能技术、5G 技术、物联网技术、云计算技术、区块链技术、工业软件技术，着力研究低成本绿色智能制造改造蓝图。在建陶生产线 14 个关键工序，众陶联建立数据采集标准，并对数据进行提取、清洗、转换、过滤、计算，搭建数据模型，帮助企业建立新的产线智能生产流程，建立新的产线控制体系，推动单线产量、转产能力、优等品率提升，降低空窑率、异常率和熟练工人依赖度。这实现了企业转产能力提高 21%，单线产能提高 9%，降低产线损耗 3%。

三是建立供应链信息共享机制。

以技术为推手，众陶联建立产业供应链"大脑"，针对物料来源、物料成分分析、物料加工工艺、物料运输可视、物料最佳使用环境及辐射半径、物料大数据模型、物料使用评价体系，构建产业信息库，建立了上中下游信息共享机制，有效推动了产业供应链协同，降低产业损耗和产业成本，提高经济效益。

通过供应链数字化和技术创新，众陶联推动了供应链协同和信息共享、利益共享，有效推动建陶产业供应链质量提升。例如，针对生产物料价格飞涨导致企业成本增加这一痛点，众陶联为供应商与采购商搭建交易平台，为双方实现透明化交易提供便捷。

同时结合交易数据，众陶联定期发布行业内各类原料的采购价格指数，为企业实现规范化采购提供信息参考，多家陶企因此受惠。佛山某陶瓷企业通过肇庆一个矿口采购砂坭，产品采取汽运运输，每吨成本高达79元。在众陶联平台的信息支撑下，该企业改为选用一个坐落于广西的矿口进行采购，看似距离更远，但是更换后的矿口砂坭储量更大，且能够改为水路运输，这使得运输成本一下降低到每吨20元。

（三）数据应用创新，推动供应链与标准链、数据链融合，构建产业数据要素

众陶联把供应链各个环节标准化，从产业活动的末端场景出发，研究产业供应链数据采集系统，把数字源标准化、标签化、系统化、线上化。所有数据在众陶云链区块链系统上交叉验证，利用区块链共享、开放、保密、不可篡改的优势，每一个供应链节点得以认证，确保来源真实性、去向真实性、交割数量真实性、物流真实性、交易结算真实性。众陶联建立产业多边信任机制，现在上链的1 059家企业中，复购率达到89%，平均订单89.2万元。交易时效从原来的45天缩短为7天。

（四）供应链协同能力创新，组建全国四大产业集群，提升全国建陶产业供应链发展水平

众陶联先后组建了粤港澳大湾区集群、中部地区产业集群、北部地区产业集群、西部地区产业集群。以产业区域供应链优势为抓手，在深圳、佛山、江西、山东、西藏等地建立集群管理中心，推动集群本土化、实体化，建设既有地方特色，又有全国供应链资源的产业大盘。其中，西藏平台成为西藏地区藏族青年就业标杆，江西平台成为当地十大数字龙头企业之一，佛山平台成为广东省产业集群试点。

三、成效与创新点

试点和示范创建工作开展五年来，众陶联积极探索供应链数字化应用，推动平台从无到有、从物料到数字、从政策到市场取得初步成效，主要体现在以下几个方面。

通过供应链上中下游信息互联互通的创新，推动建陶产业供应链集中度提升。平台产业端加盟72 572家企业，客户在全国产业的覆盖率接近63%。供应链平台客诉率从原来的8.9%降为1.02%，平台客户规范运营率从原来的68%提高到99.3%，客户

订单从 55.3 万元提升到 89.2 万元，提高了 61.3%。

通过供应链标准化实施方案的创新，产业供应链营商环境大大优化。产业供应链灰色采购实现从乱及治。供应链主要物料出现假冒伪劣从 70% 降到 2.8%，付款不诚信率从 56% 降到 2.96%。

通过供应链大数据体系的创新，推动产业协同带来采购成本降低。五年来，众陶联为产业供应链降低采购成本 9.58%，降低煤炭综合能耗 15.3%。

通过供应链与数据链融合的创新，完善产业供应链物料台账、物流台账、资金台账、交易台账等，应用区块链技术构建 21 056 条交易数据链，成为产业 152.9 亿元交易额的真实数据要素。

通过供应链数据流动，创新搭建了产业"大脑"，推动产业供应链与银行等金融机构的融合，推动产业数字金融的探索和实践。中国银行、中国建设银行设立了 UCA 供应链平台客户专属产品众陶善贷、链式惠贷，三年来共有 264 家建陶链上的中小企业获得金融服务 16.33 亿元，降低金融成本 18.79%。在 2020 年，针对链上部分中小企业无法及时完成供应链应付款的付款，从而无法启动供应链确保稳定生产等问题，众陶联通过联合多家金融机构，为平台企业提供视频金融服务，即企业只需要通过视频沟通方式，即可以解决供应链应付未付的资金问题。众陶联帮助平台企业获取的贷款金额从 7 万元到 300 多万元不等，累计帮助 132 家陶企贷款 1.7 亿元。

通过供应链新技术的创新，有 10 个项目填补了产业供应链技术的空白，先后有 253 项供应链知识产权获得国家知识产权局授权，其中发明专利 42 项，实用新型专利 49 项，众陶联成为知识产权标杆企业。

四、推广价值

众陶联紧紧围绕建陶产业高质量发展遇到的难题，基于产业底层场景，采用新技术和信息系统，以供应链数字化为抓手，推动供应链与标准链、数据链融合，在使供应链畅通的系统工程中，构建产业数据要素，提升供应链创新价值。众陶联解决了在产业末端无法解决的信息无法互通、资源无法共享、效率难以提升、成本难以降低的问题，利用资源优势、技术优势、数据优势，构建补链、强链、延链的解决方案，推动建陶行业高质量发展。

企业介绍：佛山众陶联供应链服务有限公司是陶瓷产业链整合服务平台，是由佛山东鹏陶瓷、新明珠、中国陶瓷城、佛山市陶瓷产业联盟、蓝源资本等 5 个股东共 15 家企业抱团发起的产业互联网平台。众陶联以"产业＋互联网＋金融资本"为核心路径，以陶瓷供应链为切入点，以金融资本为驱动力，以互联网平台为支撑，将各陶瓷企业的采购集中到平台上，从而构建 B2B+O2O 的陶瓷产业链全球性集采平台；消除中间环节，提升产业效率与产业资源的集中度，同时参与各方还将分享平台所带来的供应链金融、大数据开发、资金池、资本市场回报等多重收益，从而提升平台上集聚的陶瓷产业链整体盈利水平，增强产业发展活力，最终构建陶瓷产业上下游协作共赢的生态系统。

15

吉利控股：构建供应链一体化运营平台，打造汽车产业生态圈

浙江吉利控股集团有限公司

王爱姣

浙江吉利控股集团有限公司（以下简称"吉利控股"）应用新一代信息化技术，通过构建供应链一体化运营平台（OTWB）、建立 B2B 采购商城、建立"集货物流 +RDC库 +VDC 库"物流一体化试点、打造数字供应链协同平台等，大幅提升吉利控股供应链管理创新能力，实现自然语言、智能导航、大数据、云计算、生物识别、人工智能等新兴技术应用，形成研发、物流、采购、订单、制造、销售等完整闭环的信息化生态链，并已在全国 11 个整车制造基地使用，956 家供应商完成系统切换预上线。

一、行业背景

（一）汽车供应链受到严重冲击

近年来，原材料价格上涨、芯片供应紧张等多方面因素，导致汽车供应链受到了严重冲击，甚至一度出现断链现象。一方面，因零部件短缺因素影响，部分车企生产受限，产品延期交付，行业供给端压力倍增。尤其是吉林省和上海市，作为我国汽车零部件生产重地，在 2022 年上半年，当地汽车及零部件生产厂商实行封闭式生产或选择停产，汽车零部件生产受到严重影响。汽车行业面临供给与需求双重压力。另一方面，汽车供应链涉及八大制造系统、数万个零部件，是产业供应链中链条最长、管理难度最高的供应链之一。同时，汽车行业上下游间实行严格的产品认证制度，短期切换供应商难度颇大。

（二）信息化水平低制约汽车供应链发展

第一，供应商信息交互障碍。整车供应链中的众多厂商信息化基础参差不齐，与其他企业的信息交互困难重重，造成信息交互出现断层。第二，汽车物流行业整体信息化程度偏低。目前我国汽车物流在信息化方面面临的问题主要是信息技术应用和物流设备的落后，不少汽车物流企业都忽视了信息资源规划工作，缺少统筹规划和统一的信息标准，致使设计、生产和经营管理信息不能快捷流通和共享，从而严重阻碍了物流管理信息化的进程。据统计，在汽车行业中，实现信息化的企业大多建设了 EPR，但仅有 6% 的企业实施了供应链管理方案。此外，市场上可为企业提供供应链管理方案的科技平台大多采用的是通用方案，无法满足各企业按需定制的服务需求。第三，供应商管理信息化水平落后。缺乏成熟完善的供应商开发、管理、准入、考评体系，供应商寻源渠道单一、人工成本高，尤其是小批量、多品种、需求临时且不重复的间接采购，采购需求繁杂，涉及行业广，寻源效率低。供应商信息更新不及时，尤其是风险信息获取滞后，没有预警机制，存在供应商突发性涨价、断供、弃供风险。第四，企业数字化转型成本较高。政府虽对企业数字化转型给予一定支持，但大多数企业仍然无法负担这一费用。据统计，约 70% 的企业在该方面的投入小于年销售额的 3%，投入超过年销售额 5% 的企业仅 14%。

二、主要做法

吉利控股围绕企业信息化和数字化中长期规划，利用内外部资源，在"由分步试点到广泛推广"的探索发展路径指引下，自主研发智慧车间、数字化工厂，构建供应链一体化运营平台，实现零部件和售后备件在需求、仓储、运输、包装和配送环节的一体化管理，并拓宽到整车运输、国际物流、社会化等业务场景，降低供应链整体运营成本，提升客户服务时效，为企业的数字化转型奠定了良好基础。2021 年，吉利控股通过数字化供应链转型升级、多品牌协同发展，经营情况持续向好，实现总销量221.8 万辆，同比增长 4.8%，实现销售收入超 3 500 亿元，同比增长 10.66%。

（一）建设智慧供应链平台

吉利控股按照"1 个平台 +5 个中心"战略规划，大力打造数字供应链协同平台，建设供应链数字化协同服务中心、供应链金融协同服务中心、供应链物流协同服务中心、供应链采购协同服务中心、供应链制造协同服务中心等，融合各领域数据信息，用数据驱动业务转型。

吉利控股已完全具备采购、制造、财务、销售等系统平台，通过供应商关系管理（SRM）系统、工业品采购商城（GMALL）及全流程间采（IDP）系统、全链成本管理系统（CES）、订单管理系统（OMS）、运输管理系统（TMS）、云仓系统（GWS）、物料结算管理系统（BMS）、生产执行系统（MES）、整合物料按灯系统（ANDON）、厂内物流系统（IWM）、KD包装管理系统（KDMS）、设备管理（EAM）系统、企业资源计划（ERP）系统、消费者融合平台（CEP）等智能化信息系统，不断提升供应链体系的运营能力。2020年吉利控股成功申报工业和信息化部的工业互联网创新发展工程项目；2021年8月，吉利控股工业互联网平台（Geega）于智博会首发上线，是全国首个源于汽车行业、服务全行业的工业互联网平台。

（二）建设标准规范

吉利控股通过产品、数据、接口、流程、服务、物流、制造等标准建设，推动上下游企业的标准互通。

1. 产品标准化

产品平台化。为满足吉利控股多品牌协同开发，吉利控股以功能及属性集成为主线，定义多平台模块划分原则，确定标准化模块接口，统一制造工艺及流程，开发了高度集成、模块化的且在电气化、智能化等方面比国际品牌更具优势的CMA架构平台，尤其在可变性、稳定性、可靠性等方面更胜一筹。相比于传统造车，零部件通用率高达86%，节约了研发及验证费用约45%，缩短了新车型开发及验证周期约12个月，实现了整个汽车产业链的全面升级。

从CMA架构开始，吉利控股陆续推出了覆盖A0到A+级车的BMA、覆盖豪华车的SPA以及全新一代电动汽车专属架构平台SEA浩瀚架构，形成CMA、BMA、SPA以及SEA四大全球化基础模块架构平台体系，是世界上模块化架构最丰富的车企之一。

产品通用化。吉利控股引入"智能魔方"的设计理念，创建"7级正向开发"的结构框架，构建机械、动力、电子三大架构系统，推行平台模块化，设计统一的发动机/变速箱、动力系统/车身/底盘系统的关键接口尺寸和安装硬点，发明兼容传动系统和电池布置的动力底盘架构，使所有车型均能匹配传统动力、48V-BSG、HEV、PHEV四大动力路线要求，通用化率达到75%。

2. 数据和接口标准化

吉利控股结合整车开发需求，对标国内外标准尤其是沃尔沃先进标准，共形成 5 471 份企业技术标准；同时，牵头组织 / 参与《乘用车爆胎监测及控制系统技术要求和试验方法》等 282 份国家、行业、地方、团体标准的制定。截至 2022 年 6 月已完成 78 份国家标准（6 份主导）、11 份行业标准（3 份主导）、5 份地方标准、54 份团体标准（8 份主导）的制定和发布。

在信息化方面，形成 6 项数据接口标准文档，有效规范设备与系统、系统与系统间的接口协议，为实现多系统、多工厂间数据互通奠定基础。

3. 流程标准化

通过新产品开发流程体系（NPDS），满足全球多品牌整车产品开发，实现吉利控股多品牌、跨行业、跨区域业务协同。通过从订单到交付（OTD）流程体系建设，实现在最短的时间交付令客户满意的产品。

新产品开发流程体系（NPDS）：该流程体系横向构建从创新、规划、设计、研发、采购、质量、生产到销售和服务的产品生命周期全价值链开发体系，满足全球多品牌整车产品开发，实现吉利控股多品牌、跨行业、跨区域业务协同，统一标准化工具、方法和模板，全面提升业务效率，适应快速变化的全球市场环境。

端到端的 OTD 流程体系：通过新制造基地流程再造、精细化管理水平的提升以及老基地的供应链工作效率优化，建立面向全球业务和个性化定制流程的新型订单交付流程；通过对信息化建设标准体系进行梳理，已形成各大系统的原始设备制造商（OEM）开发数据接口标准文档，对设备与系统、系统与系统间的接口协议进行规范。目前，端到端的 OTD 流程体系已全面覆盖吉利、领克、极氪和几何四大产品品牌及十多个制造基地。

4. 服务标准化

吉利控股于 2021 年启动全新 4.0 渠道形象建设，持续提升品牌渠道形象建设标准及客户体验氛围。在管理过程中，过程与结果两手抓，建立 AAA 评价体系，设立三大模块、14 大项内容、386 个细项，每季度对网点进行过程评价。在结果上设立了服务积分评价体系，四大模块 40 个指标，每月对网点进行评价监控。

同时，吉利控股全流程指导和管控海外经销商运营；并持续推动"T-UP 大拇指"优秀服务工程，以服务运营标准本地化贯标为抓手，围绕各国顾客服务体验特征，持续推进吉利控股国际、经销商和服务站三级体系建设与升级，并通过铁三角服务前移、实地检核和顾客满意度调研，提升经销商及其服务站的服务运营能力。

5. 物流标准化

吉利控股持续优化物流供应链环节的标准。截至 2022 年 6 月，已形成《集货物流项目管理办法》等 22 份集团级文件、15 份子公司级管理文件以及各物流部门、职能部门、备件业务部门编制的 59 份厂部级文件，共计 96 份作业、管理文件。

6. 制造标准化

对标主流车企制造标准体系，吉利控股结合实际情况，搭建吉利控股汽车制造技术标准体系框架，形成八大类制造标准共计 666 项技术标准。

（三）推动上下游及关联产业互联互通

吉利控股发挥核心带动作用，推动供应链上下游各方的互联互通和高效协同。

1. 经销商端

按照一标双网战略和"品牌理念一致，产品特色分明"的思路持续推进 G 网和 L 网的渠道建设与布局，构建有全球竞争力的营销网络，全面覆盖核心、次核心和新兴商圈，以规划 4S 店为主，分销店为补充，提升渠道宽度，并且以市场容量和品牌对标为导向，快速推进渠道下沉，全面覆盖县级市场。

2. 供应商及物流商端

持续推进八大零部件产业园区的建设，与近 1 000 家供应商构建稳固的战略合作关系，共同发展壮大。不断优化整车物流的运输路径，探索水铁，水陆联运、新能源短驳等新型物流方式，降低物流成本，为公路运输减压。同时，按照就近配套原则，持续推进吉利控股全国西部、西南部、苏浙沪、北部四大配套圈的建设，各配套圈的供应商占比在 8% ～ 68%，约 50% 的浙江企业跟随吉利控股跨省投资配套。

通过构建供应商协同云和统一供应商门户，促进供应商互联互通，实现产业生态上供需两端全链协同和全业务过程透明，包括需求、订单、生产计划、库存、交货、出入库、发票、索赔等全栈业务对象的数字化，同时打通物流端等中间环节，充分利用大数据、智能算法等技术实现排程优化、路径优化、交期满足率提升，最大限度地保障供应链安全，以应对当下复杂多变的供应链环境。

（四）发挥供应链金融和系统平台支撑作用

通过创新供应链金融方案，吉利控股对生产运营、贸易流通、物流仓储、电子商务等各环节的交易行为进行全面、灵活的监控，加强对各时段风险的有效管理，并在此基础上实现对经销商和供应商的批量、快速授信。在存货融资、应收账款融资、预付款融资和保理业务中，运用大数据和区块链等技术，促进供应链中各个流程的统一，增强供应链的价值创造力。同时整合各类信息平台、信息系统和数据中心资源，构建统一高效、互联互通、安全可靠的数据资源体系，不断提升企业信息化管理水平。

三、成效与创新点

针对供应链数据分散等问题，吉利控股拉通供应链采购、物流、仓储、结算等相互孤立的业务系统数据，并将大量的业务数据汇聚到吉利控股供应链领域的算法中台，在算法中台上完成吉利控股供应链控制塔模型的设计和实践落地。以控制塔模型为基础，吉利控股通过研发各种智能算法支撑供应链业务，不断提升控制塔的决策价值。在此指导方针的指引下，智能配载、路径优化、备件计划预测等各种智能业务场景在控制塔模型的基础上不断涌现，有力提升了吉利控股供应链业务决策的全局性和科学性。

（一）建立 B2B 商城，提升全价值链成本经营能力

吉利控股以集采促进规模化效应、跨企业协同效应，通过与社会化平台合作，构建 B2B 平台，从生产辅料、研发、装备、信息化等方面推进试点。其已推进数万种商品，全面覆盖九大领域。

（二）调整仓网布局，探索物流一体化试点

1. 调整仓网布局，探索零部件运输模式革新

为实现供应链融合，促进协同发展，吉利控股不断探索零部件运输模式的革新，于

2021年调整仓网布局，规划供应商物流为九大区域，考虑运力平衡及区域对流，区域内分设DC（配送中心）库等，规划完成全国10+19仓点布局。吉利控股利用在全国的工厂布局优势，实现RDC（区域配送中心）库与DC库的全面共享与融合使用，让仓储资源得到充分利用。2021年10月开始试点推进东北区域DC集货，以DC库为桥梁贯穿前端集货与后端干线，实现区域化运输业务的高度融合。2022年5月已全面实现其他八大区域DC集货业务的整合与落地，并拓展外部业务，丰富运输网络与货运资源，提升装载率的同时降低物流运输成本达23%以上，为吉速物流向物流企业迈进奠定坚实基础。

2. 实现零部件物流一体化管理

吉利控股通过构建物流数字化平台，集成多种业务场景，从物流的根本定位，以统一的订单管理系统接受内外部订单，转换成物流订单；并通过多套运输管理系统及仓储管理系统，再将数据传递至结算管理系统，形成一整套闭环的物流信息化平台。这种模式基本可以解决所有的物流业务场景问题，包括线下沟通的不准确性及不可控性，实现物料运输的可视化。并且在其基础上外加了智能配载系统，进一步辅助运输管理，提高装载率。

吉利控股临海基地、钱塘基地、长兴基地、晋中基地等11个整车制造基地已使用这种模式，已有956家供应商完成系统切换预上线，并持续向其他整车制造基地、动力制造基地推广。另外，OTWB系统还适用于备件销售物流，目前已在武汉区域库、杭州湾区域库、成都区域库、济南区域库完成上线，并持续向全国其他各区域库进行推广。

3. 大幅提升装载效率

吉利控股兼顾物流业务现状与需求，前瞻业务未来规划，研发了智能配载和路径规划算法，以支撑MR（中程）、DC集货、干线、拉动、配送等运输业务场景，保证供应链运输业务多场景下的"组托最优、装车最优、路线最优、车辆轮次最优"，实现配载和路线规划的智能化，有效提升装载率，缩短运输里程，降低运输成本。智能算法结果以组托、装车3D可视化指导图呈现，工人以此为指导，可以大幅度提升装载的效率以及科学性。吉利控股春晓基地KD（汽车散件）车间投入使用了货到人AGV（自动导向车），同时建立了KD包装管理系统，该系统是KD行业首例信息化系统与智能设备全方位结合的产物，重新定义了KD行业发展方向。

吉利控股通过智能算法，构建备件预测平台支撑智能需求预测、智能采购计划、智能调拨三大业务场景；并将智能预测平台与业务上下游系统打通，将智能算法结果有机地融入业务流程和业务系统，有效解决了人工预测过程耗时久、客户订单响应慢、供需协同水平低等问题，提升预测数据准确性与及时性。

（三）建立国际专业工业互联网平台"Geega"

在 C2M（从消费者到生产者）柔性定制解决方案下，Geega 能够快速响应市场需求、缩短产品研发上市周期、优化供应链资源配置、降低企业管理运营成本、提升多品种小批量柔性生产能力，持续提升产品交付质量。此外，Geega 还打破了传统工厂相互孤立、隔绝的局面，实现工厂全要素互联互通，使制造过程数字化、生产过程可视化、管控信息化，缩短产品制造周期，为企业稳定赢利提供了强有力的支撑和保障。目前，Geega 已服务数十家集团企业，在吉利控股 15 个业务应用场景中落地验证，平台实施投产后生产效率将提高 22%，真正实现"源于制造，反哺制造"的生态循环。

四、推广价值

（一）以数据驱动业务持续改善

以顶层设计为基础，从业务架构、数据架构、应用架构、技术架构等多个视角进行数字化全面升级，推动敏捷管理落地，通过数据治理解决历史疑难问题，通过供应链控制塔、物流数字化运营看板，解决决策辅助的问题。向数据要价值、向智能要效率，以数字驱动业务持续改善。

（二）智能制造与数智化物流发展齐头并进

智能制造给采购和供应链管理带来的影响是深远的，它将原本按照计划管理的工厂生产，切割为更小的单元，既可以更快地跟随市场反应进行产能调整，还可以实现最低的原材料和成品库存，大幅提高生产周转效率。厂商由此能够对用户需求、市场波动做出快速反应。

企业介绍： 吉利控股始建于 1986 年，业务涵盖乘用车、商用车、出行服务、数字科技、金融服务、教育等。2018 年，吉利控股成立供应链创新与应用领导小组，保障供应链重点业务环节按试点目标稳步推进。

16

建发股份："纸源网""浆易通"平台打造浆纸创新数字化供应链

厦门建发股份有限公司

厦门建发股份有限公司（以下简称"建发股份"）下属核心单位厦门建发纸业有限公司（以下简称"建发纸业"），研发建设了建发浆纸产业互联网平台（纸源网和浆易通），基于建发股份创新性的"LIFT 供应链服务"体系，推出以交易、物流、资讯、金融和风控为核心的产业数字化整体解决方案，包括：率先实现多层级交易环节一体化的线上交易模式，使浆纸产业交易数据可视化、签约电子化及风控智能化；利用数字化管理仓储物流网络，为用户提供"浆纸云仓"等数字化产品，整合建发股份供应链优势，共享物流资源；通过数字化风控体系的建立提供供应链金融服务，为上下游客户与金融机构搭建桥梁，解决企业融资难、融资贵问题；利用大数据、人工智能构建并完善浆纸产业数字风控体系和信用评价体系。

一、行业背景

浆纸产业是我国重要的基础原料产业，在国民经济领域发挥着重要作用。我国既是全球最大的纸浆进口国，又是全球最大的纸及纸板生产国和消费国。浆纸产业链上的企业包括上游国际浆厂、中游造纸厂、下游印刷厂和包装厂，数量多达数万家。在目前的市场格局固化、国内市场份额有限、产业模式落后的情况下，竞争日趋激烈，效益下降，成本高昂，浆纸产业的持续发展陷入困境。

（一）交易渠道层级多、过程繁、效率低，市场不透明

传统浆纸产业上下游相关企业数量多、规模小、分布广，商品交易依赖线下方式进行，签约方式以纸质合同签约为主，且传统交易行为大多建立在交易双方彼此熟悉、相互信任的基础上，上下游渠道层级过多、手续复杂、过程冗长，涉及确认的信息多

而杂，容易产生渠道壁垒和信息失真。

传统交易模式容易触发诚信问题，给交易双方长期合作造成许多障碍，不仅需要双方付出大量人力、物力和时间成本，提质增效的效果也不明显。

（二）供应不稳定，市场供需不匹配，价格波动大

浆纸产业的上游纸浆主要从国外供应商处采购，对外依存度高，且进口需求逐年攀升。纸浆进口面临海外资源掌握不足、到货周期长的困难局面，且易受不同国别政策、战争、罢工等因素影响，价格波动大，供应不稳定。从订货到收货的漫长周期中，中游造纸厂可能因为价格的变动蒙受损失，产能无法精准规划，进而影响对印刷厂、包装厂等下游客户产品出货规格、数量的灵活调配。因此，浆纸产业供应链的整体稳定性和柔韧性较差。

（三）产业数字化程度低、产业利润低、流通成本高

传统浆纸产业数字化程度较低，管理方式落后，企业面临商品种类多、手工记账滞后、准确性差、客户账套信息繁乱、加工分切低效、仓储管理混乱和物流成本高昂等管理困境。浆纸产业在每级市场中都存在转运、装卸、存放、分切加工、配送等一系列管理问题，而大部分企业无法建立自有仓储物流体系，第三方仓储物流体系效率低、更新慢、费用高。这不仅严重影响企业运营效率，也不利于企业控制成本。

（四）产业信息来源封闭、分散、准确性低

浆纸产业是与国计民生息息相关的重要产业之一，然而上游纸浆对外依存度高，价格和产量受国际政治、经济等因素影响巨大，因此掌握国内外产业资讯和市场信息尤为重要。

国内浆纸产业起步较晚且门槛较高，信息渠道少，来源封闭、分散，沟通效率低，令上下游企业难以筛选出真实有效的市场信息，甚至造成市场秩序混乱。一方面，因缺乏权威的信息流通平台，信息失真、谣传、误传，上下游从业者难以辨明真伪、判断行情，导致错失商机。另一方面，纸浆价格传导的牛鞭效应普遍存在，导致了需求信息出现较大的波动偏差，扰乱了上游供应商的生产计划，加重了供应商的供应和库存风险，造成了市场供需混乱，不诚信行为横行。

（五）中小企业客户运营资金有限，融资难、融资贵

浆纸产业资金占用率高，单笔交易金额大，利润低，且中小企业缺乏抵质押物，在融资方面处于劣势地位。而金融机构由于缺乏足够的数据作为参照进行企业信用评价，想贷而不敢贷，因此浆纸产业中小企业往往面临融资难、融资贵的问题。产业链融资成本高，供应链中各方的共赢愿景难以实现，这也是阻碍浆纸产业整体做大做强的重要因素之一。

二、主要做法

（一）坚持数字化全面变革，建设核心 ERP 系统

建发股份率先从战略层面重视数字化建设，依托海量的业务数据、庞大的客户资源、丰富的应用场景，推进数字化转型。企业于 2003 年构建了涵盖企业经营分析、客户关系、物流管理、风险管理、财务管控、人力资源管理在内的数字化管理体系 N6ERP 系统，在业内率先实现业财一体化目标。2013 年又将 N6ERP 升级到最新的 N8ERP 系统。建发股份多年来持续坚持数字化的全面变革，提出"LIFT 供应链服务"理念，其中"I"代表 Information（信息）。

（二）打造产业互联网平台，推出数字化整体解决方案

建发浆纸产业互联网平台（纸源网和浆易通），推出以交易为核心的浆纸产业数字化整体解决方案，率先实现了将浆纸产业传统线下交易流程中各自孤立的找货源、查库存、询货价、下订单、签合同等多层级的交易环节转变为一体化的线上交易模式。下游客户通过接入纸源网和浆易通，可以直接获取国内外市场全品类优质浆纸一手货源。纸源网和浆易通打破上游到下游的多层级渠道壁垒，同时引入"建发 E 建签"电子签约服务，极大地降低了下游客户在交易前后的时间、渠道、议价、资金等成本。

（三）打通产业上下游数据通道，构建数字化良性生态圈

建发浆纸产业互联网平台推进与浆纸产业链中企业共同制定统一的系统数据标准，形成浆纸产业系统数据规范。上游国际浆厂、中游造纸厂接收全国各地市场销售和库

存信息，结合采购和物流配送实时信息，可以根据大数据实时调整生产计划，对采购、出货规格、数量进行灵活调配，结合人工智能实现采购和生产精准规划。金融机构和物流机构可根据浆纸产业链上企业的需求，结合企业的生产销售信息，提供优质、有针对性的金融服务和储运服务，构建浆纸产业数字化良性生态圈。

传统线下交单模式下，单据流转主要依靠跨国邮件，寄单往往耗时半个月以上，经常出现纸浆货物已到港，但单据还未寄到、货权尚未到手的情况，严重影响了买家和卖家的诚信。建发纸业与国外供应商 Suzano 共同探索电子交单在数字交易场景下的应用，双方完成纸浆首单电子交单，在全球范围内实现电子单据一键快速流转，实现业务零接触、全流程线上化，解决了传统纸质单据寄送耗时长、货到单未到等问题，极大程度地提升了业务效率。

2021 年 11 月建发股份与腾讯达成战略合作，依托建发股份在浆纸供应链领域的专业经验与服务优势，结合腾讯对数字技术的深刻理解，充分共享及整合资源优势，共同打造产业智慧供应链平台，为浆纸产业上下游企业提供全方位、高品质的供应链服务，构建浆纸产业互联新生态。

（四）推动全面数字化变革，提升产业链上中小企业竞争力

浆纸产业链上的中小企业仍存在诸多困难，如资金紧缺、管理粗放、缺乏人才、没有仓储和物流体系、对企业数字化认识度不够、企业数字化建设较为落后等。在全球数字化浪潮的大背景下，浆纸产业链上的中小企业面临着巨大的生存压力。为了提升浆纸产业链上中小企业的竞争力，加快浆纸产业链上中小企业的数字化转型升级，建发浆纸产业互联网平台构建了"浆纸云 ERP""浆纸云仓"等系统，向中小企业开放建发股份在全国的仓储物流资源，使企业能够全面融入智慧供应链和现代产业链，实现企业内及企业之间供需的精准调度和智能优化，解决生产过剩、供给效率低下等传统生产模式无法解决的问题，推动浆纸产业全面数字化变革。

（五）把握市场脉动，整合行情信息，构建信息共享生态

建发浆纸产业互联网平台通过整合并定期发布行情信息，展示浆纸产品外商对华报价和国内报价、供应情况，并提供智能数据分析服务，建设权威性行情、报价和资讯渠道窗口，有效降低了信息来源封闭、分散造成的风险，实现信息共享。用户可轻

松了解各类浆纸产品一手报价和价格变化趋势,实时把握市场脉动,提升产业效率,辅助业务快速决策。同时,其创造性推出独家直播节目《浆将三人行》,定期邀请浆纸产业专家在线分享产业热点,共同探究浆纸市场大势,致力于与上下游携手打造独有的产业信息共享生态。

(六)加强产业数字化风控体系、信用评价体系建设

建发浆纸产业互联网平台构建并完善了浆纸产业数字信用评价体系,推出面向中小企业订货需求的订单融资供应链金融服务。为金融机构提供供应链授信依据,引入金融机构为客户提供纯线上全流程、无须抵质押物、按日计息随借随还的金融服务。该平台采用人工智能、区块链和大数据技术,打造数字化风控体系和信用评价体系,实现浆纸产业交易全程风控智能化。该平台采用区块链技术,构建"建发 E 建签"电子签约平台,为建发浆纸产业互联网平台的核心交易保驾护航;通过"建发 E 企查"智能查询和分析企业基础数据和交易数据,结合"建发 E 风控"实现交易过程的全程实时监控。

三、成效与创新点

建发浆纸产业互联网平台(纸源网和浆易通)作为浆纸产业第三方公共服务平台,依托人工智能、区块链、云计算、大数据等技术,建立创新型浆纸产业互联生态体系,推动传统浆纸产业转型升级、健康发展。

(一)打破信息壁垒,实现上下游企业互联互通

建发浆纸产业互联网平台利用数字化技术打通供应链上下游,使层级更加扁平化,减少流通的环节,打破了浆纸产业上下游企业的信息壁垒,实现了上游供应商、下游客户企业的数据互联互通,推动了上下游贸易便利化,节省了贸易环节中多层级交易带来的费用。通过持续地、针对性地制定线上交易规则并推进数字化交易,建发浆纸产业互联网平台获取实时报价、库存、物流信息,结束了传统贸易中电话询价、订货,流程长、效率低、信息不透明的时代。相较于烦琐的传统纸质合同签约模式,建发浆纸产业互联网平台采用"建发 E 建签"电子签约,大幅提升签约效率及可靠性。平台已完成超十万份电子签约,预计节省打印、快递等成本数百万元,加快了浆纸产业绿

色、高效转型升级的步伐。

（二）"一站式"服务平台"四流合一"，促进企业数字化转型

建发纸业在国内外 40 多个地区设立了分公司，对数字化转型提出了更高的要求。通过整合供应链上下游资源，将商流、资金流、信息流、物流融合进建发浆纸产业互联网平台，将其打造成"一站式"服务平台。企业数字化转型极大地提升了业务和管理效率，提高了资金利用率，降低了交易风险，并提升了市场影响力。

（三）数字化赋能，助力中小企业降本增效

近年来，国内浆纸销售额逐年上升，企业规模不断扩大，业务管理难度进一步提升。"浆纸云 ERP"是基于浆纸产业特性打造的产业 ERP 系统，高度契合浆纸产业，有效地解决了浆纸产业链中商品种类繁杂、手工记账低效且易出错、仓储数据滞后、客户风险额度难管控、不同账期对账难、分切加工低效且损耗大的管理难题。"浆纸云仓"深度结合建发股份在全国的仓储物流能力，在物流仓储、分切加工、配送中心、运输等多个环节形成规模化集约效应，解决了中小企业没有自己的仓储物流体系，而第三方仓储物流体系效率低、更新慢、费用高的两难问题，助力中小企业实现降本增效。

（四）构建数字化风控和信用评价体系，解决中下游企业贸易信任和融资难题

传统浆纸贸易都建立在彼此相互熟悉、信赖的基础上，这是阻碍企业做大做强的一个重要因素。建发浆纸产业互联网平台采用人工智能、区块链、大数据构建浆纸产业数字化风控体系，完善浆纸市场的数字信用评价体系，引入金融机构为客户提供金融服务，已为上百家客户提供 3 亿元纯信用授信，解决了传统中下游企业贸易信任和融资难题。

在当前全球经济大背景下，中小企业生产经营愈加困难，供应链金融服务对于协同上下游企业发展起到了更加关键的作用。2021 年 12 月西安市发生本土疫情，全城按下"暂停键"。建发浆纸产业互联网平台的西安某客户被全员隔离，由于其大部分下游客户没有开通网银，造成企业回款困难，面临现金流断裂风险。建发浆纸产业互联网平台联合银行快速推动线上供应链金融产品优化与服务提升，简化手续、提高效率，

同时开通远程服务功能，实现企业贷款全流程线上办理，最终为该客户获取 500 万元信贷资金，解决了客户的燃眉之急。"零接触""如亲临"的供应链金融服务案例，疫情期间几乎每天都在发生，建发浆纸产业互联网平台灵活应对疫情的供应链金融解决方案得到客户的高度认可。

四、推广价值

（一）助推国内浆纸产业生产要素优化配置

建发浆纸产业互联网平台为中小企业提供优质产品和服务、降低了仓储物流和加工成本，有助于提升中小企业经营能力和市场竞争力；拓宽中小企业的融资渠道，降低融资门槛、服务风险和融资成本。生产要素的合理配置，流通结构和融资结构的不断优化，最终助力浆纸产业供给侧结构性改革，促进实体经济不断释放活力。

（二）创建安全稳定的供应链运营环境

建发浆纸产业互联网平台增强了浆纸产业供应链的弹性、韧性和黏性，支撑了供应链、产业链的安全稳定，促进了我国浆纸产业规模进一步扩大，对于提升我国浆纸产业在全球浆纸产业链中的综合竞争力具有重大战略意义。

（三）提升企业经济资源和社会资源利用率

建发浆纸产业互联网平台通过创新供应链服务模式，更充分利用了企业现有的经济资源和社会资源，提高供应链服务效率。此外，建发浆纸产业互联网平台的建设，为本地区创造了更多高质量的信息产业就业机会，通过引进优秀信息科技人才，带动地区数字经济发展。

企业介绍： 建发股份于 1998 年由建发集团独家发起设立并在上海证券交易所上市，其供应链业务始于 1980 年。企业致力于供应链增值，追求资源共享，合作共赢，为客户提供 LIFT 供应链服务，以物流、信息、金融、商务 4 类服务为基础，为客户整合运营过程中所需的资源，规划并实施供应链运营解决方案，助力合作伙伴降本增效，保障产业链供应链安全稳定，与 170 多个国家和地区建立了业务关系。建发股份下属核心单位厦门建发纸业有限公司注册资本 5 亿元，深耕浆纸行业 30 年，拥有 45 个销售机构和超 5 000 家客户，业务网点遍布全国各地及海外市场。2021 年建发纸业营业额突破 500 亿元，成为目前中国贸易流通领域纸张销量、纸浆进口量和销量全国领先的企业。

17

第 17 章

象屿股份：双网融合，打造多式联运新典范

厦门象屿股份有限公司

厦门象屿股份有限公司（以下简称"厦门象屿"）通过"物流地网"和"数智天网"的双网融合，打造了"物流先导＋智慧赋能＋高度协同"的多式联运模式。通过自有与外协相结合、轻资产与重资产相结合，厦门象屿串联公路、铁路、水运、仓储物流资源，构建了"铁水联运、公路短倒、仓储配套"的多式联运物流骨干网络，形成了三横三纵的国内市场格局，并向外拓展连接国际通路，为产业集群提供综合物流服务和供应链解决方案。同时，厦门象屿运用物联网、大数据和区块链等智能科技为多式联运赋能，围绕在各地产业集群及物流枢纽布局的 40 余个仓储节点和多条国际多式联运物流线路，推进智慧物流服务。

一、行业背景

大宗商品物流供应链是我国物流业发展的重要领域。中国大宗商品物流形成了短期依赖公路运输，中长期致力于提升铁路和水路长距离运输能力的发展格局。发展大宗商品物流多式联运，能够有效解决行业运输成本偏高、运输及作业效率偏低的痛点。

（一）大宗商品物流成本高、效率低、信息化程度低

大宗商品主要涉及煤炭、矿石、化工、电力产业，其核心特点是体量庞大，以吨位计。传统物流模式侧重点到点或线到线的服务，运输工具单一。大宗商品公路货运经营户中个体经营者占比较大，缺乏规模效应，物流成本偏高。受体制机制和运输装卸作业水平的限制，大宗商品物流效率远低于零担、快递及配送领域，且单证、运输工具不统一，环节多，信息化、自动化程度低的特征十分明显。

（二）大宗商品多式联运优势逐显

中国主要矿产资源位于中西部地区，粮食主产区分布在东北地区，制造类企业沿东南沿海布局。如果以先进的多式联运模式为支撑，带动产业链企业协同联动，会在引领传统产业转型升级、向价值链高端延伸中发挥积极作用。

多式联运综合物流解决方案具备产业链条长、资源利用率高、综合效率高等特点，能够整合"公、铁、水"多种运输资源，充分发挥供应链优势，形成陆海联动、内外互济的双向物流发展新格局，推动物流业与农业、制造业、商贸业、金融业等相关产业的高效联动发展。

二、主要做法

（一）基于物流资源构建多式联运"物流地网"

1. 构建轴辐式多式联运物流网络

厦门象屿通过自有与对外协作相结合的方式拓展仓储物流网络布局，形成覆盖东部沿海、中西部大宗商品集散区域的仓储集群。同时，以仓储节点为中心，深化与港口、铁路站点的资源对接，配套布局大宗商品集散枢纽，构建自有及租赁铁路货运场站、集装箱堆场和仓库，满足大宗商品运输线路的集散需求，提高物流发运能力。

2. 打通"公、铁、海"运输渠道

在国内以铁路资源为核心，配套沿海、沿江"T形水域"布局，打通国内核心物流干线通路和网络，贯通中西、串联南北的多式联运物流体系，形成三横三纵国内物流通道。在国际上连接印度尼西亚、越南、泰国、新加坡、美国和新西兰等国际物流节点，通过"公、铁、海"多式联运，构建打通产销地区的物流通路。

3. 公、铁、水、仓物流资源全覆盖

在公路运输方面，线上开发网络货运平台，整合社会车辆 4.7 万辆；在铁路运输方面，15 个铁路货运场站覆盖中西部大宗商品集散枢纽，配套 47 条铁路专用线，形成"山东、河南—新疆""陕西—云贵川"等优质煤炭、铝产品运输线路；在水路运输方面，与招商港口系、山东港口系、中远海系等优质港航企业达成战略合作，新增购置

1 艘自有集散两用船舶，形成"自有＋合作"相结合的水运运力配置；在仓储方面，期货交割库总数量达 11 个，自有及包租管理仓库 40 个，堆场 5 个，准入仓库超 2 500 家。

（二）通过智慧平台打造多式联运"数智天网"

在多式联运"物流地网"基础上，厦门象屿依托自身业务体量、客户资源及丰富的应用场景，探索了利用供应链信息化技术进行智慧赋能。目前行业供应链信息化应用及发展主要体现为 4 个趋势：流程线上化、物流智慧化、资产数字化及生态智能化。

1. 流程线上化——象屿智慧供应链服务平台

厦门象屿构建了以用户数据分析为支撑，公、铁、水、仓物流操作及物流控制为核心的象屿智慧供应链服务平台。为提高物流操作上的单据流转效率，降低失信风险，杜绝萝卜章的情况，厦门象屿与阿里巴巴旗下蚂蚁金服投资的"E 签宝"合作，引入了电子签约功能，打通各业务系统的线下用印流程，实现了全单据流转数字化。同时，厦门象屿利用区块链存证技术，将传统纸质进仓单转移至线上，以信息化方式进行存取，保障了仓单内容及签署方的真实性，使开立、流转流程及客户体验得到了优化。

目前，电子签章技术已结合厦门象屿智慧供应链服务平台，实现了实名认证、电子签署及存证服务，签发后的电子合同、电子仓单、物流指令等具备法律效力且自动进行司法存证，同步通过阿里的区块链进行更高级别的司法存证。

2. 物流智慧化——网络货运平台与仓储设备智能化改造

厦门象屿于 2019 年启动网络货运项目。网络货运平台以承运人身份与托运人签订运输合同，承担承运人的责任与义务，并承担所有交易环节的风险。该平台可整合零散及小型企业、大型物流企业的货源、车辆等资源，提升运输组织效率，提高综合运输服务品质。该平台的搭建将实现业务全程的可视化追踪，并通过统一窗口对司机、车辆进行规范化操作和管理，提高车货匹配效率，同步协同水运、铁路及仓储物流服务，完善和拓展多式联运物流服务网络。

厦门象屿将物联网设备应用于仓库进场、称重、收费、存储等环节，基本已实现无纸化操作的全覆盖，操作人员只需利用手持移动设备扫码进行数据录入，就能实现智能入库、盘货、出库等操作。在货权管控方面，厦门象屿尝试落地了无人机查仓、视频监控识别、红外光栅等技术，通过云端技术对查仓过程及数据进行存储，用户可通过计算机或移动端登录 App 进行实时或往期查询。

3. 资产数字化——屿链通服务平台

在供应链金融创新方面，厦门象屿联合京东，以青岛富源库和巩义象道仓库为试点，创新科技应用场景。围绕塑化、钢材、铝产品，由厦门象屿运营、监管的仓库签发仓单，通过物联网、区块链等技术的综合运用，使该仓单具备金融机构认可的可信物权凭证属性，实现可提货、可转让、可质押（融资）、可赔付等功能，解决了银行对货权来源不清晰、无法有效处置质押物的痛点。

通过打造屿链通服务平台，实现了银行与融资客户之间的信息、资金联通以及"物贸联动"带来的增信和保障等协同效应，解决了客户融资难、融资贵及银行货物监管难、处置难的问题。目前，厦门象屿通过屿链通平台推出"屿采融、屿仓融、屿途融"等产品，与多家金融机构完成系统对接，实现了区块链电子仓单质押融资业务落地。

4. 生态智能化——农业产业级互联网平台

在生态智能化方面，厦门象屿已形成集种肥服务、农业种植、粮食收储、物流运输、粮食加工及农业金融等于一体的服务布局。通过与阿里团队合作，厦门象屿在线上打造了一个串联粮食产业前端、中端、后端的农业产业级互联网平台，在线下组建了全国农业行业第一支互联网地推团队，为农户提供"零距离"服务。厦门象屿通过线上线下结合，实现平台直连农户，解决了农户售粮难、仓储距离远、交易不便的痛点。

（三）基于"物流地网 + 数智天网"的多式联运解决方案

1. 粮食产业全链条多式联运服务

厦门象屿依托产区基地、北港仓库集群以及华南终到港形成 3 个物流核心布局基础，在东北建立了七大粮食基地，具备超 1 500 万吨仓库资源。通过集港铁路、疏港海运两条运输动脉相互串联形成辐射，同时，配套建设内陆公铁联运大通道，构造轴辐式网络，实现了从线到面的北粮南运通道布局。

厦门象屿从粮食仓储向上游种植、下游分销、深加工延伸，通过采销渠道整合、物流体系优化、资金周转效率提升等方式，培养全产业链、一体化物流的综合服务能力，将粮食持续、稳定运输至销区仓库，提升供应链效益。

2. 铝产业链多式联运全程供应链服务

厦门象屿以"沿产业链布局"的思路，结合国内铝土矿、氧化铝、铝锭等市场流向进行物流布局，依托企业中西部沿陇海线等主要铁运线路以及围绕山西、河南、新疆等产业区域的铁路站点布局，实现"公转铁"运输模式调整，已构建"新疆—河南""山东—内蒙古""广西—霍林河"等氧化铝、电解铝的对流大通道。

依托大跨度、多环节的物流服务能力，厦门象屿拓展铝产业业务链条，服务的产品从铝土矿、氧化铝、电解铝直达铝制品，并为各制造环节提供原辅材料供应服务；同时，整合从原矿开采、加工、冶炼到产成品加工、贸易、仓储、分拨、配送等环节的资源和能力，提供生产、流通各环节所需的全产业链一体化服务。现在，厦门象屿已与多家铝业龙头企业建立了稳定的业务合作关系。

3. 黑色金属全程供应链管理服务

厦门象屿选择部分优质钢厂开展深度合作，提供原辅材料采购供应、产成品分销服务。在上游，厦门象屿与港口、铁路局达成战略合作，整合区域内外部公路运输资源，构建港口到钢厂运输干线；在下游，于上海、天津、唐山、临沂等多个核心城市设立钢材安全仓储平台，形成区域物流分拨中心，构建覆盖全国的钢材集采分销网络。通过上、下游平台协同，解决黑色金属产业链客户的痛点和需求，促进了生产制造业和现代服务业的联动融合。

三、成效与创新点

厦门象屿利用多式联运推进运输结构调整，降低社会物流运输成本。多式联运方式下，各个运输环节之间的密切配合，减少了货物的在途停留时间，保证了货物安全、迅速、准确、及时地运抵目的地，降低了货物的库存成本。此外，多式联运多采用不变运输单元进行直达运输，能够减少货损、提高货物的运输质量。在多式联运方式下，一切运输事项均由多式联运经营人负责办理，省去托运人办理托运手续的不便。多式联运采用一份货运单证，统一计费，可简化制单和结算手续，节省人力和物力。同时，一旦运输过程中发生货损货差，由多式联运经营人对全程运输负责，可简化理赔手续，减少理赔费用。

2022 年上半年，厦门象屿在综合物流方面实现了"中国—越南、泰国"国际物流线路运输量 1.08 万 TEU，"中国—印度尼西亚"国际航线杂货租船业务量 118 万吨，长江及沿海 T 形水域运输量超 1 100 万吨；在农产品物流方面，完成各环节业务量 492 万吨；在铁路物流方面，实现铁路发送量 278 万吨，同比增长 13%。

四、推广价值

面对百年未有之大变局，尤其是全球经济变化以及全球产业链的重构，厦门象屿打造了"物流先导＋智慧赋能＋高度协同"的智慧供应链发展之路。以多式联运、一站式的物流服务网络为基础支撑，以数字化技术为优化手段，通过物流资源布局先行突破，以点成线、以线成面，形成网络化物流服务体系；再辅以可视化、可追溯的智慧平台，实现"数智天网"和"物流地网"双网融合，构建了网络化、智能化、协同化的供应链新生态。同时，加强与供应链上、下游企业的协同和整合，完善供应链综合服务体系，促进全产业链上各环节的降本增效、绿色环保、高效发展和技术创新。

企业介绍：厦门象屿是《财富》世界 500 强企业象屿集团的核心成员企业，由象屿集团旗下所有供应链服务相关子公司重组而成，于 2011 年 8 月在上海证券交易所上市，现已形成了金属矿产、农产品、能源化工、新能源等大宗商品供应链服务体系，合作客商遍布 120 多个国家和地区。

18

浙商中拓：聚焦"三化"建设，促进大宗商品供应链数智化发展

浙商中拓集团股份有限公司

浙商中拓集团股份有限公司（以下简称"浙商中拓"）作为生产资料供应链管理集成服务商，聚焦于赢利模式单一、信息化建设缺乏、成本控制困难、风险管理能力弱等行业痛点，制定"管理信息化、商务电子化、产业联网化"的数字化建设方针，研发了 CRM、WMS、TMS、PRM、IC 等多个信息系统，实现经营管理中关键环节的全覆盖，保障管理决策及时化、业务流程线上化、数据分析可视化、交易下单自助化、期现结合数字化、客户评估全景化。此外，浙商中拓依托强大的供应链集成服务和风险管控能力，联合产业链上下游核心企业，加强各方在资金、资本、信用等方面的合作，以"天网地网"建设为抓手，引入银行等资金方，输出货物监管、价格盯市、变现处置等服务，共同打造产业链生态平台，扩充主体信用，做大业务规模，实现"全行业、全链条"的共赢。通过智能融合公司全国线下网络和产业平台，有效协同整合社会仓储、运输及加工等资源，为产业链客户提供更为安全、高效、便捷、多元的全链条集成化管理和一站式服务。

一、行业背景

随着物联网、大数据和人工智能等新兴技术的快速发展，信息通信技术亦成为我国创新驱动的新动能。其作为数字化转型的核心驱动着各行各业向前发展，也给大宗商品供应链行业和企业带来了历史性的变革和深远影响。

（一）行业发展现状

当前全球贸易处于百年未有之大变局。在贸易摩擦和数字化转型叠加下，全球贸易在需求、供给及形式上发生了历史性的变革。全球产业链、供应链紊乱，断链风险不断加大，供应链的布局开始由全球化转向区域化、本土化。各国开始逐步转移海外供应链，优先保障国内产业链的健全和稳定供给。我国政府出台多项政策保障国内供应链的稳定，同时明确提出推动供应链产业数字化建设，提升供应链企业快速响应需求的能力，构建灵活的、韧性的供应链以适应变化。

（二）行业痛点

1.赢利模式单一，信息化建设缺乏

相比国际先进的大宗商品企业，我国大宗商品业务以简单贸易为主，业务领域狭窄，赢利模式单一，经营管理落后，信息化建设缺乏。而随着大宗商品供应链的快速发展和产业透明度的提升，单纯靠贸易生存的大宗商品企业空间正在不断受到挤压，逼迫大宗商品企业从传统贸易商、流通服务商向大宗商品全要素产业生态圈构建者转变。

2.成本控制困难，风险管理能力弱

传统的供应链企业因其难以保证充分的数字技术赋能，往往面临着如下挑战。其一，成本控制困难。减少资源占用和提升作业效率一直是供应链降低成本的路径之一。但传统供应链由于普遍缺乏数字技术的应用，难以真正实现供应链上所有成员的信息共享。当供需关系发生突变时，供应链上下游企业之间的业务活动难以协调甚至造成脱节，使业务活动由互相连接变成了各自为政，不仅导致可控性差也造成了高额的成本。其二，风险管理能力弱。一方面，传统供应链管理过程烦冗和信息编码标准化程度低，以至于缺乏市场敏感度。另一方面，由于企业性质和生产过程的相异，传统供应链因数字化缺失可视化程度低，成员间在价格、成本和风险等方面相互挤压十分突出，形成供应链潜在风险。

二、主要做法

浙商中拓的数字化建设贯穿公司发展历程，累计投入资金3亿余元。尤其进入"十三五"以来，公司积极调整数字化发展方向，加大数字化投入，运用信息化、数字化手段，围绕助力客户的深耕细作，赋能业务发展，助力核心竞争力的塑造。

（一）明确"数字中拓"发展战略

2019年，浙商中拓提出建设"数字中拓"信息化发展战略，并聘请了全球知名咨询公司德勤（Deloitte）开展数字化的发展规划。规划明确，在未来5年，浙商中拓将通过筑基速赢、融合互联、智能生态3个发展阶段，搭建一个基于数字资产运营的数字化供应链生态，同时打造三大中台（业务中台、数据中台、技术中台）和三大能力（集成服务能力、智能风控能力、数字创新能力），为公司成为"具有核心竞争力的产业链组织者和供应链管理者"提供技术保障。

浙商中拓在10余年信息化建设及应用经验基础之上，借鉴全球行业内最佳实践，总结提炼出符合公司发展的"三化"理念，即：管理信息化、商务电子化和产业互联网化。其中，管理信息化即重点推进公司内部信息化建设，以风险管控、效率提升和决策支持为目标，助力公司内部运营管理提质增效；商务电子化即重点关注公司主要业务的线上交易和运营管理，助力实现与上下游客商的紧密高效协同，提升公司供应链服务能力；产业互联网化则是以自身资源和优势整合行业资源和要素，推进供应链行业的一体化和数字化，推动平台化战略稳步实施。

（二）完善组织和保障机制

为保障公司数字化建设的落地执行，浙商中拓积极推进组织架构变更。2020年6月，基于"数字中拓"提出打造三大中台、塑造三大能力、构建一个生态的"3—3—1"的发展方向，组织成立数字科技部，重点解决当前在总部层面缺乏数字化架构管控的问题，进一步深化"管办分离"，保障"数字中拓"落地。同时，明确了"数字化委员会—数字科技部—信科公司"的数字科技管控体系，从组织建设层面提供了保障。此外，还强化了公司自主技术研发团队，技术团队共拥有120余人，专业产品经理团队30余人，全面支持公司"三化"建设的落地执行。

（三）全面布局开展"三化"建设

1. 夯实内功，强化管理信息化

浙商中拓基于内部管理水平提升需求，推进公司以职能部门管理为主的内部信息系统建设，提出管理信息化建设，以期为经营管理提供数据赋能和决策支持，为业务

195

管理提供高效操作和体验，推动公司整体运营管理的提质增效，建设"学习型、创新型、服务型、责任型"的管理总部。

在风险管理方面，浙商中拓加强对客户、仓储、运输、价格、经营合同等全方位的风险管控。并从 2016 年起，相继自主研发了客户关系管理（CRM）、智慧仓储系统（WMS）、物流运输管理系统（TMS）、价格风险管理（PRM）、智能合同（IC）等信息系统，形成对日常经营管理中关键环节的全覆盖，有效实现管理决策及时化、业务流程线上化、数据分析可视化、交易下单自助化、期现结合数字化、客户评估全景化等。

客户资信风险往往会给业务的正常运营埋下重大隐患，为此，公司推出的客户关系管理系统涵盖客户准入、客户识别、客户日常管理、客户授信管理、客户评级的各个维度。此系统通过接入公司内部 SAP 等经营管理数据以及企查查等外部征信数据，综合构建客户画像，提升客户风险识别及防范能力，助力公司及各业务部的客户精细化管理能力。

物流运输管理系统是整体运营调度、运输在途管理的重要支撑。系统支持股份公司下分 / 子公司的工程配送业务、电商订单配送业务、仓储配送业务，以及基于大宗商品制造商的供应链上下游的配送业务。同时，与浙商中拓现有 CRM、SAP、WMS、OA 等系统的无缝集成，实现物流、信息流、单据流的互联互通，满足了运输作业过程的无纸化运营、物流费用的自动化结算，响应了物流精细化运营的需求，加强了公司对在途货物的管控。

价格风险管理系统为浙商中拓价格风险管控及行情研究的核心产品。浙商中拓通过构建的信息化、数字化能力，实现行情研究、策略制定、策略执行及效果评定的闭环管理，更好地应对不断变化的市场，提升公司期现结合业务的实力，识别经营中存在的风险、发现市场中存在的机会；利用信息系统优势，克服头寸及价格风险管理的随意性，提升公司价格风险管理的决策水平以及纪律性，提升价格风险管理效能，持续提升公司对市场机会与威胁的研判能力及风险对冲能力。

智能合同系统是合同风险管控的核心产品，是浙商中拓合同全生命周期的管理系统，包括合同模板、合同制作、审批、合同比对、跟踪执行、合同测算、合同分析，并对合同进行系统性、动态性的全过程管理。该系统注重履约全过程的情况变化，及时对合同进行修改、变更、补充或中止和终止；通过信息化手段，将合同要素结构化，对合同进行智能化动态跟踪管理。

2. 做强业务，推进商务电子化

商务电子化是数字化改革的重点工作之一，目的是推动企业内外部信息资源的互联互通互动，促进业务的高效运营和管理。具体来说，公司积极推动工业服务综合体、无人仓、物联网创新等项目的数字化、智能化建设，形成了以工业服务综合体为代表的商务电子化成果。

2019 年，公司基于产业链上客户多种类、大流量的服务需求和自身多元化的供应链集成服务经验和能力，立足"天网地网融合发展"的良好基础，提出"工业服务综合体"概念，并在山西省临汾市打造了第一个实体试点项目——晋南工业服务综合体。该项目以打造钢材智慧仓储加工服务中心为依托，通过集约化运营，为客户提供集智能仓储、钢材销售、直发配送、智慧运输、剪切加工、物流金融、电子商务等为一体的供应链集成服务。

为实现项目"标准化、信息化、连锁化、品牌化"的经营目标，公司派驻自有技术团队中拓信科，通过综合应用信息化技术、物联网感知与可视化建模技术，从技术上实现仓储、运输、加工、物流金融等供应链集成服务节点智能化、协同化、标准化。

智慧仓储平台是晋南工业服务综合体的核心仓储配送系统，系统集成了在线预约、电子提单、PDA 无纸化作业、自动化计费、客户网单、移动云仓、集成服务七大场景，实现了从钢材入库到出库的大部分操作环节的线上化、自动化和可视化，大幅提升了仓储效率，降低了仓储成本。同时，晋南工业服务综合体综合应用信息化技术、物联网感知与可视化建模技术，实现了一物一码的精确化管理和全过程轨迹监控，订单处理、配货效率极大提升，达成项目 500 千米范围内 24 小时送货上门，充分满足周边西安、郑州、太原等区域客户的全品类钢材需求。

晋南工业服务综合体为相关货主单位、提货单位、监管单位等都提供了中心门户、移动 App、小程序、自助终端等操作工具，大幅提升运营效率和用户使用体验。服务平台还向产业链上下游的钢厂、贸易商、金融机构等开放平台接口，将关键的商品购销数据、库存数据、运输数据、结算数据、电子单据等进行传输及回传，相关单位可通过平台系统对客户、交易、仓储、运输、市场、结算、单据等信息进行动态追踪。平台所构建的商流、物流、资金流和信息流实现了连接闭环，连接贯通了供应链上下游各个环节，提升了供应链的运营效率和质量。

3. 践行企业使命，聚焦推进产业互联网化

浙商中拓基于自身业务发展提出产业互联网平台化战略方针。作为提供供应链集

成服务的主体，浙商中拓充分发挥产业链组织者和供应链管理者的优势，依托强大的供应链集成服务和风险管控能力，联合产业链上下游核心企业，加强各方在资金、资本、信用等方面的合作，共同打造产业链生态平台，扩充主体信用，做大业务规模，实现"全行业、全链条"的共赢。

物流金融平台是浙商中拓践行平台化战略，探路产业互联网化的成功范例，也是顺应行业发展需求，解决行业痛点，实现产业链共赢的创新举措。物流金融平台是浙商中拓以自身供应链集成服务能力与风控能力为基础，以天网地网建设为抓手，引入银行等资金方，输出货物监管、价格盯市、变现处置等服务而打造的集金融模式、风险监管、技术赋能于一体的金融科技平台，致力于成为连接大宗商品行业流通环节资金方与资产方的桥梁。

浙商中拓打造的物流金融数字平台重点关注融资企业和银行两个方面的核心需求。一是为拥有存货，却缺乏固定资产抵押、获得贷款难、担保难的中小流通商提供便捷、低成本的融资渠道及配套供应链服务，帮助客户解决资金痛点，改善现金流，提高存货周转率，提高杠杆率，扩大经营规模；二是帮助银行吸引和稳定客户，优化银行的资产分布，增强风险管控能力，获取贷款收益。基于这两个方面的功能要求，浙商中拓规划了如下所示的物流金融平台体系。

一是充分利用物联网、区块链等技术。通过区块链、物联网等技术搭建基础底层平台，打造"中拓链"，赋能物流金融平台。数据交换平台通过物联网感知提升全程风控能力，确保项目的可拓展性、开放性、安全性及先进性。

二是规划智慧仓储支持平台。这一系统覆盖了从入库、盘点、库存到出库的全过程监管。在底层物联网技术集成应用支撑下，通过对各项操作规章、管理制度、管理办法和要求的统一贯彻，实现了仓储过程的集中管控。系统为货主、银行、仓储方等提供操作接口，实现仓储监管环节的在线操作以及信息实时反馈。

三是规划业务及数据支持平台。重点打造物流金融平台业务核心功能及数据服务功能，包括银企直联、质押监管、盯市管理、仓储管理、物联网监管等子系统，通过贷前、贷中、贷后流程打造，实现融资单据、质押、放款、还款、解押、发货全生命周期管理，满足业务在线的同时，达到风控及管理的要求。

四是规划门户支持平台。面向供应商、客户、银行等其他外部机构，构建金融服务生态平台，为融资方、监管方提供便利的全程线上服务门户，与资金方系统连接并提供增值服务，全面提升融资方、资金方的服务体验，提高物流金融业务办理效率。

三、成效与创新点

"数字中拓"是浙商中拓践行"让产业链更集约、更高效"的企业使命的体现，通过数字赋能，为公司业务发展注入更多智力资本。公司创新商业模式，丰富利润来源，推动核心竞争力提升。从 2011 年开始，浙商中拓坚持每年投 2 000 万～3 000 万元用于系统开发，至今累计投资已达 3 亿余元；"十四五"期间，公司将持续投入 3 亿～5 亿元推进"数字中拓"建设。浙商中拓坚持自主搭建技术研发团队，以自主开发为主、外部支撑为辅的模式开展信息化建设，培养专业的服务于大宗商品供应链的技术团队，推进公司信息化建设的持续健康发展。

（一）管理信息化实现公司经营管理水平有效提升

一是业务场景化，操作高效。管理的信息化消灭了手工台账和系统间断点，减少数据报表整理工作的人工投入，简化数据录入过程，全面提升供应链管理服务效能；同时，根据事业部个性化业务场景流程，满足用户个性化作业需求。

二是管理在线，数据决策。内部管理的信息化构建了集团级、事业部级、经营团队级多层级的实时数据可视化体系，通过全流程经营管理数据的穿透及经营分析指标体系的建立，实现精细化管理，为公司的经营管理提供决策支撑。

三是强化风控，精细化管理。通过客户、仓储、物流、价格等各个系统的实时在线监管和操作，打造数据驱动的可视化风控体系，实现了业务流程中各个风险管控点和管控过程的全面线上化。公司可根据对客户资信、合作情况、客户风险、合同状态、销售情况、回款情况、库存货物、库存逾期、资产与负债、资金占用等数据的分析，从而对业务风险进行精细化管控，降低行业供应链风险。

（二）工业服务综合体推进供应链服务高效集约

一是高效智能的集成服务。浙商中拓工业服务综合体充分应用了物联网智能物流技术，面向产业链提供购销、仓储、运输、加工、金融、MRO（维护、维修、运行）等供应链服务，为客户打造一体化解决方案，实现供应链管理的集成化、智能化、协同化，使供应链达到系统性的降本增效。在促进钢厂和终端客户高效对接、互利共赢的同时，加快推动钢铁行业由制造业向加工服务业转型。

二是开放共享的服务平台。工业服务综合体在物流、金融、加工、生产等各个环节向社会开放，通过合作、合资等方式充分吸纳整合社会优势资源，充分发挥合作伙伴的资源和能力优势，共同打造共荣共享的生态平台。

三是安全便捷的服务保障。通过晋南工业服务综合体的公共服务平台，客户可实现一站式采购，服务过程不限重、不限时。同时，通过平台大数据分析，可实现价格准确透明，为各个终端客户和钢材市场提供价格决策依据。

浙商中拓工业服务综合体项目已分别打造了晋南工业服务综合体、华东不锈钢工业服务综合体、冀东工业服务综合体（在建），并获得了多项荣誉。2021年，晋南工业服务综合体业务降本增效成效显著，全年实现吞吐量近180万吨，人均作业效率提升近4倍。

（三）物流金融平台是推动产业互联的重要尝试

物流金融平台以现有内部系统为基础，打造统一的业务操作系统，为融资方和资金方提供全方位服务、全生命周期风控管理体系，保障"货物真实、货权清晰、货值可靠"。这解决了行业的关键痛点，防范假仓单、一货多押、重复质押、货物丢失等行业的问题。

同时，浙商中拓以数字化技术和方式，对业务场景进行了变革和创新，通过流程优化、能力重塑和产业生态重整，实现了业务线上化、风控智能化、产业互联网化协同，成为综合性平台。

业务线上化。开发产融服务平台，以用户为中心优化和改造外部金融门户平台，为外部用户提供仓单、融资、提货、风险监控等便捷服务。

风控智能化。"物联网＋互联网＋大数据"相融合，嵌入智能化软硬件，促进仓储体系的全流程数字化转型，满足物流金融业务的监管和风控要求。

产业互联网化。为融资方、资金方提供融资全程线上服务门户，包括：融资方可查询放款情况、还款情况、质押货物等情况；资金方可查询客户情况、仓库信息、押品信息、视频查仓、价格盯市等信息。

基于物流金融平台，浙商中拓已经与12家银行展开合作，授信近70亿元，服务客户超过200家，累计用信超过100亿元，为行业企业融资和发展提供了有力支持。

四、推广价值

（一）数字化建设，推动流通企业转型升级

浙商中拓数字化建设从公司发展战略层面部署，从顶层设计开始逐层落实，重塑了供应链管理流程，实现流程再造以及线上化。全流程的信息化覆盖，有效地提升了公司整体供应链服务的运营管理效率，支撑公司科学决策科学管控，同时实现了风险管控模式的升级。

（二）平台化模式，加速产业链互联互通

浙商中拓秉承"合作共赢、开放共享"的理念，打造多元化的平台接口，将平台各项信息数据向相关企业开放。其搭建联结四方的协作机制，推动流程畅通、数据联通、系统相通，拓展了服务渠道与服务模式，促进了多业务的深度整合，提升了面向客户提供一站式服务的能力，加速实现产业链的互联互通。

（三）推动数字技术与供应链服务、产业、金融的融合

浙商中拓通过物联网技术在工业服务综合体仓储、运输、管理业务领域的应用，区块链＋物联网技术在物流金融、票据业务、商业保理等方面的应用，解决了产业链参与者之间信息不对称的问题，大大提升了核心企业信用效力，促进供应链业务有效开展；同时，信息技术的应用帮助中小企业解决了融资发展问题，降低了融资成本，也提升了银行监管效力，为解决行业发展痛点问题提供了有效尝试。

企业介绍：浙商中拓是浙江省交通集团旗下国有控股上市公司，定位于现代服务业中的生产性服务业。公司主要经营品种包括"黑色"（钢材、煤炭、铁矿石等）、再生资源（废钢、废不锈钢等）、有色金属（镍铁、不锈钢等）、能源化工（成品油、甲醇、乙二醇等）、新能源（硅片、支架、组件、电池片、光伏电站等），覆盖细分品种几十余种，经营网络遍布长三角、珠三角、环渤海、中西部等全国主要区域，业务覆盖东盟、南美、非洲等60余个国家和地区。

19

中铁物贸：构建大宗物资交易平台，
　打造建筑业供应链精益管理新典范

中铁物贸集团有限公司

中铁物贸集团有限公司（以下简称"中铁物贸"）围绕大宗商品交易，运用物联网、大数据等新技术实现供应端与终端客户供需的精准匹配，构建"需求管理、寻源招标、供应商管理、资源组织、网上商城、履约支付、财务结算、供应链金融"等全维度、全流程的生态化聚合供应链平台，发挥在供应链中的主导作用，将所有业务和管理数据最终沉淀至数据中台，经过整合、分析确保供应链的稳定安全和整体效益的不断提升；并通过"集采分供、配供配送、增值服务"物流模式，"大平台＋小前端"集成化平台化运营模式，完成从采购执行到最终支付结算的大宗商品"端到端"供应链全生命周期管理，打造出建筑业供应链精益化管理服务的新典范。

一、行业背景

建筑业供应链具有项目建设周期长、资金周转慢、沟通成本高、管理效率低、供应链条长、整合复杂性强等特征。数字化、智能化是建筑业供应链发展的必由之路。当下建筑业供应链管理创新主要围绕建筑材料流通而建设产业供应链平台，大部分平台的战略路径都是向供应链数字化转型，结合实际业务场景，落实敏捷化、生态化和平台化的实施路径，从采购侧着手，向上下游延伸，加强建筑材料供应商、施工企业、金融物流仓储服务企业的协作关系，不断优化供应链全过程管理，实现端到端贯通，促进供应链可持续发展，进而提升建筑企业的核心竞争力。但是，建筑业供应链在发展过程中仍存在以下主要问题。

（一）供应链网链结构庞大，协作难度大

建筑业供应链存在于"从投资策划、项目设计、工程施工到交付验收，再到运维

服务"的全过程。其过程中参与方多，网链结构复杂且庞大，从企业内部来说，集团公司、工程局、三级公司、项目部的组织架构层级复杂，提升供应链敏捷性难度较大。从企业外部来说，大多数建筑企业目前正在精干主业、分离附属，从而引发了大量整合外部资源的需求。而围绕工程项目的外部资源如设计方、施工方、监理方、供应方等都有各自的利益诉求，想要整合协同众多供应链参与方的需求也绝非易事。

目前建筑业供应链的数字化主要集中于采购侧，不断出现的供应链平台大多是建材的供需对接平台，其他供需环节的信息化发展尚未完全实现全流程、端到端的贯通。此外，资源渠道繁杂、建材质量保障要求、信用体系建设问题以及供应链的动态变化，包括需求计划的频繁变动、临时采购等，尤其考验供应链的敏捷化和稳定性。因此建筑业供应链在供应链精益化管理所倡导的资源整合、相互协作上有着很大的提升空间。

（二）上游厂商不确定性强，数字化发展不平衡

打造高效协同的供应链生态圈，与上游供应厂商平台对接是大多数建筑业供应链平台的首要选择，尤其是钢铁、水泥等大宗物资厂家。上游供应厂商受到不确定性因素，如行业产能调整、原材料价格波动、政府环保限产，供应链稳定性面临考验。为了加强供应链弹性建设，钢铁、水泥等行业纷纷构建电商供应链生态体系，然而这些厂商仍然存在生产经营方式传统、产业智能化程度不均衡的情况。钢铁电商平台建设主要集中于长三角、北京、珠三角等经济发达地区，也是互联网交易较为发达的地区。但由于部分电商平台因资金和规模投入问题，服务和功能具有一定的局限性，不能支撑完整、多样、多选择的业务流程。而水泥、辅材等建筑材料因地域、需求限制的因素，信息化程度比钢铁行业更低。

因此，在建筑业供应链平台向上游对接的过程中极易出现无法满足同一区域的供应厂商全部接入平台，传统业务模式和线上业务模式并存，不同供应厂商能提供的服务、功能不一的情况。数字化供应链发展较好的钢铁厂家，可以实现供给资源线上配置、自有物流可视化、货物签收单据共享、可支配资金实时查询、线上结算单生成等功能。

（三）建筑业终端客户需求把控难度大

建筑项目所需的物资品类数以万计，建筑材料品牌、规格繁多，标准化难度大。

而建筑企业的物资人员在专业技能和配备人数上都难以支撑高质量、高效率的品类采购，因此采购日常工作往往向上游转移，紧急采购也时常发生。由于建筑业供应链条较长、沟通成本较高等因素，供需双方信息共享不够及时、畅通，企业对终端客户的采购需求把控难度加大。

受宏观经济环境影响，建筑业各方资金回款压力增大，终端客户加强了对成本的控制，回款的履约能力弱，而上游厂商对资金付款条件要求严格，导致中间环节的物资贸易企业面临的资金压力巨大。因此企业对于财金资源和成本的把控难度也不断上涨，迫切需要加强精益化管理，借助数字化手段促进供需匹配、资源整合。

二、主要做法

近年来，中铁物贸积极寻求数字化转型，建设大宗物资交易平台，向平台服务型企业升级，全方面多角度发力，层层压实供应链发展基础。

（一）建设数据中台，实现数字化全生命周期管理

中铁物贸通过数据技术建设数据中台，对海量数据进行采集、计算、存储、加工，同时通过数据治理，统一数据资产的标准和口径。数据中台把数据统一后，形成标准数据指标、数据主题、数据接口，为客户提供高效服务。

中铁物贸数据中台通过数据治理，集成了供应链各业务系统的关键业务数据；形成了中铁物贸的资产目录及数据标准；完成了数据源、数据集成平台、智能数据湖、数据治理中心、数据开放平台、数据应用等功能的搭建；实现了从数据采集、数据汇聚、数据加工，到数据消费的数据全生命周期管理。同时，为持续提升中铁物贸数字运营服务能力，中铁物贸搭建了"智能运营指挥中心（IOC）、供应商 365 画像、数据地图"三大应用，提升了数据使用能力，延展了数据助力业务的深度和广度。中铁物贸通过持续夯实数据架构、落地数据治理体系，提高了数字化能力，支撑了大宗物资交易平台项目。

（二）打造大宗物资交易平台，提供一体化、全流程供应链服务

中铁物贸大宗物资交易平台面向中国中铁内部及外部市场客户提供交易服务、物流服务、仓储服务及供应链金融服务等一体化、全流程供应链服务。平台业务贯穿了

大宗商品供应链的资源端、运营端、支撑端（仓储、物流、供应链金融等服务）和终端，覆盖钢材、水泥、钢轨、道岔和二三项料等物资品类，支持终端直采、现货交易、产能预订、撮合交易四类业务模式，并提供第三方物流服务等多种增值服务。

流程全线上。交易全业务流程线上化，防止线上线下脱节。大宗物资交易平台的核心目标是要通过联通产业链上下游企业，建立以商品中心、互动交流、物流追踪、结算支付、增值服务等为核心的综合服务能力，实现大宗商品订单、统筹、排产、配送、签收、结算的全流程线上化，最终在平台完成货物流、资金流、票据流、信息流的在线闭环管理。

资源全透明。交易平台应依靠真实的优势资源渠道，形成行业价格标杆，实现资源透明，为客户提供可自主筛选区域和物资品类的在线交易模式。

服务全方位。平台业务贯穿大宗商品供应链上下游。背靠中国中铁建筑业实体产业，中铁物贸大宗物资交易平台面向中国中铁内外部市场需求，开展建筑业大宗商品全流程供应链服务业务，重点是提供完善的采购融资和物流交付等服务功能，满足客户个性化需要。

应用全覆盖。中铁物贸通过平台建设运营加速推动数字化转型，带动业务管理模式变革、营利模式创新和供应链体系重构，使企业具备为内外部用户提供供应链数字化解决方案和产品服务的能力。

（三）提升既有平台系统服务能力，实现全标的、全类型、全流程线上管理

为了满足企业数字化、平台化转型与提升的要求，中铁物贸对中铁鲁班采购电子商务平台进行了全面升级。以云应用化、一体化、智能化为总体设计思路，以中国中铁采购发展战略为指导，公司打通了从计划、寻源、合同到执行结算的采购全流程，实现了全标的、全类型、全流程线上化管理，且能够支撑多组织形式集中采购模式，实现了多应用对象一体化协作，以历史积累数据及采集的外部数据为基础推进大数据分析，优化信息交互与共享以提高采购作业效率，并通过平台实现采购模式创新及价值提升。平台采用微服务架构模块化思路设计柔性化系统来适应未来多变性，能够提升平台的灵活配置能力，以适应不同行业的业务场景。

同时，中铁物贸推动了中铁物贸业务持续计划（BCP）系统、财务共享系统、鲁班供应链金融服务系统的迭代升级，以适应企业商业模式、业务模式和运营管理模式的变

革创新，满足大宗物资交易平台的支撑需要，推动了企业以数字化、信息化赋能传统贸易转型升级，提升了企业为内外部市场客户提供一体化供应链集成服务的水平和能力。

（四）借助信息化手段，深化供应链精益化管理

借助信息化手段，中铁物贸在可支配财金资源条件下，综合考量上游资源管理、下游信用评级、资金安全、物流跟踪、供应链安全、市场维护等约束条件，智能匹配供给需求，实现资源最优化配置。同时，中铁物贸辅助企业上游管理、信用管理等决策，促进企业成本管理、资金管理、信用管理、客户管理的持续优化，减少因经验主义导致的利润流失和操作风险，提高企业内控管理水平，提升供应链稳定性和安全性，达到综合效益和供应链整体绩效最大化。同时，中铁物贸优化全国布局，增强地区协同，加强区域一体化运作能力，强化中铁物贸在供应链网链结构中的"核心"地位。

（五）数字化思维助力数平化转型升级，推动组织机构变革

中铁物贸通过成立数字化运营中心、数据管理中心、供应链金融事业部、供应链创新研究中心等专门机构，给区域经营中心赋能，梳理各自工作职能，加强工作协调；配齐配强专职人员，加强数字化专业人才的引进与培养，打造复合型、领军型、未来型数字化人才队伍；开展全员数字化专项培训，促使各级管理人员与业务人员的思想观念从传统业务思维转变为供应链思维、数字化思维、平台化运营思维。通过组织机构变革，中铁物贸不断适应数平化转型升级后的企业发展。

（六）突破数字化转型瓶颈，承担供应链创新与国际标准制定责任

中铁物贸作为全国供应链创新与应用示范企业，与中国物流与采购联合会共同制定《供应链管理第 1 部分：综述与基本原理》《供应链管理第 2 部分：SCM 术语》《国有企业网上商城供应商服务规范》等一系列供应链相关的国家标准、行业标准及团体标准，为企业突破数字化转型瓶颈奠定坚实的理论基础。

三、成效与创新点

（一）主要成效

中铁物贸通过企业数字化转型升级，提升企业自身的竞争力与发展动力，促进建筑业供应链发展，推动供应链上下游有效融合，促进稳链固链强链补链。

1. 推动企业高质量运转

自开展数字化转型以来，中铁物贸全面加强供应链集成服务能力建设，培养专业的人才队伍，完善服务网络，构建专业的供应链集成服务保障能力。中铁物贸通过发挥需求规模优势，开展以战略采购和厂家直采为主要方式的集中采购，形成了资源优势，构建了强大的供应链整合能力。同时，通过大数据运用、平台建设、信息系统在业务环节全面应用及各系统的互联互通，企业数字化运营能力不断加强，推动企业在数字化转型的道路上快速发展，实现了供应链服务全流程管理。

2. 引领同行业良性发展

中铁物贸提出"业务思维向创新思维转变、集采地位向市场地位转变、优质服务向品牌服务转变"的目标，推进建筑业大宗物资交易平台建设，突破企业发展瓶颈，实现创新、创效、创誉，持续转型升级。作为唯一一家建筑业供应链企业入选第一批全国供应链创新与应用示范企业名单，树立了行业内的引领地位，推动行业发展。

中铁物贸以"数平化转型升级"为目标，以"纵向深入采购产业链、横向开拓服务场景"为手段，定位于供应链资源配置枢纽，提升业务协同和资源整合能力，打造了具有独特价值的建筑业供应链服务生态。

在信息化建设方面，中铁物贸按照"连接、协同、共享"的理念，利用完全自有知识产权的优势，构建了以"鲁班采购电子商务平台、中铁智链协同中心、电子招标中心、业务协同平台、财务共享中心"为核心的"智慧物贸"供应链平台。中铁物贸所有业务管理全部实现了线上运行，达成了"业、财、资、税"一体化目标。

在资源渠道建设方面，中铁物贸依托中国中铁强大的终端需求和资源优势，开展与上下游客户的战略合作，与国内外重要资源厂家、建筑央企、知名互联网企业建立战略合作关系，拥有优质的建筑业产业链战略资源，提升了市场竞争力和客户体验。

3. 推动供应链优化整合

中铁物贸打造的鲁班平台已拥有系统认证供应商 25 万家、活跃交易供应商 5 万家，与多家供应链上下游企业及物流、金融合作方系统对接，实现数据共享，为用户提供全产业链的电商服务，并构建了基于电商平台的信用通道，为供应链金融服务打下基础。在服务模式、流程设计、处理方式及约束机制等方面，中铁物贸提出具体优化的办法，在风险可控的前提下切实提升用户服务效率，促进了建筑业供应链的整合，推动了供应链上下游企业的融合发展，构建了智慧供应链生态圈。最终，实现了供应链安全和整体绩效提升，为供应链健康发展提供了根本保障。

（二）创新思路

1. 全流程一体化服务

大宗物资交易平台融合了采购、仓储、物流、金融等功能。一方面，用户可以体验到高效、敏捷的供应链一站式服务；另一方面，平台可以为用户提供坚实可靠的供应链基础设施服务，拓展出更多行业的标准化解决方案，不断吸引更多的用户群体流入平台。

2. 单环节可拆分运营

用户根据自身的实际需求和资源情况，选择性地使用其中的某几个子系统任意结合，使平台资源与用户资源之间有效匹配。依此，平台向用户提供定制化的供应链服务和产品需求解决方案，充分满足其需求。满足不同用户个性化、定制化的业务需求，可以提升平台的易用性，在用户群体中不断扩大影响力及知名度，多维度获取用户群体，为平台的快速发展奠定良好基础。

3. 前沿技术创新融合

在大宗物资交易平台和物联网技术融合方面，通过自动采集车载诊断系统、GPS、载重感知器、摄像头等物联设备，企业可以实现物流监控、过磅监控、电子围栏等。

在大宗物资交易平台和 RPA 技术融合方面，设计了对账机器人、开票机器人等 RPA 应用，7×24 小时不间断作业。

在大宗物资交易平台和移动端融合方面，为随时随地办理大宗贸易业务，大宗物资交易平台规划了小程序、公众号、App 移动下单、移动签收等功能。

在大宗物资交易平台和区块链融合方面，大宗物资交易平台将区块链技术应用于合同存证保全及验真、电子签章与存证、供应链金融等业务领域。

在大宗物资交易平台和 AI 技术融合方面，大宗物资交易平台将 AI 技术应用于电子合同的多场景签署、物资签收、支付转账凭证管理、结算发票。

四、推广价值

中铁物贸以"数字化转型升级"为支撑，加速数字技术与供应链的深度融合，实现供应链创新与应用。

（一）积极探索"横向协同化、纵向一体化"供应链服务生态

从采购侧出发，向上下游延伸，梳理供应链条。一方面，通过建设数据中台和大宗物资交易平台，将企业线下业务全面迁移至线上，用平台替代大量基础数据和台账报表的人工机械统计，实现数据贯通；另一方面，通过大宗物资交易平台，连接上游资源和下游终端客户，加强从终端客户需求到供应链上下游各环节的信息对接，从而实现短链化，减少沟通成本。

（二）提供供需智能匹配与决策参考，实现供应链整体效益最大化

利用信息化和大数据手段，为区域经营中心提供在各种保障供应链安全约束条件下的供需智能匹配与决策参考。一是创新评价体系。基于中铁物贸长时间积累和数据中台治理后的大量业务数据，完成供应商和终端客户全息数据整合与应用，建立供应商 365 画像和终端客户信用管理体系，为中铁物贸提供业务决策支撑。二是推动供应链行业标准化建设。中铁物贸在鲁班电商业务（电子采购和 MRO）具备较高的标准化程度，为建筑业电商业务提供成熟经验。中铁物贸逐步孵化和推行大宗商品线上交易业务，为建筑业供应链企业的转型升级提供一条数字化之路。

企业介绍：中铁物贸是中国中铁股份有限公司的全资子公司，立足于建筑业供应链领域，致力于提供一体化物资供应服务和产品需求解决方案。中铁物贸在全国范围内设 14 个分 / 子公司和 70 余个区域经营中心，建立了深圳、昆明、上海、武汉、西

安、北京、成都、沈阳八大区域经营公司和轨道集成、鲁班电子商务、中石油铁工油品、鲁班工业品、海外事业部和招标代理六大专业公司（事业部）。中铁物贸是中国物流与采购联合会副会长单位，中国企业联合会 AAA 级企业，入选第一批全国供应链创新与应用示范企业，行业引领地位得到进一步凸显。

20

亿海蓝：小公司、大行业、大服务，推动航运产业链供应链数字化

亿海蓝（北京）数据技术股份公司

国际贸易的 90% 以上都是通过航运完成运输，国际航运物流供应链数据的应用范围和价值远远超出了航运物流本身，与港航、物流、供应链、贸易、金融、宏观经济等诸多领域都有底层逻辑相关性。亿海蓝（北京）数据技术股份公司（以下简称"亿海蓝"）致力于将技术革新深度融合到航运物流产业链的各个环节，以信息服务为基础，实现商流、物流、信息流、资金流四流合一，形成平台化的物流生态，构建产业化信息基础设施，打造航运产业信息化协同高速公路，为行业创造价值增量，促进产业集约化发展，推动航运产业高质量转型升级，构建数字化发展新格局。

一、行业背景

（一）航运产业基本情况

我国作为世界第二大经济体、第一大贸易国，90% 以上的进出口货运通过航运完成，航运业的发展水平已成为影响"中国制造"在国际竞争中的成本优势的重要因素。2018 年，习近平总书记在上海视察时提出"经济强国必定是海洋强国、航运强国"。

克拉克森研究报告显示，在海运贸易过去 20 年间，中国海运进口量年均复合增速达到 12%，出口增速保持 4% 以上。其中，2009—2020 年，随着中国固定资产投资以及工业生产进一步扩大，全球海运贸易增量中约 58% 由中国贡献。2020 年，中国海运进出口贸易量已经占到全球总量的 30%（其中海运进口贸易量占比 25%）。

在港口方面，2021 年全球港口货物吞吐量和集装箱吞吐量排名前 10 名的港口中，我国分别占据 8 席、7 席，我国已成为具有影响力的航运大国。中国航运业在由大到强的发展进程中，正日益体现出数字化、智能化及绿色化等特征，航运业与数字经济也正在加速融合。

（二）航运供应链管理服务市场情况

航运领域供应链管理服务需求增长迅速。近年来，随着国民经济增长和政策支持，中国航运业发展迅速。中商网数据显示，中国水路货物运输量从 2015 年的 56.43 亿吨增长到 2020 年的 80.15 亿吨，年复合增长率达到 7.27%。天眼查数据显示，我国有 8.9 万家企业名称或经营范围含"航运、海运、船运"，且状态为在业、存续、迁入、迁出的企业。天眼查数据显示，我国航运相关企业的新增注册量自 2014 年起保持着年平均 15% 以上的增速。特别是 2021 年，我国新增注册 1.6 万余家航运相关企业，同比增长 23%。

（三）行业难点、痛点

近几年，受复杂的国际形势影响，国际航运市场陆续出现运价飞涨、港口拥堵、国际制裁等一系列问题，对我国服务业和工业都产生了一定的影响。比如，我国也出现了出口舱位供应持续紧张，许多中小型国际贸易企业出现订单出口不及时、库存积压增多、资金回流缓慢的情况。

航运供应链是一个多主体参与、主体间关系复杂的网状形态，有着根深蒂固的数据连接难题，信息碎片化严重、数据庞杂、协同效率低、数据孤岛、数据壁垒等问题比比皆是。传统企业在供应链数字化过程中，需要面对数据来源、数据处理、数据分析等诸多问题。亿海蓝致力于打造一个全球范围的、面向供应链化物流管理的实时完整、一致可信、多源融合的数据底座，实现数据连接网络化、数据应用中台化、场景洞察智能化。

二、主要做法

一是"船讯网"实时追踪船舶物流。亿海蓝旗下网站船讯网是面向大宗商品及集装箱产业运输链上的多种类型企业，以船舶位置监控为核心的数据共享和服务平台，提供实时的船舶物流跟踪服务。亿海蓝将船舶位置动态、船舶类型、船舶档案等信息融合，形成标准的应用编程接口（API）产品，可以和企业内部的企业资源计划（ERP）系统进行对接，让与水路运输相关的企业都能直观地在地图上看到水运物流动态，并提供自动提醒服务。船讯网注册用户已超过 600 万人，超过 95% 的航运业从业人员在使用船讯网的服务，其中船位查询、船舶档案信息查询、大宗商品货流分析及预测、港口吞吐量实时统计、运力运价预测分析和船队经营指标实时分析等功能模块使用率最高。

二是物流云打通海运物流上下游。亿海蓝旗下物流云产品服务以协同为核心，把供应链上的每一个环节联通起来，利用云计算和移动互联技术，对航运订舱、仓储、派车、报关、海上航行等多个环节进行整合，研发可连接海运物流上下游的 SaaS 协同平台，接入北斗、GPS 等数据，实现供应链上的各方订单协同、作业协同、全程监控、异常预警、自动对账、数据化评估，还可实现陆运管理、海运管理、运费结算、发票管理、全程跟踪等功能，使得货主、货代供应链物流过程数字化和可视化。平台上有4 000 多家车队，覆盖全国 80% 的集装箱卡车运力。

三是物流电商平台智能匹配钢材供需。"金刚鲸"物流电商平台以智能匹配技术为核心，向钢材贸易企业提供包括陆运、水运、仓储等在内的综合物流服务。平台依托大数据、云计算、区块链、物流可视化等新技术，以大幅降低钢材贸易企业的物流成本为目标，全面带动物流运输行业业务模式创新及管理变革，助力传统航运物流产业数字化升级。在平台上，交易双方可采用电子签章技术实现电子签约，真正实现无纸化、数字化签约。

四是网络货运平台提供船货匹配和结算服务。亿海蓝积极响应国家"无船承运"物流创新发展意见的号召，申办了无船承运网络货运牌照，建立运呱呱网络货运平台，利用大数据、人工智能、物联网等技术，致力于为货主及船东提供更好的船货匹配和结算服务，帮助航运物流链上的众多企业提高效率、降低成本。2021 年，平台实现承运量约 2 亿吨，运费额 30 亿元。

五是"提单盾"创新银行反洗钱监管模式。亿海蓝综合利用船舶信息、集装箱物流跟踪信息、提单信息和反洗钱黑名单制裁查验策略，建立了基于航运供应链数据审查贸易背景真实性的大数据系统"提单盾"。通过大数据分析，做到秒级自动识别、提示支付及贸易融资风险，为银行反洗钱合规领域提供了全新管理方式。

六是智慧港航调度系统提升港口运营效率。亿海蓝的智慧港航调度系统能实时追踪与特定港口相关的全球所有船舶动态数据，给出预计到达时间和港口拥堵预测等。同时，融合货物集港数据、船舶调度运营数据等，依托大数据中台，紧密结合港口业务场景，实现港口运营可视化，提升港口运营效率和服务水平。目前，亿海蓝的智慧港航系统已在大连、天津、青岛、日照、宁波、厦门、广州等沿海主要港口得到广泛应用。

七是助力涉水监管提升执法效率。亿海蓝创新应用航运供应链数据，建立大数据计算平台、时空搜索平台、数据分析平台及船舶行为特征体系，建立船舶行为画像算法，对辖区内的犯罪行为进行数据化分析，实现鉴别、定期回溯与实时跟踪，有效实现对水上违法犯罪行为的分析研判和情报支撑，显著提升了监管机构的数据应用能力及执法效率。目前，亿海蓝已服务于海关总署风险管理司、多地边防检查总站、海警、水上公安等水上监管机构。

八是开发大宗商品和航运指数等数据产品。基于庞大的航运物流数据，亿海蓝自主研发了基于船舶运输的大宗商品情报系统，通过对航运基础数据深度挖掘，获得全球实时的货物流动数据，准确、及时展现煤炭、铁矿石、原油、液化石油气（LPG）、液化天然气（LNG）、大豆等大宗商品在全球范围内流动情况；同时，亿海蓝开展了中国航运景气指数、外贸景气指数、全球港口塞港指数等方面的研究。

三、成效与创新点

亿海蓝通过打造全球航运物流供应链可视化管理平台，深挖航运大数据，为航运行业企业提供定制化服务。通过数据应用产品，有效降低企业协同成本，推进国际航运物流产业链上下游互联互通，构建产业化信息基础设施，打造航运产业信息化协同高速公路，促进了航运供应链的透明化、可视化，显著提升了航运供应链的效率，促进了整个行业降本增效。通过智能供应链风险监测体系，有效提升了航运物流的风险抵御能力，增强了航运产业链供应链的弹性、韧性和安全稳定性。主要建设成效如下。

（一）全球航运供应链协同可视

亿海蓝通过多年努力，逐步构建起覆盖全球、端到端的供应链数字化平台，提供了海运、空运、卡车运输等一揽子可视与协同解决方案，可与客户的数字平台全面对接。在优化物流采购、物流计划制订、履约风险管理等业务中数据价值日益凸显，尤其在全球贸易摩擦、地缘政治冲突等国际大环境之下，数字化平台发挥着更大的作用。

一是供应链实时可视。与物流可视化不同，亿海蓝聚焦货运主体——货物本身，通过提单号即可精准定位货物，实现订单下的全球端到端的货物跟踪的可视化。为制造企业提供更加准确、及时的端到端节点动态，实时监控每个节点的计划与实际达成情况，实现订单履约实时监控，改善与供应链合作伙伴间的协作方式。

二是智能供应链风险监测。亿海蓝依靠全球船位、船期、港口等大数据能力，持续为中国制造业提供其签约的海运承运人的实时船期监控，实现起运港的来船实时监控，以保障货物能按时装船启运；实现船期调整、延误、停航、甩港、空班，以及重点海峡、港口拥堵等风险事件的监控，方便制造企业根据自己的业务需求和变动及时做出更优的供应链管理决策。

三是供应链物流协同。亿海蓝通过为制造企业提供全球供应链物流协同（GTMS）一体化解决方案，与多年积累的 6 000 多家物流企业、58 万辆卡车资源实现互联互通，并进一步实现客户与集装箱卡车运输、集装箱场站等物流方互联互通，实现在线下单、派车、提柜、做柜、落重、集港等业务协同和实时数据共享，提高国际物流运输效率。

（二）支撑内贸大宗水运供应链效率提升

内贸水运承运人以个体船东为主，是一个类似公路运输的高度分散的市场。亿海蓝基于线上客户触达和大数据能力，构建了数字化内贸大宗水运供应链平台。平台已服务货主企业 500 多家，服务船舶超过 1.6 万艘，年运输货量超过 1.2 亿吨。数字化内贸大宗水运供应链平台的建设对促进内贸大宗商品流通统一大市场和国内经济大循环都发挥了有益作用。

一是租船搜索引擎提升交易效率。亿海蓝创新性利用自身数据资源和数据优势，以服务货主为核心，打造了租船搜索引擎。在货主录入货盘后，大数据平台通过智能算法即可匹配合适船舶，并依照匹配程度排序，同时附带船东联系方式，由发货人与船东自行联系磋商，改变了过往船盘、货盘主要依靠人际关系网络线下传播的局面，显著提升了船货物流交易效率。

二是支付结算服务便利交易。在船货双方达成交易后，双方可使用平台在线签约和支付结算一揽子服务完成交易。

三是数智化供应链管理服务提升行业效率。平台与货主企业的生产物流系统对接，打通水运供应链中港口、航运多节点数据，智能跟踪预测供应链执行情况，为货主企业供应链计划制订、执行跟踪、风险管控等提供全面可靠的数据和决策支持，提升整个行业的供应链效率。

（三）创新贸易真实性审查模式

亿海蓝依靠曾经协助国家外汇管理局打击海上虚假转口贸易的经验，开发了基于航运供应链数据审查贸易背景真实性的大数据系统，构建了一整套基于提单的全流程航运供应链验证服务，帮助中国银行业解决了贸易融资背景真实性调查的难题。

该大数据系统已经在包括四大行在内的国内83%的商业银行、42%的具有国际结算业务的城商行和部分农商行使用。在亿海蓝进入银行市场之前，银行在贸易合规和反洗钱应用场景中普遍采用了道琼斯、彭博、路透、标普等国际竞争对手的数据服务。亿海蓝凭借差异化的航运供应链数据和大数据技术能力在较短时间内击败了众多国际对手，成为中国银行业使用最为普遍的产品，完成了国产替代。

（四）为全球大宗商品流动提供更多分析视角

亿海蓝构建了全球重要大宗商品供需视角的数据产品。亿海蓝通过对船舶资料、泊位归属、运行航线、行业知识等航运大数据的分析，建立了从港口、泊位再到船舶的大宗属性标签，构建以航次为最小单元的大宗商品确定逻辑，形成了实时更新的全球大宗商品航次及标准化数据产品。

大宗数据产品持续与国内外机构的各类数据进行对标，误差度与趋势均在合理范围内，具备较高的数据质量，且在及时性及信息量上远超公开的宏观数据。

数据产品的主要合作方包括金融机构（券商、基金、期货等）、新华社（国际LNG航运数据平台）等新闻机构、国家智库及国家部委有关部门等。在国际政治经济的重要事件背景下，亿海蓝也为如何解析事件影响、分析大宗商品供需的地缘竞争、保证国家能源安全等方面提供一手的决策材料。

（五）为政府提供多元化数字化应用服务

一是辅助宏观决策。在宏观经济分析中，亿海蓝为金融机构、国家智库以及政府部门宏观指标数据和重要事件影响分析等诸多领域，提供独特的市场信息和一手的重要决策依据。

二是研究制定航运市场经济先行指标。亿海蓝与诸多智库在此方面展开了合作，与国务院发展研究中心宏观部制定运行指数，与国家行政学院进行宏观经济指数研究，为交通部科学研究院开展长三角经济分析研究等。

三是解析重要事件影响。亿海蓝面向国际经济中的突发重要事件提供面向事件的航运数据解析的数据模型，从航运市场的角度第一时间把握事件动态，甄别虚假信息，准确评估事件影响。比如，亿海蓝支持新华社利用东部沿海10万吨以上货运船舶轨迹热力图，通过港口集装箱船离泊船舶数量，反映了沿海地区实际航运情况，有力反击了外媒对中国经济的抹黑。

四、推广价值

（一）不断完善数据安全管理措施

亿海蓝一贯高度重视数据安全和数据价值，依据自身对行业特点及数据资源的理解，在数据采集、数据防护、数据披露等方面，主动采取了谨慎的防护措施。同时，加强了船舶数据分类、分级制度，按照不同的产品体系、使用场景，建立了数据披露、数据防护制度；目前，亿海蓝已取得 ISO27001 证书，围绕安全策略、信息安全的组织、资产管理、物理和环境安全、访问控制、系统采集开发维护等方面进行了安全管理升级。

（二）围绕提升数据质量完善技术积累

亿海蓝针对供应链数据管理与应用搭建了全行业第一套以全局、全球航运数据为主的数据中台体系，构建了物流中的主数据体系，以统一格式将不同来源的数据标准化，实现数据处理自动化、快速化；采用最高隐私安全标准，稳定数据获取来源，保证多源数据中全局数据的完整与高质量。

（三）打造航运产业互联网平台发展新增长点

亿海蓝努力创新商业模式，整合弱小、分散的供应链资源，串联航运产业链，在网络货运平台规模经营的前提下，深入单品类大宗商品货种产业链，力争以数字化的物流、仓储能力满足客户的贸易及金融需求，构建物流、贸易、金融供应链协同平台，提高资源配置效率。

（四）加强产学研用合作，不断促进技术成果转化

经过多年的深耕，亿海蓝与国内各院校、智库、研究机构等成立联合研究小组，充分发挥各自优势，结合现有数据分析能力和潜在需求，积极探索航运大数据在宏观、产业经济等领域的研究和应用，持续形成常态化和专题性研究成果。

企业介绍： 亿海蓝成立于 2003 年，是中国航运大数据服务的开创者，服务个人用户超过 700 万人、企业客户超过 5 000 家。作为全球航运大数据的先行者，亿海蓝致力于通过技术和商业的力量推动航运产业的数字化转型，构建行业数字技术基础设施，创新商业模式，努力挖掘航运大数据与全球贸易和金融之间的内在关联，不断在智慧供应链管理、贸易行情判断、金融交易决策等方面创造自己独特的价值。

亿海蓝是国家高新技术企业，拥有 200 多项知识产权，包括授权发明专利 21 项、软件著作权 162 项。其先后入选由商务部等 8 单位联合发布的"首批全国供应链创新与应用示范企业"；荣获工业和信息化部颁发的国家级专精特新"小巨人"企业称号；入选由国家发改委、交通部、网信办联合发布的"首批国家骨干物流信息平台试点单位"名单。

21

第 21 章

京东集团：打造数智化社会供应链基础设施，走"以实助实"的特色之路

北京京邦达贸易有限公司（京东物流）

王颖 李志鹏 田琳

京东立足"以供应链为基础的技术与服务企业"和"新型实体企业"定位，全力打造数智化社会供应链基础设施，充分发挥数智化社会供应链能力，锚定助力实体经济发展、提升社会效率、促进环境友好三大长期目标，努力创造更大社会价值，营造高效、公平、和谐的美好社会环境。京东通过数字化、可视化、智能化、韧性化、生态化，提升供应链响应速度，提高供应链决策科学性，降低供应链运行成本，增强供应链弹性和韧性，促进供应链动态与无间隔交互。目前，京东数智供应链已应用在工业、零售、物流、能源、农业等多个行业，有效连接了生产、流通、消费各个环节，促进了供应链上下游信息、资源匹配与协同，助力企业运营、生产降本增效，推动了实体产业的数智化转型和生态发展。

一、行业背景

当前，实体经济的数智化升级是我国经济增长的新动能，数实融合是实现高质量发展的必由之路。供应链数智化转型处于提速换挡的关键时期，其发展过程中呈现出一些新的特征、问题和趋势，成为影响数智化供应链发展方向的重要因素。

（一）数智化社会供应链的发展仍处于初级阶段

企业更多关注自身供应链内部的数智化建设，忽视了供应链伙伴和生态的数智化转型，缺乏数智化的协同和联动；大型企业数字化转型走在前列，中小企业数字化转型相对落后；数智化社会供应链的人才队伍建设严重滞后，管理和技术人才双缺位。

（二）数智化技术促进和加速了供应链形态的变化

传统链式结构自身有着强烈的变革动力，但是缺乏强大的外在推动力来促进链式形态的转变。随着人工智能、大数据、区块链等技术的应用，传统的链式形态向网状形态转变，促进了供应链、销售商和客户的联系协调机制畅通，极大地提升了供应链的管理执行效率，为供应链的管理提供了新的助力，也有效改善了社会供应链的管理现状。

（三）数智化社会供应链的技术和应用不同步问题突出

当前，数智化社会供应链建设过程中比较突出的一个问题就是技术创新和行业应用的"异步"。人工智能、区块链、云计算等技术的创新源源不断，技术成熟度逐步提升，但数智化技术在不同行业的应用明显落后，既缺乏应用的外部环境，也缺少应用的内生动力。技术创新和行业应用的不一致，直接制约了数智化社会供应链的发展规模。

（四）数智化社会供应链缺乏强大的中台能力作支撑

目前，数智化社会供应链的建设缺乏一个强大的数智化中台，无法打破多管理系统间的信息孤岛，对海量积累的数据缺乏整合沉淀的能力，已有的系统多是强耦合的，供应链的柔性管理能力比较弱，进而对供应链前端复杂多变的需求无法及时响应。因此，供应链不透明、协同差、难应变的问题十分突出。

二、主要做法

京东一端连接着消费互联网，另一端连接着产业互联网，覆盖超 5.8 亿消费者、千万数量级自营商品。如何打通消费端及产业端供应链、实现数实融合、提高供应链效率是京东发展过程中面临的重要课题。京东基于产业价值链的"十节甘蔗"理论，努力从营销、交易、仓储、配送、售后五个环节向上延伸至产品创意、设计、研发、制造、定价这前五个环节，积极在供应链长链条中寻找增长机会。

一是夯实技术基础。京东把握五大关键技术，夯实数智供应链技术基础。人工智能在机器学习、机器视觉、自然语言处理方面的革命性突破，有助于加快实现供应链的可视化、数字化、智能化，提升供应链运行效率。物联网技术的跨越式普及使数字孪生世界成为可能，使现实供应链与数字供应链加速融合，并保持数据在两个链条间的流动和联通。区块链的共识机制、分布式存储、安全保护机制，在确保供应链数据的可信可靠传播中扮演了重要的角色。感知技术、定位导航技术和边缘智能技术等构成的自主系统实现了供应链设备的智能协同，提升了供应链的智能化水平。下一代计算具有多场景、安全、云边端协同一体化的特性，成为数智供应链的重要基础设施。上述五大技术共同构成了京东数智供应链的技术底座。

二是搭建三层框架。京东数智供应链体系由数智化、全链路、社会化三层框架组成。数智化旨在通过数字协同和网络智能，持续优化行业供应链的成本、效率与体验，包括混合多云、大数据、人工智能、物联边缘、区块链等数字技术，以及业务中台、数智中台、企业管理、协同办公、数字员工等数字应用，构建数智化的新基础设施。全链路旨在实现从消费端到产业端价值链各个环节的整体优化与重构，打通消费互联与产业互联，促进以供应链一体化为基础的采购、研发、生产、营销、服务等价值链路的深度协同。社会化旨在通过开放平台，有效调动各价值链环节的社会化资源，提升敏捷响应与匹配效率，通过产业平台、产融合作、乡村振兴、综合园区、产教融合、国际业务等领域，实现模式、生态、社会层面的可持续发展与创新。

三是打造数字基础设施。京东依靠数字技术和实体场景应用实践，利用十余年供应链管理经验，打造了完整的数智平台，由混合多云、大数据、物联网、人工智能及各类中台构成。其中，供应链中台包括订单管理、库存管理、结算管理、车辆管理、物流园区管理等模块，智慧供应链平台包含供应链控制塔等要素，可以实现销量预测、智能补货等功能。

三、成效与创新点

（一）数字化

京东数智供应链利用大数据、人工智能、区块链等技术，将采购、供应商管理、生产、销售、服务等各环节中的规则、过程、主体等转变为数据信息，利用动态数据来实时监控供应链的真实运行状态，有利于供应链上下游各主体实现数据共享和业务协同，从而提升供应链的响应速度和运行效率。

（二）可视化

京东数智供应链的可视化，不再局限于仅仅"可视"，而是可利用人工智能、区块链等技术对供应链进行业务流程的系统仿真和模拟，在现实供应链的基础上再造一个"数字孪生供应链"，从而更好地预测和发现供应链运行中的实际困难，实现供应链风险的实时捕捉和预警，最终提高供应链决策的科学性和前瞻性。

（三）智能化

京东数智供应链可利用人工智能和云计算等技术，实现供应链数据的智能化采集。比如在商品供应链中，采购员、销售员可借助智能化设备、语音智能、视觉智能等设备，实现"一句话下单、一问一答式下单"；库管员通过设备扫描物料码，直接办理物料的出库、入库。这些应用都大大提高了数据信息采集的准确性和实时性，同时降低了运行成本，使供应链运行终端和管理更加智能化。

（四）韧性化

京东数智供应链的韧性化主要体现在三个方面：一是数据运营的精细化，以数据做支撑，有效洞察需求，制订合理的生产计划，最大限度地减少产能浪费和闲置；二是用户需求的精准度，通过数据精准分析用户偏好，并把用户偏好细分到具体的尺寸、材质和功能，生产更有利于品牌全渠道销售的产品；三是供应链流转的精确性，通过数据分析减少物流仓储压力，减少库存周转天数，提升供应商周转率。韧性化增强了供应链的弹性和适应性。

（五）生态化

传统供应链模式中，上下游是相对割裂的，各主体只能与自己的上游和下游产生直接联系，缺乏链上的整体协同和联动。京东数智供应链利用人工智能和区块链等技术，将消费者、生产者、供应商和其他互补机构连接成有机整体，将传统供应链由链式拓展成网式，使所有主体都能进行实时、动态、无间隔的交互，有效避免了传统模式下人为制造的供应链堵点和断点，有助于建立共治、共促、共荣的供应链新型生态。

四、推广价值

（一）协同研发，加快新品孵化

京东数智供应链打通产业链需求和供给，实现全生命周期管理，用反向定制（C2M）开启中国智造时代，为合作伙伴创造新价值，推动社会供应链升级。京东从消费端用户需求和市场行业趋势的深入洞察出发，以用户需求驱动生产，反推产品设计、产能投放、产品流通等各个环节，让制造者精准对话消费者，实现"以销定产"，大幅缩短新品研发周期，提高新品的存活率，降低周转成本和库存风险，在助力品牌商提升新品开发能力的同时，也提升了社会整体的资源利用效率，推动产业结构转型升级。京东 C2M 服务类别已覆盖 70 余个一级品类、900 余个三级品类、2 000 多个品牌。大多品牌与京东 C2M 合作可实现产品需求调研时间减少 75%、新品上市周期缩短 67% 等维度的效率提升。

（二）工业互联，推动制造升级

京东依托一站式工业数智化技术服务平台——智造云，助力区域企业高效打造工业场景应用，以商品数字化、采购数字化、履约数字化、运营数字化帮助工业企业降库存、控成本，提升生产效率和精细化管理水平。京东提供面向能源、交通、汽车、家电、机械等 22 个行业、覆盖全领域的超千个应用和 92 个解决方案，为 201 个产业园区、1 050 家大型企业和近 120 万家中小微企业提供数字化转型服务，包括智能柔性产线、智能排产与调度、智能质检、智能运维等。

（三）智能物流，助力降本增效

京东物流坚持"体验为本、技术驱动、效率制胜"的发展战略，携手社会各界共建全球智能供应链基础网络，不但支撑京东业务扩展，也降低了全社会物流成本。京东物流已经拥有及正在申请的自动化和无人技术相关专利和版权超过 2 500 项，已为超 5 万家企业提供一体化供应链服务。京东 2017 年的库存周转天数是 40.6 天，到 2021 年已优化至 30.2 天。在全国 94% 的区县、84% 的乡镇，京东能够实现当日达或次日达。

（四）智慧农业，推动乡村振兴

京东充分发挥联动产业带能力、数智化供应链能力、农产品上下行数据汇聚及平台搭建能力，助力提升农产品产销全链效率，让传统农业快速实现数字化升级。一是京东以农产品流通大数据为依托，探索推进农产品流通大中台建设，覆盖全国主要农业产业带。二是以供应链大数据为指引，推动以销定产，精准匹配供需，尽力让每一份生产出的农产品不被浪费在田间。三是强化数智化供应链赋能，开展现代数字农场示范。比如，探索在西藏打造智慧农场，针对藏青稞、牦牛、林果等特色农产品搭建从田间到餐桌的追溯系统，通过区块链技术构建食品安全溯源联盟链。京东为四川广汉量身打造"广汉数字乡村运营中心"，对海量电商数据和物流数据进行分析和挖掘，助推广汉农特产品销量大幅增长。此外，京东还为广汉建立了基于智慧农机作业服务管理平台的智能农机预约小程序"雒农宝"，推动农机使用率提高 60%。截至 2022 年 8 月该程序已经带动乡村实现产值超过 6 200 亿元。

（五）数智采购，促进采购变革

京东打造智能采购可视化协同平台，通过需求管理、商品寻源、采购交易、履约执行等数智化方案助力企业实现采购数字化转型。京东数智采购实践主要包括物资数字化、采购平台数字化、服务数字化和运营数字化四个方面。其中，物资数字化已覆盖 100 余个品类、5 000 余个品牌、5 000 多万 SKU，涉及工业品采购、办公用品采购和福利采购等不同场景。京东还以数字化采购平台服务中小微企业，提高中小微企业采购效率，降低企业经营综合成本，使中小微企业真正享受到数字技术带来的发展红利。

（六）全域连接，推动用户增长

京东长期聚焦品质消费体验，坚守以客户为中心的价值创造理念，与客户建立深度连接，打造以用户为中心的现代供应链。京东在为客户提供更好的产品服务的同时，挖掘客户反馈数据和信息，沉淀全渠道用户行为数据，利用大数据、人工智能等技术开展消费洞察、用户画像构建、精准营销和精细化智能运营等工作。截至 2022 年，京东年度活跃购买用户达到 5.8 亿人，Plus 会员超过 3 000 万人。

（七）智慧交互，提供价值服务

京东建立了全生命周期、全链路的价值服务体系，包括客户关系管理服务、智能服务与营销、智能外呼、数字客服以及后市场服务等。通过数字化服务体系及其技术能力，京东云智能客服（在线＋电话）能独立解决 60% 至 70% 的日常咨询和服务单量；通过 AI 辅助人工，客服平均服务时长降低 35%；培训机器人将新员工培训周期缩短 30%。2022 年京东"双十一"活动中，依托京东人工智能应用平台言犀，京东云智能客服累计咨询服务量超 4.5 亿次，京小智为京东超 17.8 万商家提供智能服务。

企业介绍：京东定位于"以供应链为基础的技术与服务企业"，涉及业务包括零售、科技、物流、健康、保险、国际、工业、自有品牌等板块。2004 年，京东正式涉足电商领域。截至 2022 年 6 月 30 日，活跃购买用户超 5.8 亿人。依托数智供应链新型基础设施，京东营业收入从 2017 年的 3 623 亿元持续增长到 2019 年的 5 769 亿元。即使在 2020 年，京东依然保持了增长的韧性，2020 年和 2021 年的收入增速分别为 29% 和 27%，相应取得了 7 456 亿元和 9 516 亿元的营收。在 2022 年《财富》世界 500 强企业中，京东位列第 46。京东大力促进实体经济高质量发展，全力服务国家大局，助力中小微企业降低物流成本，为高质量就业和乡村振兴贡献力量，彰显了"有责任的供应链"特点。

22

东方数科："数字化可信仓"打通农粮行业金融服务的通道

东方数科（北京）信息技术有限公司
张博

东方数科（北京）信息技术有限公司（以下简称"东方数科"）聚焦粮食大宗商品监管和粮食供应链融资困难的产业共性问题，提出高可靠性、实时不可篡改的物联网可信仓方案，并以"非标标准化、四流合一"的供应链金融为设计导向，自主研发了以"物联网＋数字孪生"技术为基础的"数字化可信仓"产品。东方数科通过仓库数字化改造和数字监管，实现了对农粮大宗货品的 7×24 小时实时监管。东方数科通过这一数字化技术手段使金融服务被更广泛地应用到社会化的农粮仓储环境中，实现农粮供应链金融服务更加普遍和可信。

一、行业背景

（一）农业生产流通的市场化运作不断深化

近年来，农业生产流通产业整体市场化运作趋势不断深化。自 2014 年国家退出临储政策后，价格管制逐步放开，市场更受尊重，粮食市场格局由政策性收储逐步向市场化收购转变。2019 年 10 月，国务院发布《中国的粮食安全》白皮书，要求加快建设现代粮食市场体系，积极稳妥推进粮食收储制度和价格形成机制改革，加快形成统一开放、竞争有序的现代粮食市场体系。在此思想指导下，中国农业生产、流通市场逐步形成以财政部、国家粮食和物资储备局作为宏观政策制定者，以中储粮、中粮、中化等央企作为宏观政策调控的执行主力军，以基数庞大、小而分散的生产者、粮食贸易商为真正市场业务单元的"粮食企业＋国有粮库＋农户"的运营模式，逐步形成了农民增收、企业赢利、政府节支、消费者获益的四方共赢局面。

（二）参与主体多、规模小、融资困难

参与农业生产流通的中小贸易商数量十分庞大，可查数量近百万家，竞争十分激烈，但其生产效率、管理水平、信息化程度、抗风险能力普遍较低，且尚未被市场化的信用体系覆盖。

由于粮食流通环节多、主体经营规模小，广大农户及涉农企业自身信用等级低，加上农产品抵押物价值不高，且监管困难，因此金融服务机构很难对农业领域进行普及性的金融服务。但从需求角度看，农业领域对资金的需求又较为迫切。这种矛盾使金融服务能力对农粮供应链的支撑需要加强。

二、主要做法

（一）仓库升级改造，实现数字监管

东方数科把物联网、遥感、红外等技术"武装"到粮库里。东方数科安装智能视频流、量具天眼、测堆雷达网、定位粮情监测网、可信货权牌等设备，实现粮仓信息的时时披露。

1. 智能视频流

在存放标的货物的园区、货仓场内外环境关键节点位置（大门出入口、扦样质检处、地磅、库门、库内等）有规划地设置视频监控（视频监控摄像头可选择市面主流设备，也可复用库区已有安防视频监控设备），通过这些卡口节点的全天候视频流，运用智能算法，识别车型、车牌以及行为特征，还原出入库的车辆动线和完整业务流程，并与其他物联网设备如量具天眼、测堆雷达网形成系统级联动，实现智能调度、事件侦测、追踪、预警。

2. 量具天眼

在目前粮库粮食出入库过程中，为了确定货物的等级、数量等质价结算信息，广泛应用了如地磅、水分仪、容重器、毒素检测仪等大量测量设备（量具）。这些设备种类品牌繁多、大部分不具备数字化集成基础、不便不易进行设备改造，所以粮食出入库的关键质价要素信息基本采用现场人工认定、记录的方法，大大增加了人工差错、

舞弊等带来的监管风险。为了应对这一情况，东方数科创新地采用了微型视频识别量具屏幕的方法，自主研发了量具天眼这一物联网设备。它小巧易安装，适配各类商业计量、检测设备，不影响现有现场人员的出入库操作。该设备利用 AIoT（人工智能 + 物联网，AI+IoT）技术自触发同步识读标的物关键检测信息，实时传回可信仓云平台进行数据分析，保证信息真实、可靠、准确。量具天眼实现了非配合式鉴证入库标的物的准确定级、定价、结算，有效地解决了量具数据采集数字化这一监管难题。

3. 测堆雷达网

测堆雷达网利用了激光测距这一成熟技术，能够智能进行货物分堆计算，实时准确监测库内库存货物形态、数量的变化，及时发现货物损失风险，实现自动智能全天候的货物监管。

4. 定位粮情监测网

场内实时精准定位技术可保证粮食温湿度电缆在布设时的线缆自动定位收录，从而建立起粮仓内所有粮情监测节点的位置、温湿度等信息的精确匹配；通过粮情电缆采集远传网关，实现单网关数百根上千粮情测量节点数据的实时准确回传；结合精准的位置数据，实时监测、联控动产存储环境变化；AI 建模实现粮情风险告警、粮情时空发展预测等功能，提前发现货物因环境原因、保管不当导致减值、灭失的可能性，有效避免动产存储因素减值风险。

5. 可信货权牌

实时从可信仓云平台获取货物、货权、货值等数据综合形成货权展示数据，保证了在货物现场的账实一致、信息获取完整不割裂，重建行业对货权牌的信任和有效提升货物货仓考察的效率；同时提供"千人千面"式的信息个性化披露，可根据来访者身份智能地进行适当的信息披露，避免商业信息不当泄露；并且设计了即使在断电情况下仍能不间断显示货权信息、断网情况下智能提示信息有效性风险、防拆防破坏报警等实用功能，充分保证了货权信息的实时性、可靠性、全面性、安全性。

（二）数字孪生，增加可靠性

为了有效处理物联网设备采集回来的各类数据，东方数科针对智能监管需要，开发了算法平台层。平台内置了车辆（车牌、车型等）识别、量具仪表自触发识别、多雷达联合测堆（转换、排畸、合并、抠景、滤波、计量等）、数字粮情仿真、库内线缆定位、风控规则等自主研发的算法。这些算法通过数据训练和技术改进，可持续降低对物联网设备的硬件水平要求，进一步降低物联网设备的成本；同时，更重要的是这些算法通过持续不断地提升整套方案的精确度、可靠性、处理能力来提高监管和风控的精准度、效率。

（三）"一平台三端"，全环境智能监测

东方数科针对各种应用环境和使用需要，连通了一平台三端（Web、小程序、大屏），提供了全环境的视频智能监测，出入库关键行为数据监测，货物形态数量综合监测，立体定位粮情监测，货权、货值、风控事件、业务指标实时监测等业务监管功能模块，并同时提供了园区、货仓、货物、公司、人员、车辆、单据合同、工单、价格、风控规则等业务支撑功能模块，真正构建了一站式全覆盖的数字化监管平台。

1. 可信仓一站式监管云平台

高度集成的 SaaS 云监管工作台，云端开通，开箱即用，一平台三端一站式全天候数字化采集、处理、分析、应用粮食货品的量、质、权等重要信息，适配金融方、货主、库方、监管方、担保方等多角色使用者在货物质押这一金融场景下的管控诉求。客户可自行确定自己的组织、资产、业务、工作台、风控规则、报表等，并在大量实时数据积累基础上，进行智能的趋势预测、风险提示、辅助决策。

2. 产品迭代，持续升级

"数字化可信仓"通过 IoT 技术以及 AI 算法的结合，与产业内企业联合开展供应链创新与应用，对农粮实物资产实现了实时的监管和测量，以及各种异常情况的分析和告警。金融机构可以通过科技手段对农粮大宗货物进行远程、实时监控，并通过不断提升处理分析算法的效率和精度，增强系统的易用性、可靠性，服务互联互通，以及对基于大量数据的新场景新应用进行研发探索，大大提升金融服务的监管能力，从而使得金融机构面向社会化农粮供应链的服务普及成为可能。

（四）"可信仓容"，破除认定与监管难题

数字化可信仓提供物联网＋云计算的软硬件一体化的一站式实时智能云监管解决方案。整套解决方案完整覆盖了农业大宗货物质押监管中库内货物实时持续监测数字化，货物出入库实时监管数字化，货权、货值、风控数字化三大数字化需求。这有效满足了在农业大宗散货质押场景下的金融方（银行、担保、保险、监管等）高水平实时监管和风控需求，但也同样可用于贸易商的自有资产监管需要，仓储企业的细粒度仓管需要，期货、非标仓单交易、托盘、代收代储等底层资产监管需要等相关场景。

（五）供应链数字化服务，重塑产业数字生态

以极低成本完成对存量社会仓容基础设施的数字化升级改造，使之成为被金融机构、贸易商、仓储、监管各类企业广泛认可的标准仓容，这是金融服务支持产业的关键。基于数字仓容实现底层资产的数字化，联合金融机构打造如数字贸易金融、数字动产质押、数字仓单等多类金融产品，以匹配中小粮食企业、农户海量的金融需求。粮食企业通过数字化仓容升级，极大地解决了粮食收购企业抵押物不能满足要求的问题，借助科技渠道拓宽了质押物范围，有效盘活存量资产，解决融资难、融资贵的问题。金融机构通过基于资产数字化的仓单业务达到高水平风险管控，丰富金融产品，亦提升客户触达率。仓储企业、监管企业通过对质押粮食的仓储监管，产生新经济增长点，同时又与金融机构建立了紧密的合作关系。

三、成效与创新点

东方数科开发的"可信仓容"产品，能够对仓储进行高精度的监控，有效解决了农产品贸易商可信抵质押物不足、认定难、监管难、融资难的问题。

（一）货物、货值、货权的实时量化管理

不可篡改的数字化货权牌。由于农粮货权在贸易过程中，经常发生变化，因此仓储的农粮货物货权不清，金融服务无法采信。而电子货权则可以解决这一问题。一方面，企业通过电子货权牌可以唯一标识货物的所有权；另一方面，通过其内置信息还可以了解货物的来源、品质、数量等多维度的信息。

数字化粮堆测量。粮食在仓库中，具有不同的堆形。东方数科的数字化可信仓方案采用了雷达扫描和数字化算法结合方式，可以准确地测量在各种环境下，各种堆形的粮食数量，从而保障在服务期间粮食货物的完整性。

数字化粮情监测。粮食在存储过程中，可能会由于高湿、高温发生变质，这会严重影响农粮货物的价值。东方数科构建了分布式粮情监测网络，通过离散的传感装置以及网络算法，精确感知全粮堆的粮情状态，从而及时发现和预防粮食质量下降的风险。

农粮价值的监测。东方数科的可信仓系统还可以通过网络信息采集配合趋势算法为金融服务机构实时监控农粮货物价值的潜在不利变动，及时触发金融服务机构的相关应对措施。

（二）仓库业务全流程覆盖管控

远程实时盘点，数字化量具监测。农粮的入库及出库测量，是农粮资产监管的重要环节，而农粮产品的量具是极其多样的。东方数科采取了智能图像识别技术，通过附加在量具上的图像识别装置，实时采集农粮的数量和质量数据，并作为独立监管数据进行保存，以及和管理过程之中的数据随时对比。

非配合式的全业务流程监管，覆盖入场、质检、称重、装卸等，同时可以进行环境监控、人员轨迹、车辆动线智能分析。东方数科的数字化监控方案，可以全程全时地监测在仓库范围内和附近区域的所有作业活动，记录和识别参与活动的人、车辆和货物，提供全程货物进出库安全的保障。

（三）积累真实业务数据

东方数科的数字化解决方案可以在非配合的情况下，实时积累多维度的真实业务数据，并通过 AIoT 技术实现去人工化的原始数据采集，使得数据来源可信程度大大提升，交易过程可追溯、可审计，为金融服务机购授信提供良好的数据基础。

四、推广价值

东方数科通过技术支持，解决了传统供应链金融模式中严重依赖主体信用、广大中小粮商难以满足资信要求的问题；改变了仓储方、贸易方、金融方三大参与主体的粮食监管基础设施重复建设，信息各呈孤岛、各行其是的现状。

对于中小粮仓而言，东方数科的方案通过科技手段，完善了粮食监管体系，强化了信用资质，使得中小粮仓有途径得到银行授信，进行农粮抵押贷款。

对于金融机构而言，东方数科的方案有效解决了金融机构无法有效判别中小粮商信用水平、贷后监管严重依赖传统人工、道德风险突出的问题，使得金融服务机构的粮食监管能力大幅提升，农业供应链金融业务的门槛大幅降低，粮食流通领域的大量资金需求能够得到有效满足。

对于粮仓主而言，东方数科的技术方案可以实现对粮食监管的分割，使得大容量粮仓可满足多家中小粮商的同仓存粮服务，大幅减少仓容浪费现象。

东方数科的产品和服务极大地丰富了实时监管技术的监管维度，持续推动实时监管技术向更高可信度、更小监管颗粒度的方向演进，实现监管技术在市场化流通中的产业化落地。

目前，黑龙江省大庆市肇源县新站镇东方集团肇源米业有限公司，已全面部署东方数科的全套物联网可信仓解决方案，并已交付使用。

企业介绍：东方数科由大型现代农业上市公司东方集团与物联网科技企业镭场景科技于 2021 年 2 月联合发起成立，是一家面向农业数字化赋能的科技创新公司。该公司开发的"数字化可信仓"通过 AIoT 技术对农粮大宗货物全维度状态进行实时采集，实现对农粮大宗货品的实时监管，有效推动了监管技术在市场化流通中的产业化落地。

23

通富微电：推动国产替代，打造自主可控的集成电路产业链

通富微电子股份有限公司

近几年，集成电路产业发生强烈波动。我国集成电路产业要摆脱长期受制于人的局面，就必须在打造国内自主可控的集成电路产业链上下功夫，从而推进产业可持续发展。通富微电子股份有限公司（以下简称"通富微电"）以国产设备、材料验证为依托，推动设备、材料国产化，与国内上下游供应链企业加强合作，保障了设备、材料的安全可控。通富微电及其母公司主动参股下游企业，进一步防范供应风险。此外，通富微电提前介入供应商产能扩张建设，保障供应本土化，再次加固了供应链安全。

一、行业背景

集成电路产业是国家战略性、基础性和先导性产业，是培育发展战略性新兴产业、推动信息化和工业化深度融合的核心与基础。近年来，在市场拉动和政策支持下，我国集成电路产业快速发展，整体实力显著提升，集成电路设计、制造能力与国际先进水平差距不断缩小，封装测试技术逐步接近国际先进水平。但先进封装工艺技术对设备（如光刻机、圆片电镀机等）、材料（如光刻胶、聚酰亚胺胶等）仍有很大依赖性，而设备和材料是产业的基石，是推动集成电路技术创新、打造自主可控产业的引擎。全球半导体设备市场集中度高，美、日厂商技术领先，以美国应用材料、荷兰阿斯麦、美国拉姆研究、日本东京电子、美国科磊等为代表的 TOP10 国际知名企业占据了全球集成电路装备市场的主要份额。据统计，2021 年全球前五名厂商的营收占整个行业的比例超过 85%。材料也是集成电路产业的基础，是集成电路制造的物质载体，是电子工业重要支撑原材料之一，其质量优劣直接影响集成电路产品的质量，具有重要的战略意义。目前主要的材料供应均以日本和美国厂商为主。

二、主要做法

（一）加强供应链协作，以验证为依托，提高设备、材料国产化率，努力打造集成电路安全可控产业链

近年来，我国集成电路产业取得长效发展，但国内设备、材料与国际相比还存在较大差距，在国产化推进方面存在较大制约：一方面国内厂商研发的设备、材料难以找到用户来推广应用；另一方面，用户存在使用国内设备、材料会不会影响产品质量，客户能否接受产线使用国内设备、材料的担忧。针对上述问题，通富微电以建立国产设备和材料验证平台为纽带，协调设备、材料供应单位与用户单位有效合作，从而推动国产化设备及材料的产业化，促进整个产业链的健康发展。

一是建立设备、材料验证团队。团队中既有产品研发经验丰富的工程师，也有理论基础坚实、创新力强的年轻科研人员，还有国内业界知名的专家。团队的整个科研队伍年龄结构分布合理，是一个勇于创新、敢为人先的研发团队。

二是针对不同的设备、材料设立攻关验证小组，由资深工程师担任验证小组组长，定期召开验证协调会，及时沟通设备、材料与客户之间的需求，满足产品需求。

三是对通过验证的设备，在公司逐步推广应用。试点工作开展以来，国内设备水平得到极大提升，公司国产化占有率提高。在传统封装领域，整体设备国产化率可达到40%以上，在后道制程已达到100%，塑封系统、电镀机等均已做到全部替代；在测试设备领域中，模拟和功率测试机，国内的北京华峰、杭州长川、佛山联动等一系列企业品牌设备的购置，大幅提高了国产替代率。

通富微电先后完成了50多种设备、20多种材料的工艺验证，共100多家供应商研发的设备和材料通过公司验证和帮助不断改善，得到应用和推广。通过产业链上下游企业协作，国内封测设备水平得到极大提升，培育出一批具备一定国际竞争力的骨干企业，降低了对国外的依赖度，同时降低了企业投资成本。

（二）加强信息化基础建设

通富微电从成立以来，就一直重视信息技术对企业升级的影响，与时俱进地推进企业智能制造。目前，公司已经建立几大系统［SAP 系统、制造执行系统（MES）、EAP 系统］。通富微电打通了 M2M 集成的通道，形成工业 4.0 雏形。公司未来将继续加快工厂智能化建设，推进网络化分布式生产设施建设以及生产物流管理、人机互动

和 3D 技术在工业生产过程中的应用，不断提高生产效率；继续实施全面设备联网、自动化制造，完成信息互联、自动调度，形成有通富微电特色的工业 4.0 模式。

（三）健全供应链规范体系

一是 AEO 加速集团调拨及供应链企业互认。集团企业通过"经认证经营者"（AEO）认证后，根据 AEO 高级认证企业互认国的优惠，供应链企业所在国家如果属于互认国，通富微电进口物资会享受到更为便捷的通关待遇。对于因产能不足需要调拨的问题，可以将芯片、原材料、设备等及时在集团间企业自由流转，海关申报及物流周转手续耗时由原先的 1 周以上缩短到 2 天之内，大大提高了效率，客户也相应节省了物流成本。

二是质量体系的标准实施和对齐。主材供应商 ISO 9001 的通过率 100%，通富微电优先使用 ISO 40001、ISO 18001 的认证供应商，通过现场／书面／第三方的审核，对现有供应商进行审核，确保其符合质量体系要求；引入 IATF16949 车载品质量体系管理要求，优先选用符合车载品要求的供应商；引入 PPAP（生产件批准程序），确保供应商正确理解工程设计记录和规范的所有要求，在实际生产过程中按规定的生产节拍生产符合要求的产品；引入 APQP（产品质量先期策划），制定确保某产品使顾客满意所需的步骤。

三是强化供应链创新引领。为强化供应链创新引领作用，通富微电加快了物联网、大数据、5G、人工智能在供应链中的应用，推进数字化供应链加速发展。物料 2D-code（电子身份证）的使用，使客户芯片、物料信息、加工过程全程有电子纪录，可追溯。通富微电通过对供应链过程数据的监控和大数据分析，提前识别质量风险，将风险管理前置。

（四）创新合作模式，结成战略同盟

一是提前介入供应商产能扩张建设，增强供应商投资信心，争取材料供应优先权。比如框架供应商 AAMI 为解决框架产能不足问题，曾考虑在深圳工厂或马来西亚扩能，通富微电及时介入扩能计划，并提前垫资合作在深圳工厂建菲林电镀线。这种合作方式实现了框架供应本土化，保障了供应安全，同时，节约了成本，缩短了交货期。

二是与合作商签署产能保证协议，实现共赢。通富微电与基板供应商签订产能保证协议，在其深圳工厂新建生产线时，给予资金支持，以产能保证金的方式进行合作，利用供应商的工程技术扩大产能，保证供应量，共同参与市场竞争。保证金在基板量产后分期返还。

三是布局全球供应链。通富微电为加强供应链信息共享，召开供应商大会，寻求紧密的供应链合作伙伴关系，以合作谋发展，共赢创未来。在供应商大会上，通富微电对供应商进行了表彰，评选最佳供应商、最佳合作供应商、最佳质量供应商、最佳支持供应商、最佳进步供应商、优秀供应商等奖项，为共同打造国内先进的供应链厂商添砖加瓦。

（五）加强供应链风险防范

近年来，我国集成电路产业受到强烈扰动，但通富微电立足企业供应链，以国产设备、材料验证为依托，积极推动设备、材料国产化，与国内上下游供应链企业加强合作，实现公司整体经营业绩高速增长，2021 年增速达近 60%。同时，通富微电及母公司华达微电子股份有限公司先后在集成电路设计、设备、材料等领域参股主要上下游企业，打造安全、稳定的供应链发展环境，提升风险防范和抵御能力，增强供应链弹性。

三、成效与创新点

近年来，集成电路产业进入高速成长阶段，但自给率以及全球市占率与国家提出的 2025 年自给率达到 70% 以及国内半导体产业具备全球竞争力的目标仍有较大差距。

封测业是集成电路产业链中十分重要的一环，相关项目的实施对打造自主可控的集成电路封测企业供应链，促进整个产业协调发展具有重要意义。通过项目实施，材料国产化率已经达到 60% 以上，基板等紧缺材料国产化率大幅提升，大大缓解了供应紧张状况，提高了产业链供应链的韧性和安全水平。设备国产化也取得了长足进步，国产化率达到 40% 以上，一些国外垄断的高精尖工艺设备在产线得到了批量使用，国产的划片机实现了零的突破，装片机性能基本满足消费类产品要求，塑封系统的占比达到 70% 左右。

四、推广价值

我国集成电路产业要摆脱长期受制于人的局面，就必须在打造国内自主可控的集成电路产业链上下功夫，进而推进产业可持续发展。目前，我国集成电路封测技术已达国际先进水平，但在设备、材料方面与国际领先水平相比仍有较大差距。因此，要继续提高集成电路产业链国产化水平，加强产业链上下游企业协同攻关，促进我国集成电路产业实现更大突破，保障供应链安全。

企业介绍：通富微电成立于 1997 年，2007 年在深圳证券交易所上市，现已成长为本土半导体跨国集团公司、中国集成电路封装测试领军企业。总部位于南通市崇川区，拥有崇川工厂、南通通富、合肥通富、厦门通富、苏州通富超威、马来西亚通富超威（槟城）及通富通科七大生产基地，集团员工人数近 2 万人。公司专业从事集成电路封装测试业务，产品广泛应用于 PC、消费电子、云计算和大数据服务器、智能终端、物联网、人工智能、电动汽车等热点领域。通富微电同行业排名国内第 2 位、全球第 5 位。

24

三一集团：技术创新与数字化转型并举，提升工程机械供应链安全水平

三一集团有限公司

易振新　李滕锋

三一集团有限公司（以下简称"三一集团"）积极发挥工程机械领域链主企业引领作用，针对工程机械供应链韧性低、风险不确定、上游企业水平参差不齐等痛点，以技术创新和数字化转型为指引，通过加强与上下游企业／合作伙伴互联互通，建设一条安全稳定和韧性弹性的供应链，从而实现企业降本增效、全产业链水平提升。

一、行业背景

国内工程机械企业起步较晚，部分零部件核心技术及工艺由国外企业掌握；供应商水平参差不齐，交付能力稳定性较差；供应链数字化水平低，各节点相互分离，信息沟通不充分，协作效率低。当前，我国工程机械产业链供应链的安全稳定性问题凸显，供应链安全与韧性建设日益迫切。

（一）核心零部件风险高

在地缘政治冲突的影响下，全球经济和制造产业链受到极大冲击，供应链无法在短时间得到修复，核心零部件受政策及海运物流影响保供困难，同时还要面临汇率波动和债务风险等。

（二）供应商水平参差不齐

工程机械产业链上下游发展水平参差不齐，部分供应商管理水平较差，设备陈旧落后，生产效率低，已经无法满足行业高效敏捷的发展需要。

（三）数字化水平低

供应链上游企业对制造企业数字化转型的认识还有待提升，数字化应用基础薄弱，工业软件应用尚处于初始阶段。数字化水平不一导致上下游企业间存在数据孤岛现象，设计、生产和经营管理等信息无法快捷流通和共享。

二、主要做法

（一）加强技术创新，深耕供应链本土化布局

作为工程机械行业领先企业，三一集团深刻认识核心零部件对于主机企业的重要性，采取多种措施，全力提升核心零部件供应链安全水平。一是组织对供应商的供应链风险进行排查，主要排查欧美、日本供应商存在的风险，对零部件进行风险分级；加大国际关键零部件的采购力度，增加库存，加快在途订单的生产和发运以及海外自制，保障生产的稳定运转。二是加快推动核心零部件本土化生产，逐步提高国内工程机械行业配套水平，抓紧推动国产零部件渠道开发，作为对进口产品的重要补充，从而提升供应链国产化水平，降低零部件采购成本。三一集团从设计、工艺、试验、人才四个方面发力，全面实现国产替代。与国内顶尖高校和供应商合作，进行技术开发；工艺上引进先进装配制造工艺，与上下游的供应商合作提高工艺水平；搭建工程机械液压技术研发基地和公共试验手段及信息服务平台，开展工程机械液压技术基础研究、共性技术研究和高端应用技术研究，同时研制精密检测设备，搭建含疲劳试验、耐久试验、综合工况试验等试验的平台，通过大量的试验检测，确保产品性能稳定，满足可靠性要求。

（二）提升工程机械供应链数字化水平

三一集团积极推动产品数字化、运营数字化，并对整个供应链上下游数字化水平进行升级改造。三一集团推进供应链上下游之间的网络化协同，依托供应链信息管理系统，将关注对象由一级供应商向二级、三级供应商扩展，提升整个供应链的可视化、智能化管理水平，提高供应链协同效率和动态响应能力。三一集团持续加大对数字化升级的投资，以满足产业链信息安全的战略发展需要，适应未来工程机械行业的发展趋势。

（三）推动智能制造作为"强链"的重要支撑

为应对工程机械行业市场的周期性波动、多品种小批量及重型部件生产挑战，2018年，三一集团在18号工厂最先启动灯塔工厂建设，迈出探索智能制造转型的第一步。三一集团以制造环节的智能化作为提升产业链供应链现代化水平的主攻方向，以端到端的数据流为基础，以数字化为核心驱动，在18号工厂的基础上全面推广几十家灯塔工厂建设，积极推进自动化生产等技术应用，实现智能制造和产业转型升级，从而实现大幅度提升生产效率，推动工程机械产业链由大变强的历史跨越。

（四）引领带动链上供应商提升各项能力

针对我国工程机械产业链供应链发展参差不齐的现状，三一集团一方面提高供应商的准入门槛，另一方面对有强烈改善意愿的供应商主动进行帮扶和提升。三一集团启动样板工厂打造项目，选取有改善意愿和潜力的供应商，借助外部的第三方资源，帮助其进行体系、现场、设备、生产过程的全面改善提升，打造样板工厂，总结和固化提升流程和经验，并在链上复制推广，全面提升供应商能力和管理水平。2021年起，为帮助"专精特新"中小企业融入产业链，三一集团向供应商生态圈推出了针对工程机械行业的"卓越同行"改善项目，选取有改善意愿和潜力的27家供应商，由三一集团引进汽车行业精益思想，帮助其进行体系、现场、设备、生产过程的全面改善，提升其质量、成本、交付、服务、效率、信息化和管理的能力，从而提高全产业链的业务能力和管理水平。三一集团已成功帮扶20家供应商验收通过"卓越同行"项目，获得"卓越改善供应商"称号，在工程机械行业取得了良好的口碑和示范效应。

（五）拓展供应链金融服务，稳住链上中小企业

三一集团自主研发信息化平台并通过整合产业链上下游资源发挥协同发展效应，进一步加深产业链中各企业之间的共生关系。一是运用现代化信息技术构建供应链金融平台——金票平台，打造全新贸易结算模式，通过整合物流、信息流、资金流，向供应链上游供应商传递核心企业优质信用，有效解决供应商"融资难、融资贵"的资金痛点。二是通过系统直连的方式，打破核心企业ERP系统之间的信息壁垒，将传统业务流程线上化、自动化，实现自动挂账、自动付款、自动兑付，加速财务数字化转型。三是促进产融结合，为金融机构提供普惠政策高质量落地平台。引入多家资金渠

道，促进资金链与产业链的深度融合，帮助金融机构根据供应链金融大数据拓展长尾市场、服务中小微企业，让金融普惠政策依托平台高质量落地。四是建立完善的风控合规体系，利用人脸识别、区块链加密等技术，有效明确各方权责，防范业务风险，确保供应链创新业务规范发展。

三、成效与创新点

（一）研发成果显著，部分核心技术实现自给自足

研发专利方面，三一集团累计申请超过 12 000 项，授权专利超过 10 000 项，申请及授权数居国内行业第一。2016 年之后三一集团申请研发专利 3 863 项，年均增速 50% 以上，授权专利 2 847 项，其中获国家级荣誉专利 10 余项。

核心技术方面，近年来，三一集团成功研制了一批行业领先技术，包括遥控 5G 挖掘机技术、泵车智能臂架减震和一键即定技术、搅拌车动力电池自动加热及冷却系统技术、场桥智能远程控制技术、破拆消防车臂架关键技术等。

核心产品方面，三一集团成功开发一批"王牌机型"，包括全球首款 5G 遥控挖掘机 SY415，国内首款以破碎作业为主的液压挖掘机 SY550H，国内首款轮胎液压挖掘机 SY155W，行业最大吨位 4 000 吨履带吊，国内首款全伸臂长达到 50 米五节臂四桥起重机，两桥最大桥长比泵车，行业首创兼具水泥粉剂、水和泡沫喷射灭火功能的高喷消防车等王牌产品。

电动化、无人化、智能化产品方面，三一集团瞄准工程机械未来发展方向，大力研究电动化、无人化和智能化技术，并开发出无人挖掘机、无人轮胎压路机、无人集卡和纯电动混凝土搅拌车等代表性产品，受到市场认可。

开放创新方面，三一集团通过跨界、共享，与数十家合作单位开展开放式创新合作项目，不断提升创新规模与水平。近两年三一集团与外部合作研发项目 900 余项，合作成果预计 450 余项，如与亿美博合作的工程机械数字液压项目，与西安 618 所合作运用航空电传控制技术开发智能化挖掘机，等等。

目前，三一集团核心零部件主要包括驾驶室、油缸、柴油机、四轮一带、底盘、控制器、柱塞泵和发动机等，2019 年总产值超过 200 亿元，国产化比例逐年稳步提升。同时，三一动力与道依茨成立合资公司共同研发生产柴油机。

（二）基于数字化的供应链协同性、韧性增强

三一集团借助 EDI（电子数据交换）与集团树根互联产品，实现与多家供应商系统、设备互联互通。系统互联打通库存、物流数据，实现供应在途可视、库存可视，提升供应链可视化程度，使得计划、库存得以实时共享，保障供应链稳健。设备互联在帮助企业了解供应商生产产能状态的同时，帮助供应商合理分析设备运行状况，分析降本空间，与供应商联合降本。同时，三一集团建立供应风险仪表盘，通过大数据、舆情分析实现风险订单自动预警。

三一集团还创新非生产采购模式，建立内部商城，对接京东、苏宁、震坤行、西域四大电商，导入 142 家自有供应商，上架 117 万种商品，实现多平台比价。需求部门自助下单，物流进度可视，报账平台化，采购周期缩短 44%。采购聚焦到寻源、集采等战略工作。下一步，三一集团将商城业务范围扩大至整个供应链生态圈，打造标准工业品商城、大宗物资集采商城、公共服务商城、二手物资商城。

三一集团将继续发挥链主企业作用，在与供应商的技术创新、资源协调以及数字化协同方面继续加强帮扶、引导和合作，以带动整个工程机械行业产业链协同发展，维护供应链安全稳定。比如组织工程机械行业技术展会，邀请联盟供应商展示和交流行业前沿的创新技术和先进产品；联合供应商研发明星机型，打造样板机型；重点帮扶100 家供应商实现体系能力由 C 级到 B 级的全面升级；继续推动系统互联，实现 500家供应商库存共享；等等。

（三）灯塔工厂成就全球智能制造标杆

三一集团在 18 号工厂启动灯塔工厂建设后，累计投入 5 亿元资金，突破 55 项关键技术，攻克上千项难题，于 2020 年圆满达产，18 号灯塔工厂成为三一集团第一座落地达产的灯塔工厂。在 18 号工厂，三一集团充分利用柔性自动化生产、人工智能和规模化的 IoT，建立数字化柔性的重型设备制造系统，最终实现工厂产能扩大 123%、生产率提高 98%、单位制造成本降低 29%。其多项原创技术方案迅速在三一集团其他45 个工厂全面推广，并先后支持了 4 062 个考察团、10 万人次的学习交流，实现数智化能力外溢。目前全球重工行业仅有 2 座灯塔工厂，且都在三一集团，代表中国工程机械行业的领先实力。

（四）供应链金融护航链上中小企业稳定发展

通过金票平台，三一集团实现商务付款流程全线上化操作、简化支付结算审批流程，大幅提升财务管理效率。三一集团 54 家子公司原有基础财务人员 40 人，通过应用金票平台减少至 2 人，同时付款效率提升 90%，人工原因导致的错付漏付问题已杜绝。截至 2022 年 5 月末，金票平台已累计完成 167 005 笔金票付款、137 434 笔金票兑付，无一笔错付漏付。通过结算方式的变更，三一集团间接节省财务费用约0.8 亿元。

同时，依托自建的金票平台，三一集团将核心企业的优质信用沿着真实的贸易链条传递，有效缓解链上中小供应商融资问题。截至 2022 年 5 月末，金票平台已注册供应商 3 545 家，其中小微企业占比达 73%。平台已先后接入建设银行、工商银行、交通银行等 9 家金融机构，通过与人民银行征信中心建设的应收账款登记平台对接，积极发展线上应收账款融资等供应链金融模式。三一集团将"金融活水"引入供应链，拓宽中小企业的融资渠道，确保资金流向实体经济。在 2020 年 3 月至 5 月，三一集团通过金票平台在线完成 5 705 笔融资，累计投放 10.44 亿元，帮助 224 家供应商解决了复工复产中的资金难题。

四、推广价值

党的二十大报告中提出着力提升产业链供应链韧性和安全水平。三一集团依托技术创新和数字化升级改造开展供应链创新与应用：一方面牢抓产业链技术自主研发，加强智能制造，通过 46 座数字化转型工厂积极打造智慧工厂蓝图，将智能制造拓展到产业链上下游环节；另一方面推行数字化转型，通过数字化将信息流、物流和资金流整合起来，互联互通，信息共享，提升供应链可视化水平。同时，三一集团积极发挥链主企业作用，对供应链上各相关方加强赋能与帮扶。通过多种方式，三一集团积极打造了一个创新引领、高效协同、安全稳定的工程机械供应链体系。

企业介绍：三一集团始创于 1989 年，目前已发展为中国最大、全球第五的工程机械制造商，也是中国最大的混凝土机械制造商。2021 年，三一集团实现营业收入1 720 亿元，在世界 500 强企业榜单中位列第 468 名。三一集团已形成集群化的研发创新平台体系，拥有 2 个国家级企业技术中心、3 个国家级博士后科研工作站、3 个院士专家工作站等，三次荣获国家科技进步奖二等奖，两次荣获国家技术发明二等奖。三一集团 2002 年开启国际化征程，2002 年至 2017 年海外累计销售设备 3 万台，出口规模及出口增速稳居行业第一。三一集团拥有 5 个海外研发制造基地、180 家海外代理商，业务覆盖 150 多个国家和地区。

25

中国储运：服务国家现代流通体系建设，打造"中国放心库"品牌

中国物资储运集团有限公司

中国物资储运集团有限公司（以下简称"中国储运"）聚焦大宗商品钢铁、有色金属、塑化等优势领域，从大宗商品交易交付安全切入，打造"中国放心库"品牌，建设智慧物流和智慧流通体系。借助互联网、物联网、大数据、区块链等新技术，中国储运创立发展中储智运（网络货运平台），搭建中储钢超、中储易有色、中储货兑宝等产业供应链服务平台，为客户提供大宗商品仓储物流、交易交付、供应链金融、信息等一体化服务，致力于服务国家现代流通体系建设。

同时，中国储运通过高效协同上游厂家和用户，提高了大宗物资的流通效率，减少了客户异地业务拓展成本，指导客户在不同销售区域合理配置库存，实现异地销售，降低整体经营风险，有效保障了我国产业链、供应链安全稳定。

一、行业背景

（一）大宗商品流通发展相对滞后

我国大宗商品市场容量巨大，主要行业的营业收入都在数万亿元。2021 年我国社会消费品零售总额为 44.1 万亿元，而大宗商品规模超过 80 万亿元，全国商品期货市场累计成交额约为 581 万亿元。在社会物流总额中，约 90% 来自工业品、10% 来自消费品。

大宗商品是铁路、水路和公路运输的主要运输品种。在铁路主要货物运输量中，煤炭货运占 51%，金属矿石占 13%，钢铁及有色金属占 6%。在公路主要货物运输量中，以煤炭及金属矿石为代表的大宗商品与矿建材料占 48%。在水路主要货物运输量中，煤炭及制品占 18.83%，金属矿石占 15.92%，石油、天然气及制品占 8.71%。

根据中国物流与采购联合会、中国物流学会发布的《第五次全国物流园区（基地）调查报告（2018）》，全国物流园区总数超过 1 600 家，流转钢材、煤炭、有色金属等大宗物资品类的物流园区占比分别为 37.5%、20.2%、19.1%。

目前，我国大宗商品流通发展相对滞后。我国规模以上工业企业存货率约为 10%，远高于西方发达国家 5% 的水平。工业企业的流动资本周转次数只有 2.5 次，远低于日本和德国 9 ～ 10 次的水平，造成流通成本高、效率低、资金占压严重等问题。

（二）大宗商品流通面临三大痛点

近年来，各类市场主体纷纷从不同环节入手，推进大宗商品流通体系发展。但从供应链角度看，流通体系整体发展水平滞后，存在以下三方面的问题。

一是公路、内河航运等空返情况严重。我国公路运输、内河航运市场集中化程度低，小型运输企业、个体运输户大量存在，这种市场结构造成信息不对称，市场各方信息资源的综合利用程度低、空载率高。公路运输的空载率在 40% 以上。

二是仓储作业环节复杂。相比于消费品，大宗商品仓储环节流程复杂，具有非标准的特点。在验收环节，大宗商品裸装情况较多，外观验收需要操作者具有一定经验，部分货物还需要专业检验；在称重环节，大宗商品需要计重的情况较多，使用地磅的需要空车、重车称重两次，理算方式需要计算货物体积，再根据密度计算重量；在装卸环节，大宗商品的起重设备种类繁多，对操作工人有专业要求；在保管环节，因为货物形态各异，不同品类的货物在堆码时有较专业的要求，需要对部分大宗商品进行除锈、熏蒸、晾晒、搬倒等养护作业。快消品包装整齐、储存条件较好，普遍可以在货物上粘贴条码、RFID（射频识别）标签，便于精细化管理，并易于实现自动化管理，大宗商品目前只有装在集装箱中的货物易于实现自动化管理。

三是客户对成本和安全性的要求高。大宗商品客户一般为工业企业，存货是其资产结构中的重要组成部分，资金占用成本是生产经营中重要的考虑因素。大宗商品往往单位价值高，具有金融属性，因此安全性要求高。这些诉求与消费品的效率、货损等诉求不同。

二、主要做法

（一）拓展供应链服务网络

中国储运以"打造现代综合物流旗舰"为愿景，依托通达全国、辐射海外的物流网络，不断拓展供应链服务空间，构建面向国内外的公共物流平台。

中国储运在中心城市和重要港口设有 130 余家分支机构，储存各类生产、生活资料，年吞吐能力超 6 000 万吨；拥有铁路专用线 57 条，总长 70 多千米。2015 年，公司收购英国 HB 公司，通过控股 HB 仓储物流网络延伸至美洲、欧洲等主要经济区域。中国储运旗下打造的中储智运（网络货运平台）运输线路覆盖 301 个省级地区、455 个城市，平台注册车辆超 300 万辆，水运船舶资源超过 2 万艘，货主会员 23 000 多家，业务覆盖线路 36 000 多条，年运输总货量超过 2.8 亿吨，同时常态化储备应急司机 1 200 名以上。

中国储运合作客户广泛，包括生产企业、贸易商、终端用户。钢铁领域与宝武、鞍钢、首钢、太钢、酒钢、南钢、沙钢等钢厂，与厦门建发、厦门国贸、浙江物产等大型贸易商，与中国交建、中国黄金、中冶、中国能建等建筑施工类企业建立了良好的合作关系。有色金属领域与江苏铜业、云南铜业、安徽铜陵、新疆兵团、金川集团、中国铝业、中电投集团、魏桥铝电、锦江集团、东方希望、神火集团等生产企业，与嘉能可、摩科瑞、托克等跨国贸易商建立了良好的合作关系。塑化领域与中石油、中石化、中国神华、延长石油、大唐能源、中煤能源、新疆天业等大型生产企业，与远大物产、道恩集团、方正物产、永安资本等贸易商建立了良好的合作关系。煤炭领域与大唐、华电、华能、中煤等发电集团均有合作。

（二）打造"中国放心库"品牌

中国储运以供应链平台总体思路为指引，围绕大宗商品产业聚集区，加大物流基础设施投建，打造"中国放心库"品牌，用先进技术和管理手段使物流园区提档升级。

2015 年，在仓储行业连续出现信誉危机事件背景下，中国储运适时提出打造"中国放心库"活动，旨在树立中国储运一贯诚信的品牌形象，践行央企责任，带动全行业走向规范、诚信的道路。

"中国放心库"建立在"主体信用可靠"和"管理信用可靠"的坚实基础之上，形成规范的实物管控体系和先进的数据管控体系。企业可以通过推行仓储业务标准可视化管理、6S 管理、改善库容库貌、加强服务人员管理、设立全国统一投诉电话等措施，提高风险防控水平，确保货物安全，为客户提供在线查询、在线开单、在线巡检等服务，具有资讯、清算、撮合、仓储、交易、融资、技术与产业特色服务等服务功能。

"中国放心库"活动开展以来，通过广泛的活动宣传、扎实的服务提升、周密的风险防控以及数字化转型升级等多项举措，提升了中国储运自身的管理和服务水平，树立了央企品牌形象，影响在行业内和客户间逐渐扩大。"中国放心库"价值逐渐体现，推动了中国仓储行业树立以诚信为本、以守法为根的经营理念。

（三）打造"期货标杆库"，推进产业链供应链安全稳定畅通

作为大宗商品市场的重要金融基础设施，期货交割仓库是期货市场连接现货市场的关键纽带。一方面，期货交割作为确保期货和现货价格趋合的核心环节，在期货市场服务实体经济方面发挥着重要作用。另一方面，期货交割仓库作为大宗商品流转过程中的重要节点连接产业链上下游诸多环节，期货交割仓库的安全稳健运行不仅是期货市场稳定运行的重要基础，肩负保障货物安全及市场平稳运行的重要使命，也是大宗商品产业链供应链稳定、资源要素高效配置的重要保障。

中国储运作为上海期货交易所、大连商品交易所、郑州商品交易所主要交割仓库运营商，充分发挥自身大宗物资期货和现货重要存储基地的资源优势，打造"期货标杆库"，在期货交割业务领域通过持续应用物联网等先进技术，进一步提升运营稳健性与风险抵御能力，既有效满足期货和现货仓储、流转需求，也为推进产业链供应链安全稳定畅通、提升产业链供应链韧性和安全水平提供基础支撑和重要保障。

近 5 年，中国储运交割库数量、交割品种、交割库容不断增加。目前，中国储运系统内有 23 家单位具有期货交割资质，交割品种总数 25 个，总核定库容 261.59 万吨。

三、成效与创新点

中国储运搭建的供应链一体化服务平台已成为多家生产企业实现网络化销售、连接底层用户的主渠道，为周边中小型用户提供了供应链整体解决方案。中国储运通过高效协同上游厂家和用户，提高了大宗物资的流通效率，减少了客户异地业务拓展成本，指导客户在不同销售区域合理配置库存，实现了客户异地销售，降低整体经营风险。

（一）用户交易更加敏捷，资金安全得到保障

通过整合多家下游用户采购需求，向多家上游企业采购，货物到达中国储运仓库后统一管理，形成共享库存，用户采购配套资金减少 80%。同时，上游企业从原来分

别对接多家用户改变为由平台进行整合的模式，降低了交易环节中的采购、物流、商务和人力资源成本，有效降低了交易环节风险，保障了资金安全。

（二）市场价格更加平稳

平台的价格已成为地区价格的重要参考。这规避了以往经常发生的抛售或惜售行为，让真正的供需成为价格决定因素，平抑了价格波动，让上下游生产更加有序，促进商品价格的稳定。

（三）数据信用逐步建立

基于平台的交易和物流数据，银行开始为平台的中小企业提供信用贷款。平台成为金融机构服务中小客户，发展普惠金融的重要渠道。基于线上化区块链等技术应用，交易交付安全得到了保障。

四、推广价值

经过几年的努力，中国储运供应链平台的建设工作已小有成就，为我国产业链、供应链安全稳定发挥了积极作用。中国储运的以下三种模式值得推广。

一是中储"易有色"模式。此模式通过保价、点价、均价等价格管理手段，围绕价格波动为目标客户提供风险管理服务，以交易为纽带，以数字化为手段，连接行业资源，打通全国市场，共建线上线下高度融合的集交易平台、服务平台、大数据平台、仓单交易平台为一体的全国有色金属流通服务平台，促进全国有色金属统一大市场的形成。

二是中储"钢超"模式。此模式以线上和线下相结合的方式，打通了钢铁流通领域各环节，平台对产品、资金、合同、进销存、用户等信息进行汇集，实现了实时全流程业务管控。用户在线自主查账、自主开单，通过电子单据、电子签章、密码等对接库房提货，实现了全流程一体化服务及全流程的业务管控。对上服务钢厂，钢厂能够掌握资源流向，在生产和销售环节获得真实的数据支撑。对下服务中小客户，客户通过中储钢超实现渠道扁平化，有效降低了采购及物流成本，提高了交易效率和单据安全性。

三是中储"货兑宝"模式。此模式通过 WMS、AIoT 和供应链协同平台三套系统交叉比对，做到存货的电子账目、电子存货凭证、存货实物状态、存货货位、存货标识实时相符，解决大宗商品现货资产缺乏真实性、安全性和流动性保障问题。同时，此模式通过区块链技术保障数字仓单唯一性、不可篡改，并通过区块链平台记录结果及行为过程，并在互联网法院进行存证，确保取证的有效性，解决了中国大宗商品仓储行业单据不规范、存在较大漏洞、违规成本较低和难以管控的问题。

企业介绍：中国储运前身系原国家经委物资管理总局储运管理局，诞生于 1962 年，是国务院国资委管理的中国物流集团有限公司成员企业。公司业务涵盖智慧仓储、智慧运输、大宗商品供应链、消费品物流、工程物流、期现货交割物流、物流科技等领域，先后获全国第三批和第四批多式联运示范项目、全国供应链创新与应用示范企业、国有企业公司治理示范企业等称号。

26

中国港湾：织密国际工程供应链网络，推进高质量共建"一带一路"

中国港湾工程有限责任公司

沈冰

中国港湾工程有限责任公司（以下简称"中国港湾"）迭代升级"平台公司 + 产业引领"战略，在国际工程高质量发展上持续发力，推动经营规模和业绩持续增长，国际化经营和全球化发展不断迈上新台阶。供应链管理是贯穿中国港湾各产业链矩阵的关键要素。公司通过建设三级供应链管理体系，统筹全球采购供应资源，提升供应链管理水平；布局区域集采试点，持续推进集约化采购；积极构建业主、咨询工程师、设计单位、施工单位、国内外供应商、物流服务商等关键利益相关方协同的供应链管理生态，促进供应链上下游协同、共赢。

一、行业背景

国际工程项目产业链多样，业主结构、业务种类、项目模式丰富，具有独特性、分散性、复杂性等特点，供应链管理关键利益方多、跨度大、链条长，物资装备品类繁杂，受制于技术标准、法律法规、财税政策、市场行情、地域壁垒等因素，国际工程供应链管理面临诸多难题。

（一）供应链管理关键利益方多，协同难度大

国际工程项目全生命周期供应链管理贯穿业主、咨询工程师、设计单位、施工单位、国内外供应商、物流服务商等外部关键利益相关方，工程承包方对接关键利益相关方的职能分散在不同业务单元和部门，且管理层级跨越总部、区域和项目，纵横交织管理，协同难度和隐形成本较大。

（二）供应链韧性和安全性管理复杂度高

国际工程供应链韧性、安全性的影响因素众多，主动控制力不强。当前受逆全球化和全球通货膨胀等多重因素叠加影响，全球产业链供应链安全稳定运行受到重大冲击，工程承包商可采取的风险防范措施有限，风险加大。大宗商品价格上涨、原材料断供、零部件短缺、物流堵塞等因素导致全球产业链供应链运行成本显著提高。

（三）供应链全球化程度受限因素多

全球化发展离不开属地化的推进，企业应在整合全球优质供应资源的同时，最大限度发挥属地资源优势，深挖供应链管理价值创造力，以花费最小供应链总成本。而不同国别工程进度不同、项目物资装备执行标准各异，导致规模采购、资源调度、标准化推进等复杂性加大。一些业主通常会限定属地采购比例、限定供应商名单或直接指定属地供应商。

二、主要做法

中国港湾坚定立足新发展阶段，积极增强全球供应链的弹性、韧性和竞争力，增强供应链在产业链中的重要作用，增强供应链全球资源配置能力，聚焦强基补短、巩固优势长板，创新管理模式，持续打造世界一流工程供应链。

（一）打造国际工程平台公司特色供应链管理体系

中国港湾围绕"强总部、精区域、细项目、实考核"，分层分级落实供应链管理主体责任；基于"业务布局、区域布局、专业化布局"，建设供应链管理生态圈。

一是夯实管理基础。按照统一体制、分级管理的原则，建立管理体系、执行体系、监督体系，实行公司总部、驻外机构、项目经理部的三级管理体制。强化总部集采统筹职能，实现集约化、穿透式管理；持续优化集中采购体系，提供国内国际大宗物资价格指数，预防和控制采购风险；突出一区一策、差异发展，分析区域所辖国别市场特点、资源禀赋，制定区域差异化供应链管理方案，推动海外区域化集中采购试点，推进建设首批 4 个区域集采试点。

　　二是完善管理制度。持续完善制度体系以打造高效协同的供应链，提升供应链管理质量，防范合规风险，以确保供应链整体效益的最优化。制定了以《中国港湾供应链管理规定》为核心的"1+10"供应链管理三级制度体系。供应链管理全面融入市场营销平台、项目管理平台中，完善物资装备采购供应、采购计划管理、供应商管理、合作单位及分包单位物资装备采购管理、物流及出口管理等，强化供应链风险与合规管理，打造全面绩效考核体系。

　　三是优化管理流程。立足夯实基础，系统梳理供应链管理业务，明确各业务环节的"责权利"，优化端到端的流程，提升管理效能，逐步实现业务、流程、信息系统的高度融合。推行集约化采购管理模式，落实"放管服"管控原则，落实阳光采购。制定招标文件范本、采购合同范本等标准化的采购文件，将招标采购和集中采购、合同管理、履约支付等管理要求融入采购文件，提升采购工作效率，降低采购风险。

（二）供应链管理贯穿项目全生命周期

　　一是供应链管理前置到市场营销阶段。中国港湾明确供应链管理体系各层级主体责任，确保边界清晰、协同高效，高质量落实市场营销阶段采购筹划方案，实现价值创造、价值协同，为项目中标后完善项目采购策划方案，推动集中采购、降本增效奠定坚实基础。

　　二是在项目实施阶段因地制宜做好供应链管理。中国港湾根据不同项目实施模式特点，制定适应性采购策略，在市场营销阶段采购策划方案的基础上深化项目采购策划方案，整合全球供应链资源要素，做好国内、属地、第三国供应链资源调研，择优配置资源，提升对属地资源的整合能力、管理能力、风险控制能力。中国港湾做好供应链全生命周期高质量管理，锻造供应链弹性、韧性、竞争力，赋能价值创造。同时，企业细化供应链管理关键环节，监控生产出厂全过程，提升对物流、资金流的掌控能力，整合物流运输要素，发挥物流运输的"连接器"作用，全程监控物流状态，提前预警卡点、堵点，保障及时到场，加强大宗物资库存动态管理，找准履约支付平衡点，坚持以收定支，支撑项目正向现金流，探索供应链金融等产融结合新模式，降低融资成本，提高资金使用水平。

（三）整合全球资源，推进全球化采购供应

　　一是掌控供应链核心资源，分层分级分类建设全球供应商库。中国港湾基于中交

集团统建供应链管理信息系统，动态整合、优化供应商库，通过资格审核准入、定期评价、退出等全流程管理，对供应商进行科学分类、动态管理。中国港湾持续优化供应商考核评价标准及公司级优秀供应商评价机制和标准，定期对年内有合作的供应商进行考核、评价，依据考核、评价结果调整供应商评级，遴选年度优秀物资装备及物流服务供应商。

二是织密全球采购供应网络，整合优化供应链资源，推动供货降本增效。中国港湾建立供应链预警机制，掌控战略核心资源，跟踪钢材、水泥、沥青、柴油等大宗物资市场行情，降本创收，护航供应链安全稳定，提升市场竞争力。中国港湾进一步发挥区域内属地化采购协同效应，布局属地资源、有效建立属地资源库。

（四）充分发挥供应链管理考核积极作用

中国港湾发挥考核"指挥棒"作用，不断提升供应链管理工作效果，增强供应链核心竞争力，合理、有效评价各单位供应链管理工作业绩，激发各单位开展供应链管理工作的积极性和创造性。中国港湾基于供应链管理工作目标，建立符合公司经营模式和业务特点的供应链考核指标体系和考核规则，提高考核的针对性和有效性，分级分类管控，落实各级管理主体责任，不断提升供应链考核工作的力度、深度和广度。

三、成效与创新点

（一）供应链管理能力逐年提升，持续为效益赋能

供应链三级管理体系有力支撑了物资装备及服务采购与供应链管理工作，各区域均实现集采；全面推进了超大型项目、直管项目集中采购，前后方高效联动，统筹全球资源，充分发挥了供应链管理与采购的扩能增效作用。2021年，公司集中采购额超过51亿元，较预算结余约6亿元；出口管理成效显著，出口额达4.47亿美元。集中采购的物资装备种类已经扩展到港口、道桥、机场、轨道交通、房建等领域。直管大型项目集采稳步推进，马来西亚东海岸铁路项目设备物资集采实施率近85%，哥伦比亚波哥大地铁一号线项目四电系统全面集采，集采高峰充分发挥了供应链管理的专业性和价值创造力。

（二）建立区域集采试点，推动供应链管理体系升级

中国港湾推动建设首批 4 个区域集采试点，作为"精区域"发力点，贯通供应链管理全生命周期，整合全品类、全要素资源，既做区域联采、项目间集采实施的主要采购主体，也担当区域资源集约配置的"小平台"，构建供应链管理核心链，逐步覆盖公司所辖的一百多个国家和地区，促协同、激活力、防风险，贯通供应链管理生态圈。

振华集团（香港地区）、中东区域中心、中非区域中心和东非区域中心共计 4 个项目实现港机设备跨区域集采，取得了较好的采购成果，为各单位获取了额外降本效益。振华集团结合长期深耕本地工程市场的策略，承接大量本地的政府公共工程，以项目自营自采、区域公司协调集采的方式，统筹管理，确保价格优势，提升供应效率。

（三）持续整合全球资源，提升供应链竞争力

中国港湾持续优化整合全球供应商资源，挖掘各国别优势要素，加大属地资源整合力度，差异化推进供应链管理，持续增强全球资源配置能力，建立稳定的供应商合作关系。中国港湾海外合格供应商达 1 391 家。中国港湾从入网、评价、考核、清退等多个角度开展供应商管理工作，每年对供应商开展评价考核，考核对象涵盖了各属地国别供应商、国际供应商等。中国港湾连续两年开展了公司级优秀供应商遴选工作。

四、推广价值

中国港湾的绝大部分项目在海外并遍及全球。面对复杂形势和艰巨任务，中国港湾结合自身使命和资源禀赋，对外加强关键利益相关方协同，对内优化体系和流程，梳理形成符合公司战略定位的供应链发展图谱，做好供应链战略设计和精准施策，建立一个纵横整合的供应链体系，能够整合全球的人、财、物等各项资源，实现价值最大、成本最优、简约高效，推动建设具有更强创新力、更高附加值、更安全可靠的供应链管理生态圈，对提升我国国际工程供应链现代化水平，高质量推进共建"一带一路"有积极促进作用。

企业介绍：中国港湾成立于 20 世纪 80 年代，是中国交通建设股份有限公司（CCCC）的子公司，代表中国交建开拓海外市场。中国港湾在世界各地设有 90 多个

分 / 子公司和办事处，业务涵盖 100 多个国家和地区，在建项目合同额逾 400 亿美元，全球从业人员超 20 000 人。中国港湾坚持"平台公司＋产业引领"发展方向，全力打造国际一流的工程承包商、产业投资运营商、城市发展商、生态治理商，在港口、建筑、道桥、轨道、城市综合开发、生态环保、管网、绿色电力等领域，具备"投、管、建、营、退"全产业链一体化服务优势。

27

小米：用互联网思维打造全球化数字供应链

小米通讯技术有限公司

　　小米通讯技术有限公司（以下简称"小米"）在全球化布局中，用互联网的思维和方法，改造传统制造业，实践、丰富"互联网＋制造业"，推动商业社会的效率革命，以实现用户利益最大化和社会经济运转效率最优化。在全球化进程中，数字化供应链是践行"互联网＋制造业"的最佳实践。小米建设全球供应链管理系统，实现对供应商和代工厂的精准管理，追求供应链资源分配最优解，打造供应链极致效率。同时小米积极发挥在产业集群中的链主作用，搭建"全球供应链产融服务平台"，带动链上中小企业全球化发展，促进产业链协同共赢。

一、行业背景

　　消费电子行业作为我国高科技支柱产业，发展势头良好，日益成为我国创新发展的先导力量、驱动经济持续增长的新引擎、引领产业转型和融合创新的新动力。以智能手机为代表的消费电子领域，庞大的海外市场是各企业激烈竞争的重点。如何更好地拓展全球化市场，降低供应链管理的不确定性和风险，成为我国消费电子企业"出海"普遍面临的一个关键课题。

（一）全球化发展面临供应链安全可靠性问题

　　国内消费电子产品由"代工出海"转向"品牌出海"，"中国制造"走出去浪潮方兴未艾。在此背景下，部分国家贸易保护主义抬头、国际地缘政治冲突加剧，叠加诸多不确定因素，制造企业、贸易商等供应链企业对供应链的需求逐渐由效率优先向安全可靠转变，对跨境供应链服务的可靠性、风险可控、敏捷性以及精细化提出了更高的要求。

（二）全球化发展面临海外国家生产布局问题

海外市场分布广泛，各国国情和政策不一，很多国家提出要在当地生产制造的需求。如果在各个国家都建设当地工厂，进行重资产投入，企业压力较大。而"出海"企业如果没有生产制造的能力，又无法建设海外本地化供应网络。

（三）全球化发展面临遍布全球的供应商资源管理问题

智能手机厂家多采用在海外本地布局生产能力，通过国内物料采购和海外本地采购两者相结合的方式支持海外本地生产的需求，普遍存在供应商数量多、品类分散、交易链路节点复杂、供应链管理困难等情况。对于海外本地采购供应商和国内供应商的融合管理，"出海"企业面对上百种交易模式，很难统筹好全球供应能力。建立全球供应商资源管理平台，有助于"出海"企业在海外成功发展。

（四）全球化发展面临全球供应链协同问题

目前，全球化供应链各环节之间链条长，存在数据孤岛，导致协同效率低，总部很难有效管控企业在各个国家的投入和产出。全球供应链协同难的客观因素有两点。一是数据标准不统一。海外本地供应商和代工厂会构建本企业信息系统，这些合作方一般基于企业内部需求而建立，仅关注数据在企业内部的自由流转，而对与外部的数据衔接则相对不重视，尤其是全球各地域管理文化及方式不同，更加导致供应链数据标准难以统一。因此，不同的供应链信息系统使用不同的标准，客观上影响数据的自由流通。二是全球供应链各环节、各地区数字水平不一。仍有相当一部分中小企业存在信息化水平低的问题，对接管理非常困难。

二、主要做法

（一）用互联网思维来打造全球数字化供应链，致力于追求供应链极致效率

小米创新性地将国内创业实践中总结提炼出的互联网七字诀，运用到全球化发展过程中，作为小米供应链全球化的方法论。小米互联网七字诀即：专注、极致、口碑、快。专注是指专注于关键业务的数字化，在繁杂而庞大的业务体系里抽取最重要的部

分，单点突破，实现关键要素的数字化，并快速反应与迭代，逐步放大与延展。极致是指无限追求最优解，如库存的分配、齐套的分析。在方案设计里结合互联网的特质与算力，通过关键点的连接来实现最优解。在实现供应链本身业务连通的基础上，将销售、研发、供应商、客户等供应链上下游业务单元进行集成，打造全链路连接的数字化供应链。业务连接的广度，结合关键点计算的深度，将两者的乘数效应最大化，极大地提升数字化强度，以实现面向用户的极致效率，这也是口碑和快的目标。

（二）输出先进的智能制造能力，赋能海外代工厂，提升海外交付能力

在全球布局过程中，小米供应链秉承互联网思维，让供应链各个环节发挥自身优势，将关键点做到极致。海外供应链分工中，小米专注做制造能力输出和数字化中关键点的连接，合作伙伴发挥制造优势，在本地建厂完成生产职能。经过多年探索，小米对外输出一套完备的制造能力，确保每个代工厂能力水平保持一致。同时小米构建了行业领先的制造云系统，连接全球所有工厂的生产计划、在制数据、库存数据、产出数据等，确保数据的实时可靠，做到不建工厂也能对工厂进行精准管理。经过5年发展，小米与国内知名制造代工企业联合在海外建立了9家电子产品制造工厂。

（三）构建全球供应链管理系统，有效管理全球资源，打造一体化的集成计划"大脑"和轻量化的供应链流程系统，实现关键数据的精准接入和控制

小米在多年供应链全球化发展过程中，基于消费电子行业特点成功构建出了一个端到端的供应链管理平台，实现了对小米全球化供应链布局的统一化、数字化、智能化管理。首先，小米在供应商资源和采购管理上，建立全球供应商资源管理体系，打造出全球供应商资源认证和服务平台，解决了全球各地区数据标准不统一、本地化采购寻源难、供应商管理困难等问题。其次，小米在供应链数字化探索过程中，依托数字化平台，实现了全球一体化物料和成品供应链计划管理，结合大数据、AI等技术实现最强算力和资源分配最优解，真正做到供应链最强大脑。最后，小米利用数字化工业互联网技术，打通了全球各工厂制造关键节点，完成了全球供应链各节点关键数据可视化管控。

三、成效与创新点

小米在全球化布局中，通过建立互联网思维，构建管理全球资源的供应链管理系统，输出先进智能制造能力，取得了良好成效。2021 年小米全球海外市场收入占比 49.8%，同比增长 33.7%。其中全球智能手机出货量 1.9 亿台，市场占有率为 14.1%，创历年新高。

除自身发展外，小米积极发挥供应链链主示范作用，赋能链上广大中小企业。小米模式已经成功在一百多个行业里充分实践，改变了这些行业的面貌。小米生态链蓬勃发展，其中供应链上专注硬件产品的公司就有 100 多家，创造了上百款行业公认、用户追捧的热门产品。

在全球化发展过程中，小米也呈现出多个创新点。

（一）数字化实现供应链全链条闭环高效管理

通过综合运用 5G、云计算、人工智能、工业大数据等技术，小米积极开展数字化供应链建设，激发供应链的各业务环节的数据要素创新潜能，使其更加快速高效、低成本。小米数字化供应链依托自研的供应链数字化管理平台，实现了基于供应链 "ONEPLAN（一个计划）" 的计划管理体系，实现了四大供应链业务管理闭环目标。

（二）工业互联网平台建设解决全球化管理难题

小米为了支撑全球制造资源精益化管理，采用工业互联网技术，建设了具备数字孪生能力的全球工业互联网管理平台——小米制造云，实现了对全球手机代工厂的制程层、线体层到工站层全面监控。经过三年建设，小米制造云数字化能力不断升级，现已实现了数字化实验室和 3C 关键器件生产管理。通过数字化平台，小米解决了全球化管理难以实现统一化、规范化的管理难题，同时也提升了小米制造资源管理效率，为小米管理者提供了实时、准确的生产决策支持。

（三）产业化服务引领链上中小企业抱团"出海"

小米供应链服务平台的主要服务内容包括：消费电子企业供应链信息化服务、供应链资源数字服务、消费电子工业品集采服务、供应链全链金融服务。平台采用综合型供应链管理的服务模式，即小米作为生态链龙头企业和供应链核心企业，充分发挥引领和示范作用，以供应链信息整合、智慧供应链服务和供应链资源优化为突破口，依托小米专业的全球供应链服务网络，面向供应链上的节点用户，提供关键原材料采购执行、工业品电商服务、金融服务等，具体服务内容可以覆盖订单管理、市场调研、供应商选择、统一采购、电商销售及管理、通关服务、库存管理、物流配送、媒体宣传、市场营销、货款结算、供应链金融、行业研报等供应链一体化综合性服务，实现供应链上各节点企业在设计、采购、生产、销售及服务方面的高效协同、资源共享和互利共赢。目前该供应链服务平台已经服务小米生态链上下游诸多企业。

四、推广价值

小米借助区块链、物联网等技术，对供应链端到端的信息进行合理管控，实现数据获取和处理自动化、存储和使用公开化；建立及时预警、快速响应、高效应对的机制和体系，提高企业供应链柔性及韧性；依托供应链整体策略，促进产业链供应链资源融合，实现供应链之间到设备之间的整体与局部协同运作，解决生产与销售、优化与交期、正确与精确的矛盾。此外，小米以"数据链"为主线，综合利用 5G、人工智能、数字孪生等数字技术助推各行业数字化转型，打造自主可控的数字化赋能平台，推动数据流动，通过数字化技术的融合应用，实现供应链各节点的数据交互，从而实现供应链全球化水平的提升。

企业介绍：小米于 2010 年 4 月在北京成立，是一家以智能手机、智能硬件和 IoT 平台为核心的消费电子及智能制造公司。成立以来，小米深耕、精耕国内市场，不断开拓国际市场，以"手机 × AIoT"为核心实现双引擎发展，以"互联网 + 制造"为方向植根制造业，以"投资 + 孵化"全面构建智能产业生态，坚持做"感动人心，价格厚道"的好产品，始终将人民群众对美好科技生活的向往作为奋斗目标。2022 年 8 月，小米连续第 4 年入选《财富》世界 500 强企业榜单，排名第 266 位，较 2021 年上升72 位。

28

厦门国贸：推进资源整合，做值得信赖的全球产业伙伴

厦门国贸集团股份有限公司

厦门国贸集团股份有限公司（以下简称"厦门国贸"）作为大宗商品供应链综合服务商，以"值得信赖的全球化产业伙伴"为定位：一方面通过与境内外核心供应商保持深度战略合作关系，做好大宗商品的保供稳供，以一体化整合，纵向深耕垂直产业链，推动产业链双循环各环节相互融合，促进产业链上中下游共赢局面；另一方面持续推进自身全球化资源整合、全球化平台布局、全球化物流服务、全球化风险管理，为国内产业链上下游提供"采购服务、分销服务、价格管理、物流服务、金融服务、市场研发、数智运营、产业升级"等产业综合服务，输出国内优质产品，开拓海外新业务，以一体化综合服务进一步助力所服务产业链提升国际化水平和促进供应链安全稳定。

一、行业背景

（一）复杂多变的宏观环境

大宗商品的生产或储备在世界范围内分布不均，大宗商品供应链企业必须直接面对国际国内双重复杂变化。受全球经济不稳定、不确定性因素增加的影响，全球供应链历经三十余年的高速发展后开始步入重构阶段。以往的全球性分工协作体系，已很难适应当前复杂多变的世界政治经济环境。未来，保证供应链安全、稳定将成为各国政府、跨国大宗商品供应链企业的优先目标，政治因素将在涉及国民经济安全的关键产业的供应链中发挥更重要的作用。

（二）经济下行引发大宗商品走弱

当前，全球政治经济形势日趋严峻，贸易保护主义持续升温，供应链企业首当其冲。

2022 年 6 月以来，美联储及主要经济体大幅加息，引发大宗商品价格剧烈下行，部分大宗商品跌幅达 30%。叠加全球经济预期趋暗，地缘政治摩擦不断，大宗商品供需两弱，大宗商品贸易领域的系统性风险凸显。

在供需两弱的大背景下，中国的大宗商品供应链企业优势不显。虽然近年来我国大宗商品的需求不断增长，境内大宗商品交易商的现货贸易量也快速提升，但相比托克、嘉能可等国际主要交易商，在国际化、规模、营收、利用期货市场管理风险等方面尚有一定差距。

（三）供应链安全与稳定受到挑战

在地缘政治方面，俄乌冲突是影响大宗商品供给、价格的重要因素，俄乌冲突造成能源危机、粮食危机加剧，影响了全球供应链安全与稳定。如斯里兰卡、巴基斯坦等国受此牵连，因严重债务危机导致国内政治动荡，进一步加剧地缘政治风险。新冠疫情的冲击，更暴露了一些行业全球供应链过长，可靠性、稳定性不足的问题。上述问题使相关产业供应链安全稳定受到挑战、需求承受压力。

（四）风险管控面临前所未有的压力

近期国内大宗商品供应链信用风险呈高频多发趋势，虚假贸易、重复质押融资、伪造印章、循环贸易等问题的出现已然从往年以"季"为频次计，到以"周"为频次出现。钢材、铝锭、铜精矿等大宗商品风险事件频发，涉案金额动辄数十亿元乃至百亿元，牵连甚广，部分行业龙头企业岌岌可危。目前形势有复刻 2011—2015 年钢贸危机时的系统性风险环境的倾向。当前企业风险管控承受前所未有的压力，风险管控面临极大挑战。

二、主要做法

2020 年出现通胀、供应链断链、经济恢复区域不平衡等问题。在新的挑战面前，厦门国贸制定"十四五"战略规划，从全产业链运营的视角提供定制化、一体化供应链服务方案。在原料端，厦门国贸整合境内外物资采购需求，为下游锁定原料采购成本、确保货物稳定供给；在生产端，厦门国贸提供多式联运综合物流服务，通过期货等金融工具，定制化、差异化地满足工厂的原料稳定供应、降低成本需求；在销售端，厦门国贸以全球营销网络为支点，实现产品与渠道的有效对接，赋能全产业链提质增效。此外，厦门国贸通过供应链一体化综合服务，帮助生产制造企业降低成本、提高效率、优化服务，与产业链上下游8万余家合作伙伴共同分享价值增长收益，打造跨界融合、平台共享的供应链商业生态圈。

（一）全球化资源整合

历经数十年的积累和深耕，厦门国贸在大宗商品产业链上下游拥有大量优质客户资源，与全球知名矿山、厂家等主流供应商建立了长期稳定的战略合作伙伴关系，在全球范围内提供优质货源。其具备系统地运用和调动全球资源，解决资源短缺问题，将价值链要素以最敏捷、高效、经济的方式整合配置的能力。

以黑色金属为例，随着我国近几十年的高速发展，国内自有铁矿资源无法满足钢铁企业的生产需求，必须依靠进口铁矿填补供给缺口。由于既要保障货源稳定，又要尽量减少市场价格波动对经营的压力，对于大多数的钢铁企业来说，签署长协合同是有效的应对手段。然而，对于国内中小型钢铁企业而言，想与矿业巨头签订一份长协合同并非易事。掌握话语权的矿山更加聚焦铁矿石的开采和发运，而开采出的铁矿石数量和品种是基本确定的，无法满足每家中国钢厂的定制化需求。有时矿山给予的长协合同数量无法满足钢厂需求，有时矿山给予的矿石品种不适合钢厂生产配比，这些情况时有发生，就造成了钢厂与矿山之间产生资源不匹配的问题。为此，厦门国贸发挥资源整合的优势，在"铁矿—钢铁"垂直产业链建立了完整的一体化供应链综合服务体系。厦门国贸铁矿石供应商遍布澳大利亚、巴西、智利、乌克兰、俄罗斯、印度等国家，与全球矿业巨头常年签订长协合同，积极发挥作为大型供应链企业的优势，通过整合中小钢企的铁矿石需求，依托公司的大平台优势，向矿山集中采购。由此，国内的中小钢企在资源匹配的同时，也能享受优惠的协议价。不仅如此，厦门国贸还根据港口情况、钢厂需求灵活规划海运物流路径，通过同一艘货轮将铁矿石运抵中国后再分配给各个钢企，这意味着钢企可以用最低的运输成本获得最需要的货源。更重要的是，更多的钢铁企业可以根据各自生产所需品种和配比，获得个性化需求的满足。2021年，厦门国贸的铁矿营业规模位列全球贸易商第二。

通过全球化资源整合，厦门国贸的网状式供应链将形形色色的客户、五花八门的需求有机地串联起来，在实现自我发展的同时，促进了产业链上下游企业的共同价值增长。

此外，厦门国贸还积极携手各大矿山及优质产业伙伴，深化业务合作层次、创新数字供应链合作领域，全面探索区块链、云计算等数字新技术在供应链生态场景的应用，以数字赋能发展，推进人民币跨境结算业务体量快速增长。2020 年，厦门国贸与国际矿山巨头罗伊山实现首单人民币信用证跨境结算铁矿石交易，与力拓集团、厦门工行通过区块链贸易融资平台成功开立了全球首单标的为铁矿石的跨境区块链人民币信用证，结算金额超 2 亿元人民币。

（二）全球化平台布局

厦门国贸在发展过程中，始终以国际化、全球化作为战略布局的重中之重，以全球资源、市场、资讯为参照，持续推进全球化布局，在北京、上海、广州、深圳、成都、武汉等 30 多个城市设立区域公司和办事处，在新加坡、印度尼西亚、缅甸、新西兰、乌兹别克斯坦、美国等多个国家设立驻外分支机构，与全球 170 多个国家和地区、8 万余家产业链上下游客户建立稳定的合作关系，搭建了境内外重要购销市场的经营网络，可有效针对市场需求做出快速反应，扩大国际市场份额和增强国际竞争优势。

一方面，厦门国贸在总部构建了强大的、对标国际一流企业的战略、财务、投资、风控运营、数字化、人才、法务、品牌与企业文化、证券、研发等职能部门，支持平台发展，使得平台成功模式得以敏捷高效地复制。另一方面，厦门国贸通过管理的全球化，持续引入国际著名企业作为咨询机构，在战略、人力资源、审计、品牌等方面积极与国际接轨；同时把决策前移，因地制宜，"让听到炮声的人呼唤炮火"，以国家乃至区域为单位，根据平台及所处产业链特点，合理切分总部与子公司的权责，促进发展。

在"走出去"的战略布局下，厦门国贸在新加坡设立的海外平台公司——新加坡国际贸易有限公司，连续多年被评为当地企业 1000 强；在新西兰设立的海外平台公司，被授予"厦门市贸促会（厦门国际商会）驻新西兰（惠灵顿）联络处"的称号；深度介入乌兹别克斯坦棉纺产业，同时积极挖掘石油、天然气、煤炭、金属矿产、农产品等资源的业务发展机会，推进国际产能合作。

（三）全球化物流服务

物流服务是供应链管理业务的重要环节。厦门国贸作为国家 5A 级物流企业，已构建完善的物流网络化经营体系，拥有船舶、仓库、堆场、车队、以及强大的外协物流系统，通过不断优化物流仓储、陆运、空运、海运布局，依托供应链一体化战略体系，可为客户提供全球范围内的一站式优质物流配送总包方案。

厦门国贸不断加强物流资源的投资布局，采取轻 / 重资产相结合，与属地企业合资合作的模式，在全国范围内拥有合作管理仓库超 3 000 个，自管仓库面积近 280 万平方米；成为铁矿石、甲醇、短纤、PTA、苯乙烯、乙二醇等商品的指定交割仓库，期货交割仓库数量共 8 个；已构建数家区域性分拨中心，配送平台覆盖国内沿海及内陆主要区域，具有全面的综合运输和配送服务保障能力；自有大型远洋船舶 6 艘、超万载重吨江船 2 艘，管理船舶 22 艘，业务范围涵盖远洋、近洋及江海联运、长江干支流运输业务等。

海运一直是厦门国贸在物流领域的核心优势，厦门国贸在全球干散货航运业积累了丰富的运营经验，这也为产业链、供应链上的核心客户群体提供了保障。随着中国近年来经济的快速发展，对大宗散货的需求不断提升，国贸海运为公司自身各大宗散货贸易部门及外部多家大宗散货客户提供了大量的海上货运服务，有着较强的议价能力。国际航线货种主要有印度尼西亚、菲律宾、俄罗斯、澳大利亚、哥伦比亚进口中国的煤炭，越南进口中国的水泥熟料，以及中国出口印度尼西亚件杂货，等等。国内航线货种主要是内贸煤炭、液散运输等。2021 年，大宗散运部完成货物租船运输共计约 2 200 万吨，其中国际运输约 1 700 万吨，国内运输约 500 万吨。

2020 年 8 月，厦门国贸通过子公司购入 3 艘 8.2 万吨巴拿马型船舶，这种船型较传统的 7.4 万吨船型载重更多、燃油更少，更能充分地占据在货种和航线上的优势。这三艘船舶也是波罗的海航运指数中巴拿马型散货船的标准船型，是当今散装粮食、谷物等大宗散货国际贸易运输的主力船型。购买这三艘船舶直接的影响体现在运力上。厦门国贸拥有船舶数量及船舶载重吨都翻了一番，现自有运力约 50 万吨。

厦门国贸目前自有船舶 6 艘、管理船舶 10 艘，业务范围涵盖远洋及近洋运输。自有船舶运输量在货物运输量中所占比例上升，运费成本更加可控，货物运输中的交货延误、货物损失等各种风险会减少，能有效对冲运费上涨的风险，供应链管理业务的运作效率也有所提升。

厦门国贸旗下国贸石化深耕油品产业供应链、深入调研跟踪国际市场，于 2021 年 9 月 28 日购入二手 30 万吨 VLCC（超大型油轮）并改造为浮仓（命名 "ITG Amoy"），于 2022 年 2 月投入马六甲海峡进行运营。

依托该浮仓，国贸石化为全球客户提供包括仓储、调和、贸易等多元化的燃料油供应链增值服务，截至 2022 年 8 月中旬燃料油自营贸易量超 100 万吨。国贸石化于

2022 年 6 月正式取得了燃料油新加坡普氏公开市场窗口交易的资格，报价将纳入新加坡交货燃料油指数价格的参考范围。国贸石化已经进一步成长为新加坡油品市场强有力的参与者与推动者。这是中国企业首次使用浮仓在新加坡这个世界级油品贸易中心为对应品种定价。

随着厦门国贸供应链业务的发展，货物贸易的增长将进一步带动国际物流的需求，厦门国贸的全球化物流服务在协同增效国际国内供应链业务的同时，或将有机会对外输出服务，带动国际物流服务的发展。

（四）全球化风险管理

数据、资讯、物流、科技的全球化正进一步加剧风险的传导，当前多国银根收紧、大宗商品承压下行、地缘政治风险加剧等都正进一步加剧供应链业务的风险传导，厦门国贸始终高度重视供应链安全稳定。

在研发上，厦门国贸拥有超百名专职专业研发人员，2018 年在公司层面新设立职能部门——研发中心，加强对全球各国宏观经济、行业政策、发展趋势、标杆企业、自有业务大数据分析等专业研究。同时，厦门国贸各子公司根据自身所服务产业链，各自进行聚焦供应链、产业链的专业化、国际化产业链研究，深入研究所面临的机会与挑战，深入挖掘产业链数据价值，总 - 分结构的研发体系持续为战略规划和业务决策提供关键指引，从国际国内的诸多产业细节中挖掘高附加值信息，为产业链发展提供有力支持，在风险规避及机会发掘等方面发挥积极作用。此外，厦门国贸自有的期货公司——国贸期货，聚焦大宗商品研判，向外持续输出研究报告，为产业伙伴提供具有全球视野的高附加值投研服务。

在资讯收集上，厦门国贸与中信保、北美及亚太顶级信用管理公司 Dun&Bradstreet、欧洲最大信息服务商 CRIF 以及道琼斯、Refinitiv 合作，动态监控系统性风险。厦门国贸内部嵌合公司"国贸云链 -CRM"项目，以可视化形式实时汇聚公司全球在手业务履行情况、物流情况、近千个仓库库存占比等数十项关键指标数据，为风险管理提供精准的全球产业画像，为制定各类决策提供有力依据。

厦门国贸引入全球领先的 ERP 系统——SAP 系统的同时，内向定制、设计、迭代，开发出了更先进、高效，适用于大宗商品供应链业务的系统。SAP 系统通过行情数据管理、业务方案分析、业务链条分析等实现了风险管控的智能化。

厦门国贸建立了高效的复合型风险管理体系，贯穿业务全链条各关键节点，通过动态授信、监控预警、风险排查、整改跟踪等多维度风控管理模式以及精益、敏捷的库存管理、头寸管理、授信管理、价格管理、套期保值、保险覆盖等复合风险管理手段，加强对市场的研发分析，促进数字化科技的运用，实现事前预警防控、事中动态控制、事后规范的全方位、全球化的风控覆盖，并输出风险管理服务，为自身及产业伙伴的稳定高质量发展奠定坚实基础，带动上下游客户风险管控水平的提升。

三、成效与创新点

随着中国制造业参与全球化的程度越来越深，厦门国贸主动融入国内国际双循环新发展格局。

一方面通过与境外核心供应商保持深度战略合作关系，做好大宗商品的保供稳供，以一体化整合，纵向深耕垂直产业链，推动产业链在双循环过程中各环节的相互融合，促进产业链上中下游共赢局面。

一方面持续推进"一带一路"沿线布局，近几年在"一带一路"沿线国家新加坡建立平台公司，稳步推进油品现货进口转口以及配套风险管理的相关金融衍生品业务。在中亚、东南亚设立办事处和子公司，作为业务开拓和资源获取的桥头堡，利用"一带一路"推进过程中所带来的沿线国家基础设施投资的重大机会，输出国内优质产品，开拓海外新业务，培育新的业务增长点，持续构建新的盈利增长点，以多元化的渠道管理进一步提升所服务产业链的国际化水平和供应链安全稳定性。

一方面以贸易为契机，逐步介入供应链复杂的生产流程，转型升级为提供"一体化综合服务"的产业伙伴，并通过供应链综合服务的海外拓展，更深入地参与市场资源的整合中。从供应商的供应商，到客户的客户，在庞大的供应链网络中，厦门国贸不停地变换着自己的角色，逐步达成当前的与8万多家客户形成"你中有我、我中有你"的合作模式以及"全产业的垂直、深度覆盖"，以产业伙伴的身份，持长期主义，与产业链上下游企业缔结共担共进、共荣共生的伙伴关系。

2021年年报披露，厦门国贸供应链管理业务实现营业收入4 564.06亿元，同比增长38.14%；实现毛利额65.96亿元，同比增长141.08%。其中，实现进出口总额179.42亿美元，同比增长88.19%；"一带一路"沿线贸易规模近800亿元，同比增长33.33%。销售规模超百亿元的品种有钢材、铁矿、铜及制品、煤炭、纸张纸浆、PTA、化工（不含PTA）、粮食谷物、铝及制品和棉花棉纱等。超百亿元的核心品类经营规模继续保持高速增长，其中，钢材、煤炭、纸张纸浆、化工（不含PTA）、粮食谷物和棉花棉纱的同比增幅均超过 50%。公司同时积极探索、发展新的业务品类，并适度投资了上游矿产资源，打造新的业务增长极，多个新品类如原油、煤焦、镍、铬、硅及制品等已形成规模，荣获"2021 年度中国镍铬不锈钢优秀供应链企业"奖。

四、推广价值

厦门国贸凭借多年深耕全球化供应链积淀的经验，整合商流、物流、资金流和信息流，推广和升级供应链一体化，对成功、成熟模式的内向复制、推广，已形成"铁矿—钢铁""纺织原料—服装""橡胶—轮胎""林—浆—纸""农牧产品""有色矿产—有色金属"等垂直产业链。

以"林—浆—纸"产业链为例，厦门国贸努力掌握上游原材料资源、保障下游供给。早在 10 多年前，厦门国贸就已将境外的林地投资纳入业务发展之中，拥有广阔、优质林场资源的新西兰成为其优先选择的投资地。目前，厦门国贸已在新西兰拥有 3 块林地，并持续寻求新的资源。此外，厦门国贸从全球采购纸浆，销售给晨鸣纸业、金光纸业、博汇纸业等造纸企业。厦门国贸还帮助造纸企业将纸张销售给下游大批的包装厂、彩印厂等。由此，"林—浆—纸"产业链上的合作伙伴，既可以成为厦门国贸的供应商，亦可成为其客户。

厦门国贸在垂直产业链上的深耕，不仅助推自身业绩的增长，还推动产业链上下游企业的提质增效。

企业介绍：厦门国贸以实际行动落实国家关于能源、粮食、矿产品等大宗商品的保供稳价工作，通过发挥自身国内外采购渠道优势，加快业务转型，积极融入双循环新发展格局，加强在国内中西部、东北地区和"一带一路"沿线国家的布局，全力以赴保障供给，守住民生、发展和安全底线。

29

国赫通：走出去，实现中国车辆与装备销售"无国界"化

国赫通供应链有限公司

国赫通供应链有限公司（以下简称"国赫通"）按照国际供应链思维布局实施"走出去"战略。其一，通过开展全球多式联运、二手车出口代理、收付外汇、物流通关、快速退税、融资支持等一站式服务建设国际供应链综合服务平台，助推中国车辆与装备品牌"走出去"。其二，依托海外仓和海外资源，将海外客户常用的车辆和装备提前备货到国赫通海外保税仓中，实现销售前置。其三，构建数字化供应链综合服务平台，将产业链上下游的主机厂、经销商、供应商、服务商、银行/金融机构和客户，通过信息系统有机地连接在一起，实现信息共享和沉淀等。

一、行业背景

（一）运输信息断层，衔接不畅

国际海运、铁路班列、国际航空和国际陆运之间运输信息断层，相互衔接不畅，未能形成有效组合，运输线路缺乏实际业务板块的验证与拓展，末端网络构建覆盖率较低，综合交通运输体系缺乏有效支撑，国际物流通道建设缓慢，严重影响国际货运的时效性与稳定性，增加了货运的人力、物力、财力及时间成本。

（二）车辆品牌的海外仓数量严重不足

随着全球车辆保有量的不断增加，中国车辆品牌进行海外业务拓展的需求越来越强烈，中国车辆品牌要想实现"走出去"战略，海外分拨中心和零部件中心库的建立必不可少。海外仓作为中国车辆品牌在海外拓展业务的前置基地，能够将整车和零部件按照当地需求量提前部署到本地，减轻因航线等原因带来货源或货期波动的影响，保障品牌推广的稳定性。但是当前各大车辆品牌的海外仓数量严重不足，无法满足中国车辆品牌拓展海外业务、实现销售前置和海外展示的需求，制约着中国各大车辆品牌的海外拓展计划。

（三）新能源二手车出口未来可期，但缺乏相关的供应链服务平台

欧美、日韩的二手车海外供应链比较完备，其二手车畅销东南亚、非洲等多国，二手车出口不但可以转移落后产能有利于节能环保，还可以为国家创造外汇。国家对二手车的出口非常重视，二手车出口潜力巨大，未来可期。但是二手车出口链条长、涉及面广、难度大。新能源二手车还涉及电池的更换与维修。如果有一家二手车出口供应链服务平台，一定会对二手车特别是新能源二手车的出口有良好的引领作用。

（四）第三方物流服务商技术能力参差不齐

伴随着需求的多元化以及对供应链上游的改造和效率提升，物流需求更加多元化。当前，第三方物流服务商技术能力参差不齐，其在物流环节进行供应链数字化服务的深度和广度亦有较大差异，行业成熟度与集中度有待进一步提升。

二、主要做法

国赫通对供应链的安全极为重视，不断甄选优质的运输、仓储供应商；为客户提供多个方案便于客户选择；制定和优化了供应链管理制度，对风险进行提前预防、事中管理、事后总结，确保供应链的安全。

国赫通海外业务占公司整体业务的 2/3，国际物流覆盖全世界 100 多个重点港口和机场。国赫通通过强化全球多式联运、全球布局海外仓和国际供应链代采和代销模式，打造全球领先的车辆与装备物流供应链品牌。

（一）大力发展全球多式联运

大力发展多式联运，是实现交通强国战略、发展综合交通运输体系的重要支撑，是推进运输结构调整、促进物流业降本增效的重要举措，是引领国际物流通道建设、推动国际贸易便利化的基础工程。国赫通聚焦车辆与装备领域，采用 O2O 模式，有效

整合了国际海运、国内水运、国际班列、国际航空、国内陆运，并进行组合，形成水陆联运、海铁联运、海陆联运等多种全球联运模式，建立了成熟的进出口海外门到门服务体系，在车辆与装备物流供应链上为客户降低成本，提高时效性。如建立了国际进口车辆零配件供应链，服务于各大主机厂，保障了国际零部件的及时高效供给。另外在疫情期间国赫通充分发挥在国际多式联运方面的优势，通过国际空运手到手的模式，帮助客户高效快捷地实现了对医疗物资（口罩、检测试剂、防护服）的国际全程交付。

（二）全球布局海外仓

海外仓是国赫通开展国际供应链业务的重要基础设施，是其参与"一带一路"建设及相关业务的重要抓手。海外仓可承接国内业务在海外落地，负责开发当地业务，同时也为海外金融监管、风险控制提供抓手，帮助国赫通实现行业内真正意义上的供应链一体化和全球化。海外仓的建立极大地推进了跨境物流服务体系的完善，大大缩短了物流时间，提高了物流运输效率。

海外仓作为海外车辆销售和售后服务主要实体载体，将海外客户常用的车辆和装备产品提前备货到海外保税仓中，可实现销售前置、海外展示、海外现货销售，缩短销售时间和产品供给时间。

（三）国际供应链代采代销

国赫通依托海外仓为银行提供质押监管服务，为卖方企业提供商品展销和供应链代销服务；同时为海外的买家提供在中国的贸易咨询、信用证代开和贸易代采等服务。供应链平台有助于实现全球供应链代采、全球供应链代销、外贸综合服务、供应链金融等。

（四）建设"车辆与装备国际供应链综合服务平台"

国赫通建设车辆与装备国际供应链综合服务平台，实现海外车辆销售客户与国内车辆生产和销售企业的网络线上对接，并通过附属的支付和物流模块实现整个交易的线上闭环化。这一功能将极大降低中国海外出口的销售成本，实现中国车辆与装备销售的"无国界"化，实现销售网络在世界范围内的快速分布。

（五）强化独立海外物流服务

独立海外物流服务业务主要依托既有的装备类跨境物流业务和项目物流业务建立海外物流资源，同时考虑国家"一带一路"政策背景下的中国海外出口和海外投资项目聚集地和潜力地区。业务主要包括跨境项目物流客户的海外港到门服务、使用国赫通海外仓的中小出口企业的库到门服务、国内海外投资设厂企业的境外物流服务等。

（六）聚焦供应链专业服务

国赫通供应链业务范围覆盖国际物流、国内物流、售后服务、供应链金融、外贸综合服务等车辆与装备供应链多环节，致力于打造全球领先的物流供应链品牌，服务于"一带一路"倡议，为中国车辆"走出去"提供一站式国际供应链解决方案。

国赫通国内物流覆盖华北、华东、华南、东北、西南等地区的各级运营网98个。在供应链融合发展方面，国赫通与主要客户形成产前配送，中心库仓储、销售前置库管理和干线及末端到门一体化配送体系，为车辆和装备类制造企业提供广泛的服务。

国赫通国际物流覆盖全世界100多个重点港口和机场并在"一带一路"主要枢纽区域设有海外仓分支机构，为客户提供国际海运、国际空运、国际班列、海外仓储、海外清关等一站式服务，构建国际通道＋海外枢纽＋末端分拨于一体的全程门到门物流供应链体系。

（七）加强供应链风险防范

在业务分析能力方面，国赫通可实现各角度经营数据导出和分析，设置专门的核算会计部门设计各种数据核算逻辑，出具企业各种业务和用户数据。国赫通经营管理部以及高层通过客户和供应商数据组织开展客户和供应商的经营分析会，对企业经营情况和商业合作伙伴合作情况进行分析，根据分析结果合理调整企业经营决策。

在供应链风险预测方面，国赫通成立风险防控委员会负责商业合作伙伴的风险预警和把控工作，对合作伙伴进行入口安全审核和定期审查，对合同审批严格把控，对合同中的相关风险进行预警。交付中心根据实际交付过程各环节可能存在的风险点进行提前风险预警。另外公司采用的系统具有风险记录功能，也可用于在后台设置每个交易、操作环节的风险点，物资流转到相应环节时会有风险预警提示，可以一键调取期望周期内的风险分析数据。

国赫通严格按照国家对物流体系的各项要求规范物流服务。例如，为了协助客户顺利发运货物，协调相关单位安排司机到高速路口提货；为了配合全球防疫工作，优化空运供应链服务，积极协助客户进行防疫物资的紧急运输工作。

三、成效与创新点

国赫通聚焦车辆与装备产业，以全球化、数智化、资本化为发展方向，构建国际物流＋海外仓＋数字化供应链体系，以此方便商贸交易和减少流通环节，引领车辆与装备供应链创新与应用，助力"一带一路"建设。

国赫通整合海运、空运、陆运以及铁路班列，采用多式联运业务，为整车及零部件的进出口提供多、快、好、省的服务。

海外仓作为海外车辆销售和售后服务主要实体载体，可实现高频次零部件的实时储备。国赫通建立海外零部件分拨中心后，售后备件从国内采购的时间可由数月缩短为周。

2020 年以来，国赫通设在几内亚的海外仓发挥了提前备货的优势。国赫通把国内部分主机厂的主力畅销产品提前备货到位于几内亚的保税仓中，不仅缩短了备货周期，而且及时抓住了疫情期间国际海运舱位充足的优势，避开了海运的高峰期，单就这一个海外仓项目就为客户海运费降本 60% 以上。在欧美品牌供应链在国际商流和国际物流受阻不能及时供货的情况下，部分国内主机厂凭借海外仓发挥现货的优势，不但盈利提高了 30% 以上，市场的占有率也在短时内提高了 50% 以上。

国赫通作为二手车试点企业，充分发挥全球多式联运、国际供应链代采代销、外贸综合服务以及海外仓的一体化与协同化优势，特别是为新能源二手车提供接单、代采、融资、出口代理、退税等一条龙服务。通常情况下，海外客户做中国的新能源二手车业务，需要寻找订单采购商、出口代理商、国际物流商等。海外客户不仅要面对货源紧缺、海运订舱难、融资退税等难题，还要协调多方保持一致，十分费心、费力、费时。这种情况下海外客户从下订单开始到装船发运，一般需要 2 ～ 3 个月的时间。国赫通充分发挥供应链平台化、协同化、一体化的优势，用一个月的时间就能完成订单的采购、出口、海运等业务环节，让客户的采购时效提高了 100% ～ 200%，在大大缩短交付周期的同时，让客户更省心、更省力。

四、推广价值

国赫通通过强化全球多式联运、全球布局海外仓和国际供应链代采和代销模式，打造全球领先的现代供应链综合服务平台。

其基于自身丰富的国际国内物流服务资源、贸易服务资源和金融支持资源，将传统的销售、物流、区隔化的外贸服务模式进行升级；通过将传统仓储升级为前后端（覆盖生产端和销售端）、智能物联仓储，将传统的单一物流服务升级为直接面对国外客户门到门需求的多式联运复合物流模式。以升级后的智联化、全程化、低成本化的全程智能物流为核心，延伸服务链条至国内制造企业的采购、生产和面对国外客户的销售各环节，形成全供应链覆盖；通过将线下物流、贸易和金融资源与线上电子化智能外贸综合服务平台相结合，缩短中国制造企业与海外客户之间的交易距离，减少中间的交易和物流环节，实现信息流、商流、物流、资金流的互相连通，进而实现中国制造企业外贸经营活动的效率提升和成本降低。

国赫通在全球主要枢纽国家布局海外仓，为客户提供目的国的保税仓储、陆运分拨、海外清关等服务，为各大主机厂提供海外保税仓储和国际跨国分拨服务。

国赫通依托海外仓为银行提供质押监管服务，为"走出去"的企业提供商品展销和供应链代销服务，同时为海外的买家提供在中国的贸易咨询、信用证代开和贸易代采等服务。

企业介绍：国赫通主要从事全程国内国际多式联运、外贸综合服务、海外仓综合服务和供应链金融等业务；通过供应链思维统筹协调运输资源，有效连接港口、海关、银行、仓库等，为客户提供一站式物流供应链服务；通过供应链管理为客户降本增效，让物流供应链简单、经济、可靠。

30

第 30 章

华能电商：构建智慧供应链集成服务平台，打造发电行业绿色供应链标杆

上海华能电子商务有限公司

上海华能电子商务有限公司（以下简称"华能电商"）深入贯彻国家战略目标，综合利用"云大物移智链边"等新技术，构建了发电行业中"业务场景最丰富、科技应用最广泛、服务体系最完整"的智慧供应链集成服务平台——"华能智链"，打造了共建、共享、共创、共赢的能源电力产业生态圈。一是构建内外高效协同的数字化、绿色化清洁能源供应链管理体系。二是构建"绿色采购＋绿色物流＋绿色仓储＋绿色使用＋绿色回收＋绿色标准"全流程覆盖的绿色供应链体系。三是打造"绿色智造"供应链服务解决方案。四是开展绿色供应链服务模式创新。五是依托新能源项目建设的拉动效应，建设新能源智慧供应链服务体系。

公司打造标准化、数字化和专业化结合的绿色智慧供应链基础服务设施，建立上下游企业绿色、低碳的协同发展机制，推动提高集成创新能力，实现绿色产业体系的建立健全，打造自主可控的能源行业绿色供应链。目前公司已在全国范围内开展了产业化应用和推广，相关场景和商业模式具有电力行业的普适特点，不仅能够为行业其他企业或供应链提供经验，也可以直接提供基础设施或应用服务支撑，为行业高效、可持续、绿色化、低碳化发展助力。

一、行业背景

电力是维持社会生产和居民生活的主要能源，能源电力物资供应链为发电项目建设、生产、维护等电力生产活动提供材料与设备保障。能源电力物资供应链目前主要面临以下绿色发展痛点。

能源电力物资物流与一般的商品物流有很大的不同。紧密、复杂的能源电力物资设备在运输过程中需要采用特殊的包装、装卸和贮存手段，而能源电力物资物流对于包装资源的循环利用不够专业、成熟。这不仅浪费了大量的资源，还会增加环境污染。

能源电力物资物流作为能源电力企业的附属机构，自主性不强，所承担的角色也不突出，且各物流中心之间也不能进行有效的协同配合，在信息联络过程中也存在较多问题，造成大量的物流资源的浪费。

二、主要做法

（一）"协同发展"助力能源产业生态圈绿色转型升级

公司充分发挥能源电力行业龙头企业和供应链领军企业优势，聚焦能源电力及相关行业，通过数字化供应链思维，依托华能云、华能数据中台、业务中台、技术中台等统一公共平台，整合全局资源，构建"能"系列智慧供应链生态服务平台（能招、能购、能运、能售、能融、能云），如图 30-1 所示，为客户提供招标、需求、采购、销售、物流、仓储金融、云服务全过程一站式供应链服务体系，打通采购需求获取、采购方案设计、供应商推荐和开发、招投标采购管理、采购订单管理、物流仓储、金融服务、售后服务等全产业链一体化增值服务，构建协同发展的供应链生态圈，助力能源产业转型升级。

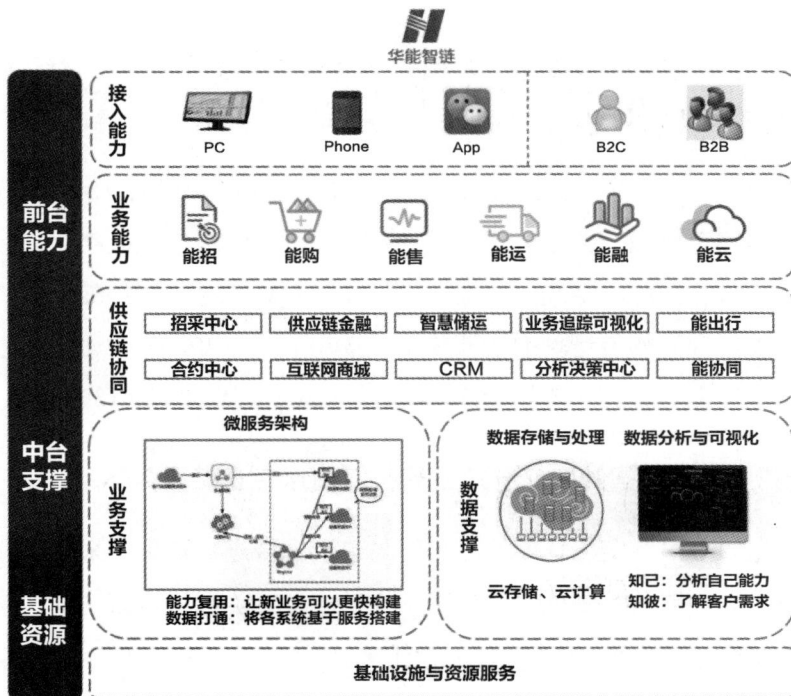

图 30-1　电力行业智慧供应链集成服务平台——"华能智链"架构

1."能招"：通过智慧化招标模式，实现无纸化绿色招标

一是打造智能招标系统应用，通过人工智能和便捷的在线工具，实现全流程数字化、智能化招标采购，大大减少纸张使用，实现绿色化、低碳化招标，同时深化智能远程评标监管平台应用，实现全过程智能化可视监管和违规行为实时告警，降低评标过程风险和成本。二是开展基于人工智能技术辅助标准化招标文件编制、更新和推荐应用研究，开展采购评审专家画像、智能抽取应用研究，实现基于统一编码的采购品目自动编码应用。

2."能购"：融入绿色采购理念，通过一体化的能源供应链管理服务推动商流增值增效

通过"能购"电子商务平台，构建一体化的能源供应链管理服务，提高整体供应链效率。与传统方式相比，流通环节由6级减至2或3级，从而提升流通价值链的效率与附加值。同时，按照《中国华能集团绿色采购工作指引》，将绿色采购理念融入经营战略，充分考虑环境保护、资源节约、安全健康、循环低碳和回收促进，优先采购和使用节能、节水、节材等有利于环境保护的原材料、产品和服务，推动供应商持续提高环境管理水平。

3."能运"：通过"网络货运"等模式推动物流提质降本，构建绿色物流赋能平台

一是利用大数据、物联网、车联网等技术，通过互联网货运平台模式，充分利用、整合、调度社会物流资源，持续优化物流方案，将线下供需匹配数字化、标准化、智能化，减少公路货运空驶、空载、空置。二是通过载具的再电气化减少运输设备的温室气体排放，助力提升物流运输的运营效率，推动节能减排。三是通过智慧物流"四降两增"降本增效模式，促使电力物资运输综合总成本下降7%～13%。

4."能仓"：基于全国数字化仓库布局，打造绿色仓储服务体系

基于华能集团全国数字化仓库战略布局与建设，推进物资集中采购与存储，降低物资存储总成本，同时通过智能化、数字化设备的部署，优化拣货路径和算法，降低仓储环节多余能耗，同时减少冗余人工和耗材的浪费，达到绿色仓储的目的。

5. "能融"：搭建"区块链 + 绿色金融科技"平台推动资金流降本增效

基于真实的业务场景和产业生态各方价值需求，将核心企业的信用在产业链和供应链上实现标准化、数字化、平台化评估和呈现，为银行等资金端精准匹配优质的资产端的同时为中小企业降低了 30% 左右的资金成本。同时向金融机构提供基于区块链的企业绿色资产，提高企业的绿色融资效率，推动绿色金融创新。

6. "能云"：建设数字资产共享的"数据综合体"，推动数据流增效扩面

按照"小前台 + 大中台 + 稳后台"的建设理念，建成集成采购履约、渠道营销、综合物流、资金支付、智能关务及溯源管控等功能系统，构建核心经营管理中枢以及生态化发展的支撑体系，实现实体业务与平台、产业与产业的全方位融合发展，使得数据处理效率提高 20% ～ 25%。

打造清洁能源供应链协同平台，推动资源高效整合、优化配置。通过清洁能源供应链协同平台实现供应链业务流程再造，将风电、光伏、水电、核电等物资资源进行高效整合，优化资源配置，实现供应链网络上每一个过程的最合理增值，提升供应链效率，降低供给和流通成本，从而促进能源产业链环节的绿色发展。图 30-2 所示为华能电商供应链商业模式。

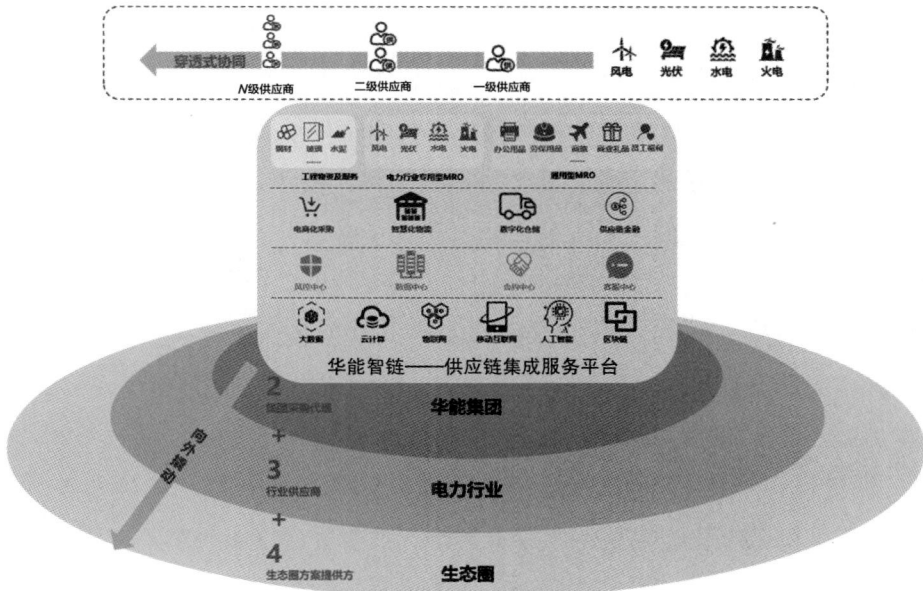

图 30-2　华能电商供应链商业模式

（二）"多措并举"打造绿色供应链基础服务设施

建立集物资集中采购、可视化运输、数字化中心仓配、绿色回收、标准化制定等于一体的绿色供应链基础服务设施，实现供应链数据的可视化，促进绿色供应链可视化和响应敏捷化，并为能源行业提供绿色化、低碳化的公共基础服务。

1. 完善绿色采购体系，加大绿色低碳产品采购力度

进一步促进绿色采购体系标准化、结构化，将绿色低碳理念融入采购业务之中，充分考虑环境保护、资源节约、安全健康、循环低碳和回收促进。在标准采购文件中合理设置节能、环保、降耗、减排等评价指标，优先采购通过环境标志产品认证、节能产品认证或者国家认可的其他认证的节能环保产品，避免或者减少环境污染。

2. 打造运储配一体化的"智慧绿色物流"网络体系

充分运用物流平台和覆盖全国的仓储网络，构建运储配一体化的智能物流网络体系。推行智能化、信息化和便捷化的运力调度技术，合理规划运输路径，实现车辆的精准调度和分配，提升车货匹配效率，减少空驶和空载，减少运输能耗及排放。

3. 探索推进新能源车辆规模化运用

充分借助华能电商在电动重卡产业相关的资源禀赋优势，联合上下游生态合作伙伴，将数字科技与基础设施相融合，布局换电网络基础设施，积极探索电动重卡在煤矿、水电基建等典型场景的运营，创新打造具有华能特色的智能绿色物流运输体系，在保证供应及时的同时，最大限度减少运输能耗及排放，实现绿色运输。如：在华能北方魏家峁煤电有限责任公司一期投入了12辆90吨级矿卡，并配套换电站一座；在大渡河硬梁包水电站工程中，引进两台纯电重型卡车并投入试用；公司联合中国建筑，在雄安新区率先试点首批新能源混凝土搅拌车，助力"绿色雄安"建设。

4. 优化仓储网络体系，提升物资使用效能

公司负责全国数字化仓库战略布局与建设，推进物资集中采购与存储，降低物资存储总成本。华能电商通过需求建模分析，优化基于智慧物流系统的全集团统一标准的生产物资仓储网络建设，完善涵盖中心仓和前置仓在内的多级集中仓储配送体系，实现库存物资的统一管理、统一调配、共存共享，控制基层单位闲置物资产生，减少

物资材料消耗，避免能源浪费。华能电商通过智能化、数字化设备的部署，优化拣货路径和算法，减少仓储环节多余能耗，同时减少冗余人工和耗材的浪费，达到绿色仓储的目的；最大限度地节约资源（节能、节材）和减少污染，最大限度地应用绿色新能源，为仓储物流企业提供高效、适用、安全的存储空间。2021 年公司在全国范围内物资调拨累计 1 332 项，库存较去年同期实现下降 12.79%，超额完成全年物资库存同比压降 10% 的目标，在电力建设快速发展的同时，减少资源耗用，承担绿色环保的社会责任。

5. 建设绿色回收体系，打造循环经济模式

构建规范有序的回收再利用网络体系，进一步提高闲废物资回收与交接、处置变卖、资金回笼等过程的处置回收水平；提高加工利用环节技术物资水平，提高资源材料回收率，防范处置风险，形成循环经济模式，实现资源优化配置和可持续发展。同时，推动退役储能电池、光伏组件、风电机组叶片等新能源项目物资回收利用技术研发，科学测算新能源项目物资大规模废弃时间点，联合相关协会等组织梳理和完善新能源项目物资回收技术标准体系与认证规则，实现新能源项目物资回收技术的产业化应用。

6. 完善供应链绿色标准体系

开展供应链绿色标准体系研究，围绕绿色供应链推动企业能源转型工作，制定相关的推荐性标准，对绿色供应商管理、绿色采购、绿色生产、信息披露和绿色回收等实施标准化，为核心企业通过打造绿色供应链推动上下游企业节能降耗和优化用能结构提供必要的模式参考。

（三）"绿色智造"助推新能源供应链实现低碳清洁化转型

1. 打造国内电力行业首条具有自主知识产权的"光伏组件专用生产线"，确保绿色供应链安全可控

华能电商率先在国内电力行业推出"华能光伏组件专用生产线"，打造了从采购、生产、物流、仓储到销售的完整的光伏产业绿色供应链。在上游原材料供应环节，公司通过整合几十家上游优质原材料厂家，积极组织原材料供应，实现供应来源多渠道，

提升物资供应链韧性；在产品侧，公司推进供应链标准化设计，由西安热工院进行全程监造，严格按照华能质量标准，在"华能专用生产线"上生产组件。同时，充分发挥 OEM 专业经验及优势，推出华能智链监制的组件产品，提升了供应链的韧性、弹性，并形成了对行业光伏项目赋能的能力，使得公司生产的光伏组件，从集团内走向市场，从国内走向国际，受到众多系统内、外项目单位的感谢和好评。目前华能电商已成为各大电力央企的标杆，并助力我国光伏产业在国际市场中获得更多的竞争优势。

2. 通过建立战略合作伙伴关系完善工艺流程，推动产品更加"绿色"

华能电商通过建立战略合作伙伴关系，推动合作企业改善生产工艺，加强产品绿色设计，改进产品性能指标，实现产品生产的能源资源消耗最低化、生态环境影响最小化、可再生率最大化，使产品和零部件能够回收循环利用。同时，发挥以采购促进供应链上下游企业绿色清洁发展的导向作用，在招标文件中运用价值分析理论，引导供应商采用绿色生态设计技术。

3. 推进数字化与绿色理念相融合，打造绿色供应链赋能中心

华能电商以全生命周期管理为基础建立"绿色数据中心"，发展智能化绿色供应链集成服务，创新新能源产品和集成解决方案。

（四）"技业融合"带动绿色供应链服务模式创新

华能电商基于公司在能源行业庞大的产业业务规模基础，借助数据引擎的推动，在保障集团物资需求的同时，加强物资绿色采购管理，开展绿色供应商管理，优化物资绿色供应模式，带动绿色供应链服务模式创新。

1. 建立产品绿色可追溯体系，加强全程跟踪管理

加快在采购活动中构建产品可追溯体系，建立对采购的产品从原材料、交货到回收的全程跟踪管理，关注产品在生产、使用和废弃处理各环节的能耗水平及对生态环境的影响。

2. 建立绿色供应商选择标准，完善供应商管理体系

建立统一的绿色供应商优先准入、认证与退出机制，明确统一的绿色供应商分类

分级标准，并完善供应商线上评价考核功能，依据对供应商设备全生命周期内绿色化水平的考核结果，动态调整供应商级别，形成长期协作、合作共赢的供应商管理体系。

（五）"全链贯穿"建立供应链碳足迹追踪系统

华能电商在绿色供应链建设上，贯通需求计划、采购、物流仓储、交付结算、供应商协同等核心环节的能源绿色供应链相关信息系统。基于此理念，公司基于区块链，并综合利用人工智能、大数据、物联网等现代信息技术，通过对供应链各环节的碳足迹进行追踪，实现供应链各环节之间必要的信息集成与数据联动，强化内外部协同，加强对原材料供应商、产品分销商和用户行为的低碳化约束，保证产品从原材料的获得、加工、包装、仓储、运输、使用到最后报废处理的整个过程中，对环境的冲击影响降至最小，将低碳发展融入产品的全生命周期。

1. 建立碳足迹追踪体系

从产品的原材料获取、生产、物流、仓储、应用各环节出发，建立覆盖全生命周期的碳足迹计量、测算、追踪体系，为整个碳排放、碳足迹、碳资产管理奠定基础。

2. 建立基于碳足迹的招标采购管理体系

建立一套基于碳足迹的招标采购管理体系，体系包含碳数据采集、标注、存储、传输、管理、应用的全生命周期碳价值管理。通过区块链技术应用，引进碳足迹可信价值数据凭证交易系统，同时将供应商的产品植入碳足迹标签。利用区块链技术，将招标、投标、开标、评标、定标等环节的相关数据进行区块链存证，实现业务相关数据的链上链下协同存储，保证业务数据的不可篡改，打造流程合规、多方协同、可信透明的绿色低碳采购体系。

3. 打造碳足迹控制与优化应用能力

结合碳盘查过程中的碳排放方式分析，对全生命周期内各个环节的碳足迹控制与优化潜力进行评估，打造碳排放优化能力。在实际生产、运行中通过不同优化方法促进减少碳排放。

三、成效与创新点

（一）构建了以"能招""能购""能运""能仓""能融""能云"等为代表的"能"系列智慧供应链生态服务平台

华能电商率先在能源发电行业实现了集招标、采购、销售、物流、仓储、金融、云服务等为一体的全流程、全场景、全周期的一站式智慧供应链集成服务模式，为绿色供应链战略的实施和绿色生态圈的协同发展奠定了坚实基础。

（二）构建"绿色采购 + 绿色物流 + 绿色仓储 + 绿色使用 + 绿色回收 + 绿色标准"全流程覆盖的绿色供应链体系

华能电商为能源行业提供绿色化、低碳化的公共基础服务，并发挥行业龙头作用，积极引导、带动供应链战略合作伙伴共同打造绿色、低碳、环保供应链生态，打造"自然资源—产品—再生资源"的循环经济模式。

（三）打造"绿色智造"供应链服务解决方案

华能电商从清洁能源产品标准化设计到原材料供应链弹性节点延伸，从生产全过程协同、产品品控、生产工艺"绿色化"优化，再到物流、仓储、销售等供应流通环节，实现绿色供应链全环节掌控，克服国际形势导致的新能源材料价格波动大、供应链不稳定等问题，增强供应链的韧性、弹性，为绿色供应链发展提供稳链、固链、补链、强链和延链解决方案。

（四）开展绿色供应链服务模式创新

华能电商建立产品绿色可追溯体系，加强全程跟踪管理，建立绿色供应商选择标准，完善供应商管理体系，推广清洁能源物资即时供应体系，加强协同预测，提升绿色供应链运转效率。

（五）实现对供应链各环节的"碳足迹"追踪

华能电商实现覆盖供应链物资从原材料获取、生产、物流、仓储、应用各环节，到全生命周期的碳足迹计量、测算、追踪体系，为整个碳排放、碳足迹、碳资产管理奠定基础，助力降低整个能源电力供应链碳排放水平。

四、推广价值

华能电商建立上下游企业绿色、低碳的协同发展机制，推动提高集成创新能力，实现绿色产业体系的建立健全，打造自主可控的能源行业绿色供应链。目前公司已在全国范围内开展了产业化应用和推广，相关场景和商业模式具有电力行业的普适特点，不仅能够为行业其他企业或供应链提供经验，也可以直接提供基础设施或应用服务支撑，为行业高效、可持续、绿色化、低碳化发展助力。

（一）积极构建新能源智慧供应链服务体系，助推能源结构转型

1. 依托新能源项目建设的拉动效应，打通供应链数据链集成，促进新能源供应链可视化和响应敏捷化

推动风电、光伏等新能源供应链上的业务流、物流、信息流互联互通，实现供应链数据的可视化，促进需求协同、计划协同、投产与交付协同，减少备料资金占用，缩短交付周期，保证项目进度可控，减少项目整体投资。

2. 建立起新能源物资供应服务和物流仓配体系，保障新能源供应链的安全性和可靠性

通过数字化供应链体系的延伸，向上游穿透原料供应环节，向下游拓展生产终端企业，形成新能源全产业链协同服务模式。同时，基于覆盖物资供应链全生命周期的新能源物资供应服务体系，建立了集集中采购、可视化催交、可视化运输、数字化中心仓配、绿色回收等功能于一体的新能源物资服务体系，并可为新能源行业提供公共服务。

（二）推动产业与数字化深度融合，构建智慧能源绿色供应链生态体系

建设贯通上下、联通内外的数据共享与服务平台，实现绿色供应链可知、可视、可控。全面使用数字化技术应用，为绿色供应链发展提供全周期、全场景智慧数字化

服务体系，带动能源产业低碳化、高质量发展。

　　企业介绍：华能电商是中国华能集团旗下唯一的电力行业智慧供应链专业服务企业和"集团公司物资供应中心"核心载体。公司坚持以"场景管理为基石，数智科技为引擎，供应链解决方案为抓手"的发展战略，通过综合利用"云大物移智链边"，构建了电力行业领先的智慧供应链集成服务平台——"华能智链"，积极整合商流、物流、信息流、资金流各方供应链资源，实现资源及要素优化配置，提升产业集成和协作水平，有效破解能源行业绿色供应链转型升级面临的突出问题。同时，公司发挥行业龙头示范效应，构建了共建、共享、共创、共赢的能源电力产业生态圈。

　　公司为全国 30 多个省 / 自治区 / 直辖市、6 000 余家电力上下游企业、20 万余名认证服务商，提供涵盖风电、光伏、火电、水电、核电等领域 10 多种大类和 70 多万种物资的招标、采购、销售、运输、仓储、供应链金融和技术服务等一站式的供应链集成服务。公司的供应链人才体系、管理体系、平台体系和业务体系趋于成熟，全周期、全场景一体化智慧供应链产业版图已构建完成。

31

第 31 章

中材进出口：以创新转型搭建建材供应链生态体系

中国中材进出口有限公司党委委员、董事、副总经理

刘二烈

中国中材进出口有限公司（以下简称"中材进出口"）作为中国建材集团的大宗商品贸易流通平台和供应链创新实践的排头兵，聚焦"三链一网"，以建材供应链为主线，以信息化、数字化供应链平台为依托，以实现企业由传统贸易商向现代供应链综合服务商转型为目标，积极构建现代建材供应链体系，探索出一套行之有效的供应链新模式：以贸易为切入点，连接供需双方，推动制造与流通全链协同，从而促进建材业与建筑业融合发展；以建材企业为核心，努力向上下产业延伸、拓展链条，辅之以供应链金融等手段，构建生态体系，从而实现全产业链的协同、高效和供应链安全、弹性，为后续建材行业供应链升级提供参考。

一、行业背景

建材流通行业经营的主要产品相对传统，近年来，生产企业面临生产成本持续提高、需求市场紧缩的双重压力，生产经营难以为继。在当前形势下，建材供应链主要面临以下问题。

（一）渠道协同度、稳定性有待提高

在建材行业传统的商贸流通模式中，各个环节的协同度不高，博弈多于合作。从建材行业生产端到需求端均受到冲击，原有的采销体系受到挑战。

（二）上下游资金结算方式不匹配

建材行业下游建筑端按项目工期结算、上游建材制造端则往往要求"带款提货"，资金结算周期的错位给链上企业带来极大的资金周转压力。

（三）区域市场差异导致分散化经营

建材行业区域市场差异明显，导致流通环节参与主体（分销商、物流商）过于分散，多为个体经营商户，实力和抗风险能力薄弱，链条安全稳定性差。

（四）信息传输方式相对传统

建材行业是经营方式相对传统的行业，信息化、数字化应用程度低，信息孤岛现象严重，采购、生产、流通与需求沟通不畅，供应链存在断链现象。

（五）行业整体缺乏统一规则、规范

建材行业因有众多个体经营户和中小微企业参与，松散的管理使得行业规则性和规范性差，缺乏统一共识性的业务流程标准，流通环节成本居高不下。

二、主要做法

中材进出口基于行业现状，不断对接建材流通行业各个环节，利用信息化、数字化手段，加强建材供应链创新管理，推进建材供应链生态建设，推动行业规范和生态体系重构，促进建材流通业与建筑业提质降本增效。

（一）模式创新推动企业和行业提质增效

中材进出口以水泥、建筑钢材为核心产品，向产业链供应链上下游进行穿透式拓展，以贸易为基础，创新开发单链穿透、跨链协同、供需直通等新型供应链业务，设计形成集原材料供应、产品或副产品分销、仓储配送、金融服务、信息平台等"四流合一"的建材供应链集成服务，推动企业向流通供应链综合服务商转型。

1. 单链穿透模式

水泥、建筑钢材向上下游产品拓展，为链上企业提供供应链一体化服务，单点业务全面开花。如"矿换材"业务不仅使公司资金收益率由 1% ～ 2% 提高至 10% 左右，同时缓解链上企业资金周转压力，保障产业链稳定。图 31-1 所示为单链穿透模式（以

水泥产业链为例）。

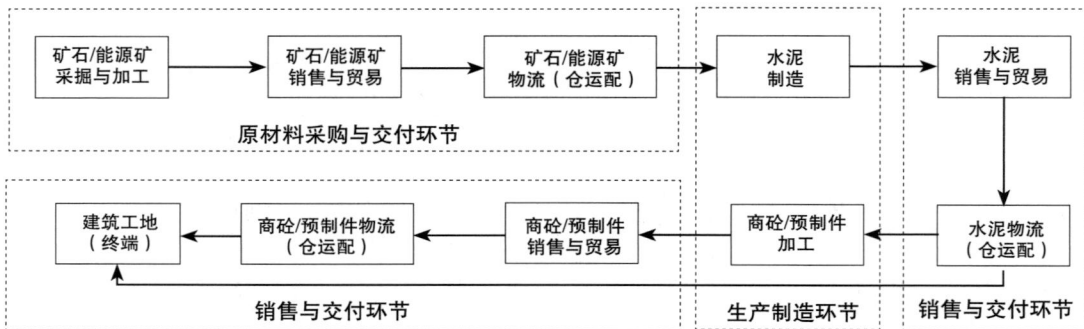

图 31-1　单链穿透模式（以水泥产业链为例）

2. 跨链协同模式

对同时适用于水泥、建筑钢材产业链的"一品两链"产品（如矿粉等），利用既有客户资源，开展跨部门、跨产业协作，双向延伸，由单链业务向双链业务拓展，如图 31-2 所示，增强客户黏性，促进供应链生态稳定，如"焦炭 - 钢材 + 矿粉 - 水泥"协同业务。

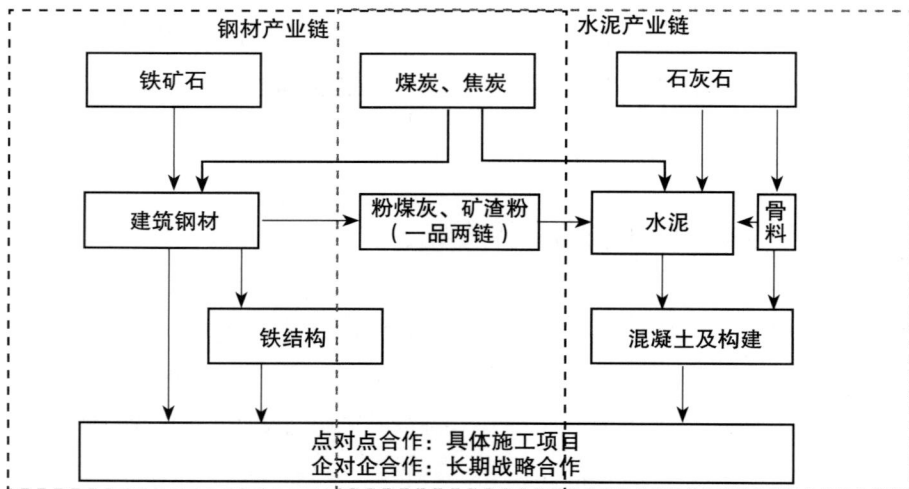

图 31-2　跨链协同模式示例

3. 供需直通模式

发挥核心企业资源集聚与整合优势，利用中材进出口信息化供应链平台，构建供给端直达需求终端的"端到端"服务，实现供需直通。上游对接水泥、建筑钢材制造企业，如宁夏赛马水泥、冀南钢铁等，中游对接贸易企业、物流企业、金融机构，如河北物产、"我找车"网、国新保理等，下游对接商砼厂、钢构厂、建筑企业，如中建西部建设、中建钢构等，终端对接建筑项目，如中建、中铁、中铁建、中石化下属工程公司等建筑施工单位，形成贯通采购、生产、分销、仓储配送、需求终端的供应链集成服务，助力建材制造、流通与建筑施工互联互通，推动建材制造业向拉动式、以销定产的柔性生产组织方式变革，促进建材业与建筑业融合发展。图 31-3 所示为供需直通模式场景（以水泥供应链为例）。

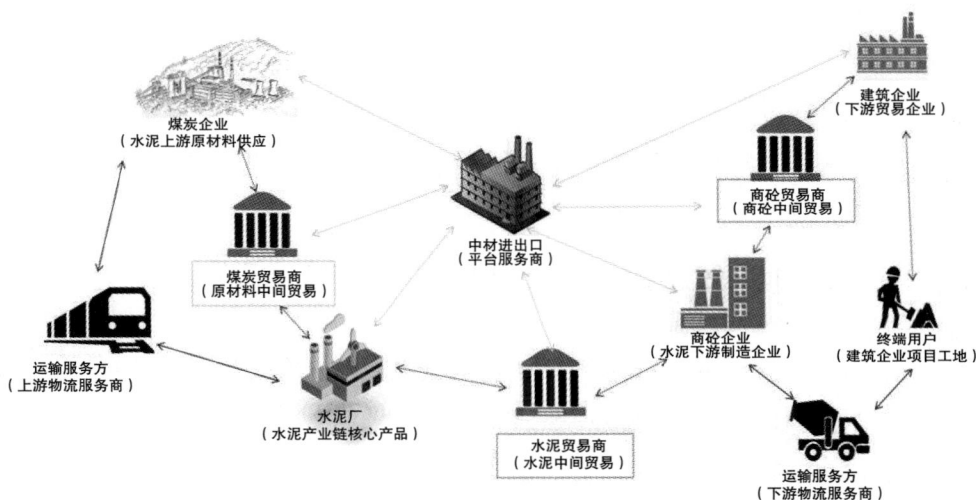

图 31-3　供需直通模式场景（以水泥供应链为例）

（二）数字互联促进企业和行业协同互通

中材链通供应链平台为 SaaS 系统，已搭建开放平台，预留标准接口与外部系统对接，并免费开放共享给全链企业使用，凝聚链上企业开展数字化共建，破除信息孤岛。通过融合物联网、大数据等信息技术，平台构建统一的基础数据库、交易流程和结算通道，提高全链信息互通、业务协同和服务响应效率，推动建材制造、流通与需求高效畅通对接，促进建材业与建筑业数字化融合，如图 31-4 所示。目前，平台仍在持续升级，未来将实现生产互联、仓储管理、物流组织以及金融与结算等全链集成服务，为链上企业提供供应链数字化解决方案。

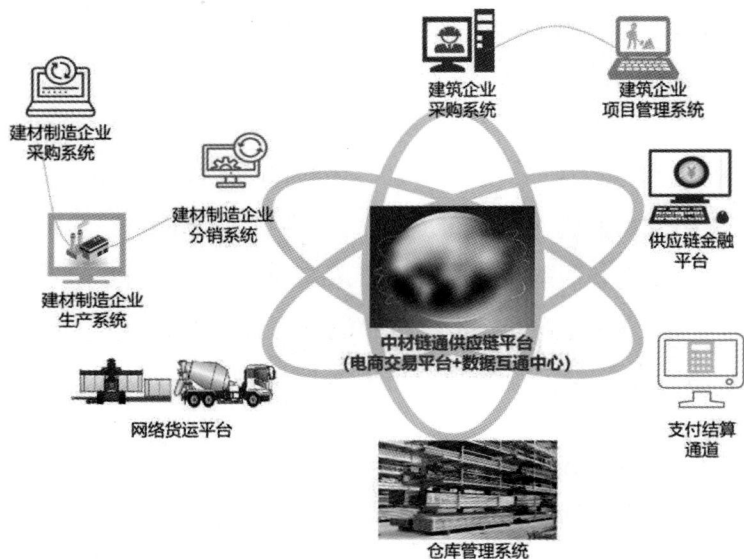

图 31-4　中材链通供应链平台建材业与建筑业数字化融合目标场景

（三）生态构建助力企业和行业和谐共生

公司始终坚持和谐诚信、共赢共生的原则，凝聚矿产资源开采、建材制造、商贸流通、物流、信息技术、金融服务、建筑等 1 600 余家生态企业，不断优化业务合作流程，形成生态内统一互认的规范体系，推动产业生态重构，促进"产供销用"有机衔接，构建协同高效、安全稳定、共赢共生的生态体系，如图 31-5 所示。在生态企业共同成长中，推动建材业与建筑业高质量融合发展。

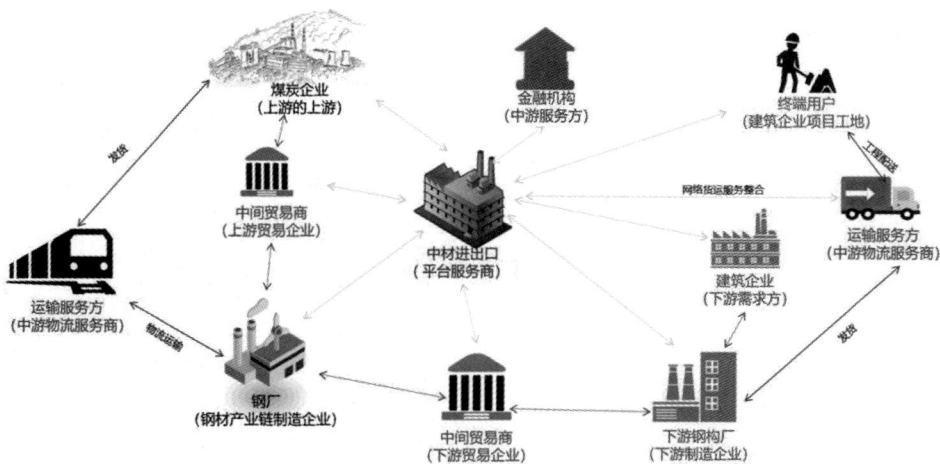

图 31-5　供应链生态体系场景（以建筑钢材产业链为例）

三、成效与创新点

中材进出口以信息化、数字化为依托，通过在建材流通供应链一体化进程中的多项创新举措，推动自身和生态合作伙伴降本增效和数据互联互通，有利于打通建材制造业采购与分销、建筑业采购与施工，以及建材贸易、仓储运输与供应链金融服务全链条，有利于构建生态伙伴间统一互认的规则、规范，实现建材供应链各环节的高效衔接、顺畅流转，推动"产供销用"有机衔接，构建产业链和谐生态，切实促进产业供应链高效协作和高质量融合发展。

（一）实践成效

1. 降本增效的供应链

中材进出口通过"单链穿透"的供应链场景，转变物流组织模式使物流管理成本逐步降低、物流组织效率稳步提升；通过应用和推广供应链金融，融资成本逐步降低，链上中小微企业整体融资成本从 5.0% 降至 3.8%。通过实施平台化、规模化采购，上游采购成本稳定控制在低于市场价的水平；供应链平台投入运行后，借助信息技术，公司的采购供应节拍管理能力、备用金管理能力、库存控制能力快速提高，资金利用效率明显提升；全链协同运行效率逐步提高，上游中小供应商从订单发货到收款的平均时间缩短到 2 ～ 3 天。公司供应链创新实践，推动链上企业降本增效。

2. 协同安全的供应链

中材进出口供应链创新实践的多项举措，结合供需直通的供应链场景，推动公司构建生态合作伙伴体系，进一步增强供应链安全性，稳步提升供应链弹性、韧性，与合作企业特别是中小微企业的数据互通更加顺畅，生态体系间业务协同更加便捷高效，市场响应效率不断提升。中材链通供应链平台免费开放给链上企业使用，助力链上企业实现信息化升级。平台用户已累计 3 000 余家，其中 90% 以上客户为中小微企业。公司已与 1 600 余家国内外上下游企业建立了长期、诚信的合作关系，合作关系稳定牢固。即使在产业断链、物流受阻时期，公司也与链上企业通力合作，群策群力，共同保障疫区应急院区、隔离病房建设和钢铁企业复工复产。

3. 绿色减碳的供应链

钢材生产的副产品可以转化为水泥、混凝土生产的原料，库存的动力煤既可向钢材端销售，还可向水泥端销售。通过跨链产品的衔接，将钢材、水泥两个链条综合调配，提高产品的利用效率，同时减少生产资料副产品处理、同一产品不同链条重复存储运输的成本，减少碳排放，实现绿色、低碳的供应链。

（二）应用创新

1. 数字化供应链系统共享机制

中材进出口通过开发免费的数字化供应链平台的准入机制，共享数字化供应链管理能力，提升行业整体数字化、信息化应用水平，尤其是针对没有独自建设或使用供应链系统的中小企业进行赋能，推动行业流程规范化。

2. 供应链金融产品定制化

中材进出口在完善建材流通供应链模式、加强数字化供应链管理能力的同时，将风控模式与银行分享，对接定制化供应链金融产品，促进基于供应链整体而非单纯依靠某一企业信用的、较低成本的供应链金融产品的落地，实现民营企业和中小企业的融资能力提升。

四、推广价值

中材进出口针对建材流通业的行业痛点，依托核心优势资源，落实供应链数字化建设，在以下几方面，起到了示范作用，具备在行业推广的价值。

（一）创新业务模式

中材进出口以水泥、建筑钢材为核心，按照产业链供应链逻辑，从产品结构、地区结构、客户结构、服务延展等多维度，整合链路资源，设计供应链新型业务模式，推动从单品购销向全链服务、跨链协同供应链业务转型。中材进出口推广业务创新模式可为行业中面临转型的企业提供发展方向的参考。

（二）信息化平台建设和管理经验

中材进出口提高自身信息化、数字化建设水平，搭建中材链通供应链平台，并开放标准端口与外部系统对接，稳步推进业务上线和生态上链，实现建材制造、流通与建筑施工产业互联，逐步孵化数字供应链服务。中材进出口在信息化、数字化系统方面的建设和管理经验，对接系统能力，共享管理能力，有助于行业企业在信息化、数字化转型进程中少走弯路。

（三）供应链金融赋能产品

中材进出口利用公司增信，与金融机构、链上核心企业合作，引入、应用和推广供应链金融产品，提升全链企业资金利用率，降低融资成本，保障结算畅通，维护链路稳定。

（四）合作协同理念

中材进出口助力平台建设和生态上链，对全部合作伙伴开展供应链理念与模式的宣传推广，增强全链企业协作意识，不断优化业务合作流程，赋能行业小微企业，形成生态内统一互认的规范体系，推动产业生态重构，构建协同高效、安全稳定、共赢共生的生态体系。

（五）组织运营思路

中材进出口为保障建材供应链业务高效落地，按照供应链管理思维，优化组织架构、成立专业团队、调整业务布局、加强人才体系建设，以保障供应链业务顺利开展。行业相关企业可根据自身情况参考中材进出口在由传统贸易企业管理思路转型供应链的组织运营思路中总结的经验，加快自身供应链工作的组织架构调整落地。

以上模式和实践经验可在以下两个领域重点复制和推广：一是大型建材制造企业、建筑企业，特别是大型央企和省属国企，以采购、分销为切入点，实现建材制造、流通与建筑施工信息平台无缝对接，以信息互通推动业务直通；二是具有一定实力的建材贸易商，以供应链平台为依托，整合全链资源，由传统贸易向供应链服务升级，推动建材业与建筑业高效协同与融合。

企业介绍：中材进出口是中国建材集团的二级公司，是集团大宗商品贸易流通平台。公司业务涵盖建材及新材料、能源化工、金属矿产及制品、非金属矿产及制品、平行进口汽车及快消品、粮农产品等六大系列几十个品种，经营方式包括进口、出口、转口、内贸等，采用"单链穿透""跨链协同""供需直通"的业务模式，以"四流合一""三链一网"的理念，构建具备供销、物流、信息和供应链金融等服务的供应链综合服务平台，与合作伙伴共同建立有韧性、弹性的现代供应链，将公司打造成一流的供应链综合服务商。公司将不断深化改革，继续发挥央企链长作用，利用信息化、数字化技术赋能，努力实现高质量发展，助力中国建材集团创建具有全球竞争力的、世界一流的材料产业投资集团。

32

第 32 章

万邦集团：创新供应链平台，领先打造智慧农产品批发市场

河南万邦国际农产品物流股份有限公司

杨广立 李保全 李玉磊 李广 李松涛

河南万邦国际农产品物流股份有限公司（以下简称"万邦集团"）业务涵盖农产品市场运营、冷链物流、生鲜电商等全产业链。万邦集团成立了供应链创新与应用工作服务团队，组织协调集团运营，市场管理、信息中心、督察部等部门共同参与制定企业发展战略及具体实施方案。万邦集团建设运营万邦国际农产品物流城，已累计完成投资 120 亿元，建筑面积 300 多万平方米。万邦集团供应链发展始终致力于以资源整合、利益共享为核心，依托万邦集团"买全球，卖全国"农副产品物流服务平台，建立健全产销对接、精准扶贫制度体系，针对供应链发展过程中的薄弱环节，集中力量推进供应链体系建设，发挥供应链的外部性，与上下游企业共同形成完整高效的产业供应链。

一、行业背景

万邦集团以"立足三农、服务民生、奉献社会"为宗旨，专注于农产品流通行业，2018 年获评国家级供应链创新与应用试点企业。目前，国内农产品生产、流通及供应环节等各业态均呈现出蓬勃发展的景象，但是在农商互联、产供销上下游衔接、现代供应链建设等方面仍面临一些突出问题。

（一）生产环节衔接不畅，产品附加值低、市场竞争力弱

农产品相对分散，在加工、仓储、冷藏运输等环节衔接不畅，导致损耗较大。冷链设施不够完备，产品不成规模，导致产品质量较差，不具市场竞争力。此外，农民种植过程中缺少监管，盲目使用违禁化肥农药，农业相关标准体系建设不健全，追溯管理信息系统不完善，给农产品质量造成难以杜绝的安全隐患。加之农民缺乏市场引

导信息，盲目种植、跟风种植现象严重。因为农产品附加值不高，网络营销等新型农产品销售模式不够多，农民很难利用网络销售自己生产的农产品。

（二）流通环节效率低、成本高，信息化程度低

农产品流通市场得不到高度重视，建设成本大，回收期长，市场中存在恶性竞争，影响农产品流通效率。流通环节多且各个环节的市场建设水准、运营管理水平等差别较大，造成流通成本大。同时，流通环节批发市场用地紧张、费用较高，也增加了农产品成本。农产品物流企业、批发市场信息化程度不高，没有充分利用近年来发展的电商平台进行线上交易，不利于农产品流通整体发展。随着农产品流通体系日益多样化，农产品批发市场亟须升级转型。未来多样化农产品流通渠道需向产业链前后端延伸，农产品批发市场既要面向实体批发商，也要面向电商发展。

（三）终端供应规模不足，"最后一公里"制约发展

农产品零售市场在市区比较散乱，脏乱差现象较为严重，网点分布不均，消费者购买农产品极不方便。销售摊位租金、水电费、卫生费等各项费用较高，导致"最后一公里"问题多年无法解决。终端销售商户经营规模较小，开着小车去批发市场进货，再运输至农贸市场销售，运输及经营效率极低，耗费大量劳力，加重城市交通负担。未来市场批发和零售业务关系将逐渐清晰化，批发市场管理也将职业化，需要加快转型步伐适应新的挑战，锚定"智慧农批"发展方向，包括智慧化（食品溯源和批发商管理）、标准化、品牌化、集约化、冷链化、绿色化等。

二、主要做法

（一）提升供应链管理和协同水平

1. 完善制度体系建设

万邦集团采用现代供应链管理方式，制定和不断完善市场管理制度、服务流程以及监督机制，涵盖农产品质量安全、进销货台账、经营作业标准、服务流程等各个方面。重点加强网格化管理推广与优化，建立"定人、定岗、定责""横向到

边，纵向到底"的管理网格化服务体系，提升管理服务水平。

2. 鼓励商户入股，实现共赢发展

万邦集团布局河南全省冷链物流体系，在项目建设过程中鼓励入驻企业、商户入股，作为合作伙伴参与市场建设、管理，实现共建共享。

3. 加强信息化建设，推动市场转型升级

万邦集团为提升冷链物流及商户交易管理服务水平，建立万邦电子结算系统，构建农产品大数据平台。研发万邦智慧园区管理系统，完善农产品市场信息化体系建设，推动传统市场向智慧化、信息化转型升级。

4. 结对帮扶，以大带小

万邦集团积极倡导以大带小的结对帮扶机制，通过以老带新、以强带弱，分享经验、抱团发展，打造更加繁荣、更具活力的营商环境，使万邦集团中的每位商户都能留得住、发展好，形成大中小企业协同发展的良好局面。

（二）通过技术引领，强化供应链创新

1. 建设农产品综合信息发布平台

万邦集团依托万邦物流城官网，打造农产品综合信息发布平台，面向采购商、销售商、农户、政府部门等全社会公开，提供每日价格信息、周/月/年度价格分析报告、历年价格曲线图等免费数据，并汇集农产品物流、供需、招商、行业政策等信息，为农业生产种植、流通、政府调控等提供参考依据，提高供应链透明度与可控性。

2. 自主研发万邦智慧园区管理平台

万邦集团通过采用物联网、5G与人工智能技术，全面改造优化农批市场信息化体系，打造集交易、支付、仓储、物业、结算、物流等应用场景于一体的综合性服务平台。万邦集团智慧园区系统于2021年3月17日在一期果蔬市场率先上线运营，主要对市场车辆出入、一卡通、快捷支付、智慧园区App、铺位管理、无人值守地磅、质检追溯等业务场景进行开发和优化。这提升了车辆进出场的速度，提高了采购商交易效率，促进了食品安全追溯体系完善。

3. 打造万邦统仓统配物流服务平台

平台主要建设农产品统一仓储、配送服务平台，依托万邦集团资源聚集、供需对接、质量管控等优势条件，面向餐饮、院校、企事业团体客户，提供农副产品集采集配、仓储、加工、分货、分拣、配送一站式服务。平台于 2020 年 5 月开始投入运营，目前月均交易额 500 多万元，并保持快速增长。同时，为市场商户提供高效的分拣包装、云仓配送等业务，满足消费者日益增长的多样化需求，构建产业供应链发展新生态。

（三）努力走出去，积极布局全球供应链

1. 扩大进出口贸易

为满足国内消费需求，万邦集团与全球 40 多个国家和地区开展优质农产品贸易业务，主要包括果品、海鲜、冻品、粮油等四大类。2019 年进口量达 230 万吨，交易额 300 亿元，已形成安全稳定的供应链。

2. 加强国际交流与产销合作

万邦集团组织市场进出口商户、企业参加进博会等国内外展销、交流活动，在政府关系、资金等方面帮助经销商融入全球市场，引导其在东南亚、澳大利亚、南美洲等国家和地区，通过自建或合作共建生产基地 50 万亩（1 亩约等于 666.7 平方米）等方式，向全球农产品价值链中高端跃升，提升竞争力。

3. 投资建设境外农业园区

万邦集团紧跟国家"一带一路"发展战略，2018 年，联合洛阳市政府、一拖集团等，共同建设乌兹别克斯坦布哈拉 100 平方千米农业自由经济区项目，包括农业种养殖、产品加工、仓储物流、分拨中心等内容，一期项目正在建设中。万邦集团开创了乌兹别克斯坦绿豆通过中亚班列进入中国的模式，实现全球资源优势互补。

（四）多措并举，推动供应链绿色发展

1. 光伏发电工程建设

万邦集团利用市场内闲置的交易区棚顶和屋顶资源，建设 60MW 分布式光伏电站，

建设面积达 60 万平方米，每年所发电能达 63GWh，促进清洁生产、可持续发展。

2. 节能环保型冷库建设

为促进节能降耗，万邦集团新建 40 万吨冷库，总库容达 100 万立方米，采用更先进、更环保的制冷方式，安全性高、环保无污染、综合节能效果好。

3. 新能源充电桩项目建设

项目总投资 3 500 万元，在万邦停车场、市场闲置区域等，开展 120kW 双枪充电桩建设项目，为新能源冷链物流车辆更好地开展业务提供完善的配套支持。

4. 推动交易方式高效化、绿色化

万邦集团致力于推动农产品供应链实现绿色、安全、优质发展，鼓励采用绿色集装箱、标准化托盘进行循环作业，最大化限制塑料制品、高耗能包装使用比例；鼓励采用冷链物流车辆进行运输、装卸、配送，提升物流设备自动化、智能化水平。

（五）多向发力，加强供应链风险防范

1. 注重安全生产运营，建立风险预警机制

万邦集团不断增强供应链风险防范意识，建立突发事件安全防控机制与措施，成立万邦集团安全生产管理小组，制定《安全生产管理手册》，重点在消防、电梯、用电、冷库机房等领域加大安全生产督导落实力度，做到每天有巡查、每周有检查、每月有演练、时时有抽查、隐患全排查、问题有处罚，确保物流城安全健康运营。

2. 发挥应急保供作用，保障食品安全

万邦集团牢记使命与责任担当，构建应急保供机制。在供应链受到冲击的时期万邦集团率先成立防控处置工作领导小组，配合各级政府形成疫情防控联动机制，做好应急储备，做到全场"不加价、不断供、不停运"，免除车辆进出场交易费用 4 000 多万元，减免租金 5 000 多万元，保障了农产品安全、稳定供应，并做好对湖北、北京、河北等地的支援保障工作。

3.助力产销对接，促进农产品流通

万邦集团于 2018 年成立了农产品产销对接精准扶贫领导小组，联合市场骨干商户，开展全国范围内产销对接扶贫系列活动，帮助滞销产品拓宽销售渠道。目前，扶贫阶段性任务已完成，下一步将重点做好产销高效对接工作，促进农产品大流通、供应链条健康发展。

4.积极完善供应链管理人才团队建设

万邦集团与科研院所、科技型企业、金融机构等建立战略合作伙伴关系，培养农产品流通供应链专业人才，推广应用仓储冷链、物流配送等供应链新技术、新模式，提升风险防范和抵御能力。

三、成效与创新点

（一）万邦物流城各业态集聚，供应链上下游企业发展繁荣

万邦物流城涵盖果蔬、水产、冻品、粮油、调味品等 10 多个产业链态，为全国采购商提供品种齐全、质优价廉、服务周到的一站式全球生鲜采购平台，加快了农产品流通速度，节约了农产品采购、存储与运输成本。万邦物流城培育出"陈氏阳光""汉粮""佰果轩"等知名本土品牌，市场商户赢利能力进一步提升。万邦物流城在全国农产品批发市场交易量排名中连续多年位居第一，在全国"南菜北运""西果东输""北粮南调"流通体系中影响力不断增强。

（二）充分发挥市场带动能力，有效促进农民增收

万邦物流城通过"市场＋商户＋基地＋农户"上下游联动、紧密衔接，带动省内外农业基地 1 000 万亩、农户 400 万户，其中带动中牟县及郑州市周边农业基地 30 万亩、农户 10 万户，人均增收 3 000 元以上。市场带动分拣、加工、包装、销售、运输、清洁、装卸等务工人员 10 万人，周边房屋出租、酒店餐饮、休闲娱乐等其他从业人员 2 万人，每年带动周边"三产"及服务业产值达 50 亿元。

（三）风险防范能力得到检验，应急保供水平显著提升

万邦集团不断加强供应链创新与应用，进一步提升市场管理水平、服务能力、信息化建设水平。

四、推广价值

万邦物流城为入驻中小微企业、商户提供完善的供应链服务，除提供现代化的交易场地、多样化的仓储设施、严格的食品安全质量检测以及物业后勤保障等基本服务外，也提供营销服务、培训提升服务、金融服务等，更好地赋能入驻企业、商户，实现健康、持续发展。

（一）市场营销、产销对接服务

万邦集团多渠道开展农批市场产销对接，每年10多次组织市场经销大户到海南、广西、云南、重庆等多个农产品主产区开展产销对接活动；举办万邦年货节、粽子节、中秋月饼节等特色节日活动，以及新疆干果推介、智利车厘子推介等专题展销推广活动，每年达20场次以上，帮助市场企业、商户拓展销售渠道、提升业务水平。

（二）创业培训、经营提升服务

万邦物流城为企业主、经营者提供各类线上、线下免费培训活动，聘请相关机构专家、学者等讲授农产品储运、营销、食品安全、生鲜电商、经营管理、直播带货及法律知识等，年培训上万人次；联合河南广播电视台，建立万邦广电电商直播基地，帮助商户进行线上线下融合发展、品牌化运作。

（三）融资担保、供应链金融服务

万邦集团加强与金融机构合作，通过集团担保、商户联保等多种形式为入驻企业提供投融资服务，每年平均达300多笔，融资金额达2亿元。同时正在探索将市场商户的购销行为、经营流水纳入银行信用体系，增强其商业信用，以及开展仓单质押、存货质押、融资租赁、集中授信等供应链金融业务，保障企业融资需求。

　　企业介绍：万邦集团业务涵盖农产品市场运营、冷链物流、生鲜电商等全产业链；建设运营万邦国际农产品物流城，已累计完成投资 120 亿元，建筑面积 300 多万平方米。多年来，万邦物流城经营规模不断壮大，带动性日益增强，影响力持续提升。万邦物流城交易额全国占比为 1.75%，交易量全国占比 2.06%，保障了国家中心城市郑州 80% 以上、河南全省 50% 以上的农产品供应。

33

第 33 章

怡亚通：构建整合型运营模式，
赋能供应链良好生态

深圳市怡亚通供应链股份有限公司

作为供应链服务龙头企业，深圳市怡亚通供应链股份有限公司（以下简称"怡亚通"）以完善深层次、广覆盖供应链服务体系为目标，将自身定位于"整合型运营服务商"。怡亚通通过推进数字化转型升级、创新服务模式、完善物流服务、打造行业发展"软环境"等系列举措，打通生产、分配、流通、消费等经济运行的各个环节，以实现供需双方精准匹配和动态平衡。

一、行业背景

当前，受新一轮科技革命和产业变革、大国博弈、逆全球化等因素交织影响，供应链服务企业要想更好地匹配产业结构、经济体系等要求，面临诸多困难与挑战。

（一）数字经济飞速发展，数字化供应链服务链条亟待贯通

数字经济时代，通过供应链服务企业有效将供应链参与者进行系统集成，以一套数字化标准将链条各环节企业连接起来，向着动态、互联、实时、共享的形态转变，打破供应链上下游的运作壁垒，已成为各相关企业间密切沟通、实现产业战略协同，形成跨产业、跨地区系统融合的关键路径。然而，供应链链条串联着制造商、供应商、运输商、批发商、零售商等多方参与者，各参与主体之间的信息按照自身内部信息化设置进行传递时，极易造成信息要素不对等、失实、费时等问题，对产业链供应链整体运行造成影响。

（二）全新发展需求迭代，多元化供应链服务模式呼唤创新

尽管具有代表性的供应链企业在不断涌现，但由于部分企业基于原有单一服务（如

物流、商贸、咨询服务等）发展而来，其服务内容与模式往往受限于固有业务认知，在服务深度与广度上无法满足更为智能、敏捷、高效的供应链发展需求。加之国内外经济形势面临巨大变化，供应链企业需要不断创新发展模式，创造一种互联互通、线上线下融合、资源与要素协同的全新发展范式，为企业内部的人、物、服务以及企业之间、企业与用户间搭建桥梁，全面重塑产业链、价值链、数据链、创新链。

（三）物流发展与时俱进，我国迈向物流强国必须夯实根基

我国对物流业的推动发展远早于供应链，目前已建成全球最大的高速铁路网、高速公路网，拥有世界级港口群，航空海运通达全球……但当前电子商务（包括跨境电商）蓬勃发展，旧有物流服务模式逐渐难以适应当前行业的发展诉求。面临全新挑战，如何实现新时代的"物畅其流"，已经成为供应链与物流企业急需深度思考的问题。

（四）软实力影响竞争力，标准和人才建设缺口有待弥合

标准与人才，如今已成为支撑经济转型、成果转化、社会治理、技术交流等的两大软实力。但我国供应链发展起步较晚，供应链领域的相关标准迫切需要完善。

人才方面，企业原有从业人员大多缺乏供应链专业理论基础，近两年才出现的供应链管理专业的毕业生因受限于学科专业特色不强、实践经验不足等问题，无法运用理论有效指导工作，因此我国供应链专业人才的理论与实践相割裂的情况不容乐观。

二、主要做法

怡亚通定位于"整合型运营服务商"，以大客户 1+N、采销整合运营、品牌运营、中小企代采、投融孵、政企采购、企业数字化、互联网营销、跨境及物流服务等九大服务产品为支撑，服务对象涵盖上游的品牌商、制造商、原材料供应商等，以及下游的渠道商、零售商、终端用户等，通过助力客户优化供应链结构以实现提质增效降本，通过对供应链的价值点深度挖掘、重点布局，致力实现由创造需求的供应链 2.0 向着生态赋能的供应链 3.0 跨越。

（一）嫁接数字思维，服务链条实现全流程数字化、全场景智能化

怡亚通不断嫁接数字思维，将数字技术不断融入服务平台解决方案中，在为企业提供服务的同时，将数字技术应用于企业服务场景，助力企业由"全面推广"跃向"优化提升"，实现全链条精细化管理、全流程透明可视。

1. 强化顶层设计，构建数字化管理体系

怡亚通以"供应链＋科技"开启了供应链数字化服务转型之路，以建立统一流程、统一数据、统一系统为数字化服务转型方向，明确前台主战、中台主攻、后台主撑的顶层架构，以"一个怡亚通、一个体系、一个标准"的整合型数字化平台为目标，将"业务＋管理＋运营"工作流聚焦于一个功能端口，构建数据协同的柔性供应链体系。怡亚通通过数字产业化和产业数字化缩短产业间、企业间的时空距离，为供应链全景动态管理提供可能性，促进供应链体系的决策优化、敏捷化和协同化。图 33-1 为怡亚通数字化转型整体框架。

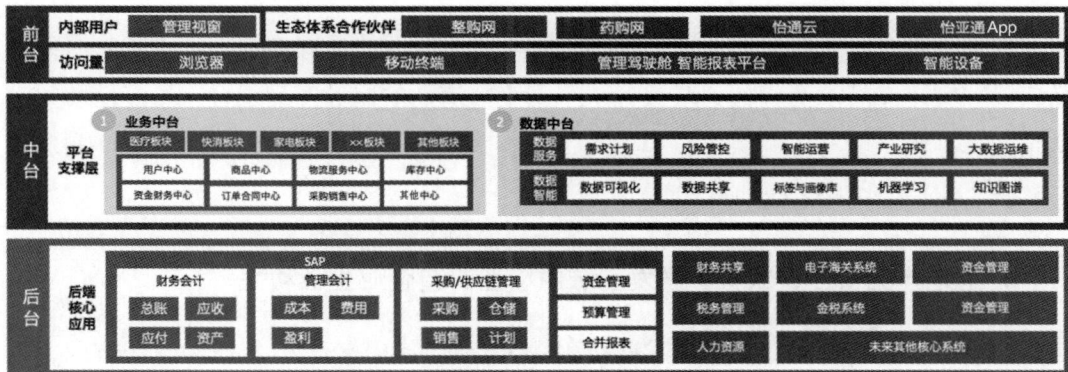

图 33-1　怡亚通数字化转型整体框架

通过整合业务板块，着力打造怡亚通 App、整购网、药购网等产品终端，怡亚通将内外部数据资源进行整合，从纵向、横向两个维度，对企业资源配置进行持续动态优化，实现动态、协同、智能、可视、可预测、可持续发展的供应链管理，支持多行业、多品类、多种供应链业务模式扩张。

2. 打造 SAP 业财一体化平台，实现内部精细化管控

为实现企业内部供应链全流程数字化和全场景智能化，怡亚通引入 SAP、阿里巴巴、企业微信、汉得等行业顶尖企业，搭建基于企业核心价值链流程"SAP 业财一体化平

台"。平台将原有深度 380、广度综合、供应链金融、物流服务、品牌孵化等业务所涉及的客户关系管理、供应链业务运营、物流仓储及运输、财务管理、人力资源、智能办公等传统意义上的单纯业务系统打造为业务财务融合的系统。针对怡亚通进出口、采购分销执行、国内外物流、虚拟生产等 26 项业务大类，平台从时间、绩效单位（集团、分子公司、合资公司、业务单元……）、行业、项目、品牌等多个维度，围绕财务、经营、库存、资金、风控，建立横向协同化、纵向专业化、分类分级操作的管控模式。

3. 构建开放式数字应用平台，助力内外部融合发展

怡亚通针对不同的业务场景，搭建面向社会的"怡亚通 App"供应链服务平台，"整购网""怡通云""药购网""家电客"等新流通 App 群，与"供应链云""运多星""金石银钙网"等第三方服务平台，实现分布式、跨业务、跨行业的系统整合，构建融入客户、上下游合作伙伴的数字化生态。

（二）创新多元供应链服务模式，明晰供应链现代化功能定位

怡亚通结合服务客户在领域、规模、发力点等方面的不同需求，创新九大服务产品，以"实体产品＋互补性关联服务＋全网络渠道"的服务产品组合，更好地助力制造企业／品牌企业与上游原材料提供商、下游渠道商、销售终端、大客户之间实现资源整合、信息连接、平台共享。

1. 落地产业供应链服务，激发区域中小型制造企业生长动力

怡亚通将实现产业链上的精准连接和优化管理、加速产业升级作为发展方向，联合当地国企成立综合商业合资公司，整合当地政策资源、国企资源、社会资源等，将"怡亚通综合供应链服务平台"赋能体系与自身商业模式、品牌、网络、管理、运营等各方面专业化供应链管理能力进行整体打包输出，共同搭建产业供应链服务平台，为当地中小企业提供产业配套的一站式供应链服务。

2. 深挖大客户 1+N 服务，以核心企业带动产业链创新发展

供应链核心企业与上下游企业基于原材料、零部件供应，或产成品分销等业务，形成密切的产业关联。通过掌握的关键技术、核心产品、稀缺资源等，核心企业成为驱动整条供应链有效运行的引擎。大客户 1+N 服务是怡亚通业务创新发展的主旋律，

怡亚通凭借资源整合、产品创新、渠道创新、营销创新四大核心能力，拓展供应链运营、采购管理、销售推广、市场营销、产品创新、营销创新、渠道创新等服务。怡亚通着眼于供应链业务核心企业，为其补充完善、深度绑定、充分激活供应商／渠道商体系，助力实现"1"与"N"之间商业的扁平化、共享化、去中心化。

3. 细磨品牌营销服务，为企业"查漏补缺"

怡亚通锚定部分制造企业在品牌和渠道环节的把控能力以及获取较高品牌和渠道溢价的能力等方面，通过"市场调研—品牌定位—品牌策略—产品运营—营销推广—分销及服务—消费者复购—反馈修正"打造营销闭环，通过线上线下结合，为制造企业不同成长阶段产品品牌成长融合赋能。

（三）注入供应链基因，开启物流"蝶变"升级之路

作为连接生产与消费环节的重要载体，怡亚通将物流服务多维度融入动态、协同、数字、可视、资源高效整合的供应链生态服务体系中，推动企业围绕供应链上下游企业，以服务标准化、服务行业化、服务场景化、服务产品化，助力服务供需精准匹配。

1. 深度融入供应链数字化信息系统，提升现代化物流服务发展适配度

在集团搭建"一个怡亚通、一个体系、一个标准"的整合型数字化平台目标下，为实现供应链全流程数字化和物流全场景智能化，怡亚通将新一代信息技术与供应链产业园相融合，以"投＋融＋售＋管＋升"的综合开发模式，打造"供应链＋科技＋产业园"三位一体的供应链科技产业园。供应链科技产业园以区域产业为中心，围绕"一平台，两基地，三中心"建设目标，构建了集"全球采销平台、新营销（直播＋流量整合转化）、品牌孵化基地、云仓物流中心、产品整合与品牌运营创新中心、数字化运营中心"等功能于一体的供应链产业园；对消费者需求进行更精细化分解与组合，采取新的营销模式，设计并研发出满足众多消费者多样性、场景化需求的产品组合及互联网产品；同时在中心还设有电商及大数据中心、全球采销平台，实现当地商流、物流、资金流、信息流"四流合一"，促进当地供应链产业的发展。

2. 创新"一盘货"模式，优化共享电商云仓服务

随着流通端场景的多元化与渠道的碎片化，服务要求逐步向移动端、App、小程

序、智能微超、无人店、私域流量等销售领域覆盖。怡亚通在原有统仓统配服务模式基础上进行优化、提升，利用订单系统探索"一盘货"升级服务模式。以物权所属为基本原则，将线上线下的库存商品放在一起进行布局分配，通过库存同步打通所有渠道，实现库存共享。OCP 系统会根据订单上不同的地址信息优先分配最近的仓库，在不满足库存的情况下，开展寻仓策略，参考库存、区域、经纬度、单品、多品等条件，将订单分配到不同区域的仓库，再进行统一调配。

3. 开展多类型境外仓拓展跨境服务合作，推进全球供应链互联互通

怡亚通将国际物流供应链能力与体系建设作为企业发展的重要任务之一，大力发展"高资质、强专业"的一站式跨境运营服务。怡亚通以轻资产运营为出发点，以与集货仓、口岸仓、海外仓等跨境型仓储企业合作或成立合资公司的方式，布局海外资源，与美国、印度尼西亚、新加坡等 10 多个国家的怡亚通海外平台协调联动，拓展供应链服务网络。同时，怡亚通还在香港地区建设全球性分拨中心，作为跨国公司全球物流网络中连通亚太和欧美地区的重要节点，与海外平台协同运作。

（四）增强标准、人才软实力，推动供应链产业社会化建设

怡亚通围绕标准体系建设、产学研研究、人才培养三个方面，探索适合供应链服务行业发展的管理体系，为外部供应链业务发展提供内生动力。

1. 积极参与标准化体系建设，推动行业服务标准化

怡亚通将标准工作作为发挥自身带头作用的重要着力点，分别从标准制定、组织加入、活动主导三个方面开展标准化建设工作。一是作为起草单位制定供应链国家标准、行业标准、团体标准，逐步从制定企业标准化管理制度、标准化操作流程等，向参与服务术语、质量要求、评价体系、人才培养等涉及整个行业发展的各类标准工作中深入；二是成为粤港澳大湾区物流与供应链创新联盟、粤港澳大湾区标准创新联盟成员单位，以标准制定为出发点，为行业高质量发展、企业服务化转型、能力创新升级提供重要驱动和关键支持；三是与中国物品编码中心深圳分中心等合作，共同推动"编码技术标准化与应用"企业课堂、跨境电商物流行业标准研讨会等活动。

2. 打通校企双向互动机制，推动产教融合相得益彰

围绕"产业链 - 创新链 - 教育链 - 人才链"四链贯通目标，怡亚通与合作院校共同建设行业与地方产业急需的、优势突出的、特色鲜明的"中—高—本—硕—博"多级衔接的专业集群，研发专业标准，开发课程体系、教学标准以及教材、教学辅助产品，并开展"校企协同、合作育人"的专业建设，联合高效共同推动供应链人才体系教育、实践、培训、就业创业、科研成果转化等。

3. 加强企业人才梯队建设，输出行业多层次复合型人才

怡亚通根据员工岗位、职级、在岗时间的不同，制定全套培训体系，大力推进怡亚通"内训师培养"计划、"接班人"计划、"光芒人才计划"、供应链大学（第一期）等，并以"内部团队交流，外部活动宣贯"的方式在全国范围内开展"全国大融合深度行""380 创新转型推进会"等活动，实现内部企业间的全方位深度交流与沟通。

三、成效与创新点

怡亚通以新技术、新模式为目标客户跨部门、跨区域协作提供持续高效的微观机制，使企业能够将注意力集中于塑造核心竞争力，更好地对供应链的运行效率与节拍做出决策。

（一）推进数字技术与业务实践深度融合，实现供应链高效协同运行

怡亚通融合产品供应链与服务供应链，通过数字化转型产生更强大的发展效能，以数字化平台连接众多原材料供应商、品牌商、生产商、分销商、物流服务商、金融机构等，实现从原材料采购、生产制造到物流运输、终端销售的全供应链流程数字化管理，推动经营、管理、服务模式的数字化变革。怡亚通利用信息化系统连接核心企业及其上下游，升级供应链协同体系，最终降低企业总体供应链管理成本、提高资产回报率。

（二）以供应链高质量服务，助力客户营收、市场份额双增长

怡亚通强化供应链核心服务能力，通过创新九大服务产品／模式，以"供应链 +"

实现行业产业融合，构建供应链服务产品"大超市"，有效推动链条企业形成基于创新链共享、供应链协同、数据链联动、产业链协作的自主发展能力。

1. 以产业供应链服务地方产业，实现资源整合与供需匹配

产业供应链服务从模式创新到行业整合，从区域集聚到内外协同的发展路径，怡亚通不断创新产业发展模式，通过充分发挥供应链服务在产业溢出及辐射和产业资源方面的虹吸效应，不断彰显综合供应链服务下产业链企业的紧密性、区域间产业的协同性以及产业链治理的现代性。

2. 布局"1+N"供应链服务体系，推动上下游企业共赢

基于服务对象空间接近且具有共同产业文化背景，怡亚通不仅强化对核心企业关键环节、关键领域、关键产品的保障能力，同时深度绑定、充分激活上下游企业，推动溢出优势在更大范围内延展，助力不同企业间进行互补式创新活动，实现关联技术和产业配套能力整体提升。

3. 加强生态圈品牌建设，放大品牌企业声量

针对国有品牌在资本、渠道等方面的不足与品牌成长空间狭窄等问题，怡亚通以"共同开发，联合运营"为方向，深度参与制造企业品牌定位、研发、分销、零售等各个环节，全面激活 B 端或 C 端客户需求，平衡品牌营销投入和销售产出，并提供资本服务，全面帮助品牌提升行业声量。

（三）加强全网可视化管理，提升物流运作效率

怡亚通围绕品牌商、经销商、分销商、零售商等主要服务对象，以"一盘货"服务对供应链各级服务商进行规划，支持独享、共享、区域、虚拟商品等多种销售模式，极大满足了全国范围内的商品需求，促进流通领域渠道业务下沉。通过共享一定区域内所有物流资源，智能化匹配物流供需，同一区域集中配送的方式，为零售门店、电商企业提供汇聚品牌供给的物流配送服务，提高周转效率。

同时，怡亚通将综合考虑分销商库存积压风险与库存费占用，和品牌商平衡型号库存需求，升级共享云仓服务。怡亚通在重点区域设置多个云仓，通过利用自主研发的物流信息化管理系统，并引入智能料箱存取系统，包括蜘蛛机器人、智库系统，实

现客户 ERP 系统与 OMS、WMS 直接对接，库内所有容器的数字化管理，实施全流程操作可视化、对库区实现数据与货位实物的精准管控，确保库存准、入库快、管理精、作业准、效率高，同时为客户减少仓库租赁、仓库管理、设施设备、系统、人工等环节的投入。

（四）主动出击，标准制定与人才培养双向发力

目前，怡亚通紧跟国家标准化战略及相关政策，已经参与 4-02-06-05《供应链管理师国家职业技能标准（2020 年版）》、DB4403/T 28—2019《供应链企业分类与评估》、DB4403/T 10—2019《绿色供应链企业评价》、DB4403/T 11—2019《供应链企业金融风险控制与评价》、T/CFLP 0020—2019《供应链服务企业分类与评估指标》、SZDB/Z 295—2018《供应链服务术语》、SZDB/Z 296—2018《供应链服务质量要求》等标准制定工作，为企业开展内部标准化建设、开拓与引领市场提供有力支撑。

为推进公司人才梯队建设，培养理论与实践能力兼备的人才，怡亚通对战略目标及实施计划、核心职能、关键能力进行系统分析，依靠人力资源政策的有效执行，结合人才盘点和晋升通道规定，确定后备人才及培养计划，经过系统、连续培养，有效促进员工积极性、主动性的最大限度发挥。

四、推广价值

怡亚通通过聚合多样化的组织，形成资源能力互补，打造跨界融合和持续创新能力，着力打造拥有成长活力和赢利潜能的生态圈。

（一）以数字化服务助力服务企业提升供应链战略掌控力

怡亚通以成为中国最具特色的整合型数字化 B2B（2C）综合商业供应链平台为目标。其"纵向"深度融合供应链，实现产品全生命周期的数字化集成，将设计、采购、生产、物流、分销、营销等环节聚为一体，简化从订单到产品的输出流程，个性化定制服务产品，实现资源利用率最大化；"横向"集成外部相关企业的资源，形成"优势共享，互补互惠"的战略联盟，以提高服务质量并降低成本、快速响应顾客需求并为顾客提供更多选择。怡亚通对企业资源配置进行持续动态优化，实现动态、协同、智

能、可视、可预测、可持续发展的供应链管理，支持多行业、多品类、多种供应链业务模式扩张。

（二）以模式创新引领传统企业"破圈"

怡亚通摒弃原有"无序罗列"的服务方式，将商务管理、进出口通关、国内外物流、采购执行与销售执行、信息数据处理、供应链金融、品牌营销、渠道管理等基础服务单元，根据政策环境、行业特性、产业环节、企业规模、企业性质、核心诉求等影响因素重新排列组合，创新出九大服务产品／模式。并针对不同服务内容，考虑到主体、行业、服务的不同组合，有针对性地提出配套方案，同时可在基础服务上叠加定制化需求。一是服务内容有效覆盖现有市场现有／潜在主体，且单项服务产品个性化、专业化更强；二是有效根据服务经验，以基本服务组合解决合作客户自选服务内容造成的遗漏或重复；三是以标准化服务流程、合同、体系为基础，动态增减个别服务，从而迅速运行业务，有效提升服务效率。

（三）以"软硬实力"拓宽服务广度与深度

一方面，怡亚通为客户搭建起满足全链条供应链服务的"硬实力"保障体系。在原有物流服务网络结构中，怡亚通充分考虑市场发展的多样性，重资产投入构建集"全球采销平台、新营销（直播＋流量整合转化）、品牌孵化基地、云仓物流中心、产品整合与品牌运营创新中心、数字化运营中心"等功能于一体的供应链产业园，实现基础服务、创新服务、数字化服务、应用场景服务等多维度服务功能；并针对当下电子商务发展热潮，迅速调整思路，打造全面支持内外部物流管理及运营管理的协同体系，支撑多类型物流供应链发展。另一方面，怡亚通充分发挥行业领军企业优势，为行业标准化体系建设、供应链优秀人才培养及行业"产学研用"合作等提供企业支持。

企业介绍： 怡亚通成立于 1997 年深圳市投资控股有限公司旗下企业，是中国首家上市供应链企业。2021 年业务量超 1 000 亿元，实现营业收入 702.52 亿元，在 2022 年《财富》中国 500 强企业中排名 193 位。

怡亚通致力于推动供应链服务创新发展，成为产业供需之间交易的桥梁，业务服务网络覆盖中国 320 多个大中城市及新加坡、美国等 10 多个国家或地区，服务行业涵盖快速消费品（母婴、日化、食品、酒饮）、家电、通信、信息技术、医疗、终端零售等，为联合利华、GE、飞利浦等 100 多家世界 500 强企业及 2 600 多家知名企业提供高效的供应链服务。

34

瑞茂通：创新产业互联网平台，打造大宗商品供应链综合服务体系

瑞茂通供应链管理股份有限公司

瑞茂通供应链管理股份有限公司（以下简称"瑞茂通"）作为国内大宗商品供应链领域的龙头企业，连接产业上下游，以数字化、智能化、绿色低碳的创新引领，构建大宗商品供应链产业互联网平台，服务产业链上下游企业降本增效，助推行业变革成长。瑞茂通从五方面强化供应链创新探索：加强供应链管理能力现代化建设，积极推进管理手段、数字工具、交易指数和人才建设等方面的创新探索；推动国际化战略，提升国际定价话语权；搭建产业互联网平台，引领行业数字化创新；为行业提供综合多元的供应链一体化解决方案；充分重视风险预防机制建设。经过多年的探索与发展，瑞茂通已取得了显著成效。

一、行业背景

我国是全球大宗商品的最大消费国，也是最大的进口国，但我国大宗商品市场的整体发展却"大而不强"。直接的体现就是，我国在大宗商品领域缺乏定价权。此外，多重因素交织影响，全球产业链供应链紊乱、大宗商品价格持续上涨、"卡链""断链"现象全球蔓延，我国产业链供应链正在遭遇痛点，面临严峻挑战。

（一）新征程新标准，供应链现代化建设刻不容缓

当下，我国正在加快构建新发展格局、扩大高水平对外开放，推动产业发展高质量利用国内国际两个市场、两种资源，为提升产业链供应链现代化水平提供了更加有利的条件。然而瞄准国际标准，我国产业链供应链发展还面临一些挑战。比如，产业链各环节发展不均衡，一些产业的核心控制能力较弱，产业技术创新机制有待进一步完善，等等。为此，企业需要聚焦提升核心能力，精准定向发力，瞄准全球产业链发展趋势及科技创新动态等，大力推动产业链、供应链、创新链联动发展，加快现代产

业体系发展。

（二）受困于"大而不强"，供应链企业迫切需要"走出去"

自 2017 年以来，我国已经连续五年保持世界货物贸易第一大国的地位，充分体现了中国不仅是"世界工厂"，也是"世界市场"。在更广阔的空间参与国际竞争，急需构建高效、畅通的国际化供应链体系。然而，国内供应链企业国际化服务能力偏弱，与国外企业合作有待增强。国内企业应该充分利用我国在供应链生态上的特征，以高效率、全品类的竞争优势争取全球供应链中的话语权，从"走出去"和"迎进来"双向发力，把供应链创新与构建产业生态有效结合起来。

（三）竞争面临挑战，供应链服务急需强化数字韧性

从互联网与实体经济互融共进的进程来看，如果说上半场是消费互联网，解决的是交易效率问题，那么下半场就是产业互联网，解决的是产业效率问题。在需求日益多样化、竞争日益激烈的现代社会，竞争已经不是企业之间的竞争，而是供应链与供应链之间的竞争，检验的是企业各自的供应链韧性。通过数字化手段疏通堵点，加快数字经济均衡发展，是数字化供应链价值的根本体现，也是增强产业链供应链韧性的必由之路。

（四）全流程贯通迫在眉睫，降本增效面临挑战

在传统的商贸模式中，处于产业链中各节点的企业单打独斗的情况比较普遍，彼此往往在信息不对称的情况下进行博弈，导致运营成本和风险相应提高，效益、效率降低。随着企业需求越来越趋于多样化、复杂化、个性化、效益化，对供应链提出的需求明显升级。以客户需求为导向，充分利用有效资源和技术手段，提供包括交易、仓配物流、质检、金融等在内的综合供应链服务，可以有效促进商流、物流、资金流、信息流"四流合一"，在实现降本增效的同时，也能有力帮扶中小企业茁壮成长。

（五）发展后盾亟须筑牢，风险管理水平有待全面提升

在供应链管理实践的整个过程中，会产生信息流、商流、物流、资金流，涉及信

息获取和处理，合同的签订与执行，货物的仓储、包装、运输、装卸与搬运，现金或票据的收付，发票的开收等诸多环节。任何一笔业务的某个节点出现风险，都会对整个供应链平台造成影响。因此，只有厘清风险，不断开拓创新，借助科技的力量提高供应链风险管理水平，才能实现更高质量、更有效率、更加公平、更可持续、更为安全的综合发展。

二、主要做法

（一）加强供应链管理能力现代化建设

1. 打通供应链链条，塑造产业生态圈

在传统的煤炭贸易中，上下游贸易商组织形式分散、交易模式原始，在贸易过程中普遍有不可避免的低效率、高风险的本质缺陷。瑞茂通针对煤炭行业的交易特点，利用信息化手段、指数指标建设、资源扩张提升行业影响力，利用资源撮合提高交易效率，利用供应链金融连接银行和企业等多种方式，打通了大宗商品行业的供应链链条，形成了包括上游资源方、下游终端以及其他行业参与者有机整合的煤炭产业生态圈。

2. 通过混改赋能，提升资源配置能力

近些年，瑞茂通选择通过与具备区位优势或资源优势的国企和政府成立合资公司，来建立稳固的产业链上下游合作关系，以此增强对供应链各节点的把控能力，从而更好地优化资源配置。

3. 打造可复制模式，实现区域和多品类联动发展

瑞茂通基于成熟的供应链管理模式，通过建立区域性的产业互联网平台，更好地将供应链思维向产业链延伸，更好地为煤炭和其他能源类、其他大宗商品领域的地方产业集群转型助力。

2020 年 4 月，瑞茂通搭建了合资平台"宁东数科交易平台"。短时间内建立起的宁东地区自有的大宗交易平台发挥了重大作用，打通了地区内和外省的大宗资源渠道，大大提高宁东地区大宗资源调配效率，解决了区域内供应结构单一、运输到厂成本高、断供风险大的问题。

此外，瑞茂通还构建了成品油、铁矿石等细分品类平台。2021 年，瑞茂通在保障

煤炭供应链业务稳定发展的情况下，积极开展石油化工、农产品等大宗商品供应链业务，实现营业收入 112.00 亿元，同比增长 20.45%，占公司大宗商品营业收入总额的 23.67%。

4. 坚持人才是第一资源，强化供应链管理战略人才储备

瑞茂通先后成立了煤炭研究院、大宗商品研究院、领导力学院。其中，煤炭研究院专注于煤炭期现市场研究；大宗商品研究院以总结和研究服务大宗商品行业发展的新模式新业态为目标，旨在培养具有供应链思维的专业化人才；领导力学院则通过组织供应链知识培训，提升员工在供应链领域的知识和技能，并积极参与了中国物流与采购联合会举办的"供应链管理专家（SCMP）认证培训项目"……这些都为瑞茂通创新供应链管理模式和技术提供了坚实的智力基础。

（二）秉持国际化战略，锻造全球供应链竞争优势

瑞茂通在全球拥有 57 个办事机构，拥有海外品牌代理、市场推广渠道、仓储物流等基础设施。2021 年，海外业务成交总量 2 500 多万吨，业务覆盖美国、俄罗斯、欧洲、澳洲等 10 余个主要国家和地区，境外销售煤炭 821 万吨。

一张全球采销网，是瑞茂通"买全球、卖全球"的很好佐证。采购方面：从印度尼西亚、澳大利亚、菲律宾、俄罗斯进行全球采购，与兖矿、必和必拓、嘉能可以及印度尼西亚前十大矿均有合作，部分签订长协合同。销售方面：覆盖了印度、巴基斯坦、越南、菲律宾、文莱、泰国等国家，向印度信实集团和印度煤炭企业 ADANI 供应现货印度尼西亚煤，并供应多家东南亚"一带一路"项目电厂现货。仓储方面：为满足油品业务发展需要，于马来西亚、韩国两地租有两座油库。

（三）搭建产业互联网平台，引领大宗行业数字化创新

瑞茂通针对煤炭行业数字化程度较低的现状，将新一代信息技术与管理能力相结合，打造了集信息平台、行业交易指数、大数据中心和金融风控体系等为一体的数字化供应链平台，并融入以混改企业为核心做市商的商业模式，大大促进了大宗商品供应链的透明化和合规化，降低了贸易风险，为大宗市场各个参与方提供了便捷可靠的服务能力。其主要做法有以下几点。

1. 以信息平台汇集行业数据，夯实供应链信息化基础

搭建 SAP 系统 + 九恒星资金管理系统 +OA 系统，实现业务端、财务端、资金核算端数据一体化、报表自动化，已实现企业 100% 业务线上化。将线上化平台带入产业链上的相关合作方，如陕西煤业等，扩大数据库积累范围。

2. 力促多方协同，实现供应链全流程可视化

瑞茂通同多家物流平台合作，完成船运、火运、汽运的物流可视化；通过交易平台建设，实现交易流程可视化。目前，其基本实现了供应链全流程可视化。

3. 成立大数据中心，有效挖掘沉淀的数字资产

瑞茂通以易煤网的数字科技能力，将瑞茂通 20 年的煤炭资源转化为大数据，并在此基础上，着力探索整合行业数据，为煤炭线上交易、行情分析等不断夯实大数据基础。

4. 依托科技打造产业互联网平台

瑞茂通通过搭建"易煤网"产业互联网平台，以大数据、云计算、物联网等科技手段，依托运营风控能力、多式联运物流方案制定能力、多渠道分销能力、资源优化配置能力等核心竞争力，搭建一站式、全链条的产业互联网综合服务平台。

此外，瑞茂通还从创新平台交易机制方面发力。瑞茂通与具有优势资源的大型国有企业、金融机构或拥有区域优势的地方政府尝试混合所有制改革，将其合资企业作为平台的做市商。做市商聚合带来的贸易、金融、资讯、流量，可以更好地为产业客户提供交易、助贷、资讯和风控管理服务。

（四）为行业提供多元综合的供应链一体化解决方案

瑞茂通通过整合购销、仓储物流、掺配加工等供应链各环节，为客户提供资源组织协调、信息整合研判以及资金支持等全产业链的综合服务，依托交易信息、指数、市场研究成果，把控业务风险，实现产融结合，构建"全方位、多样化、一站式精准配置"的大宗商品供应链管理综合服务体系，以达到降本增效、绿色发展等目标。

为了更好地搭建供应链一体化综合服务平台，瑞茂通建立了集做市商、矿方、贸易商、终端用户、物流企业、金融机构等产业链各方于一体的生态圈：对上游矿场、资源方、大型国有能源企业，通过混改提供供应链管理能力和人才，提供信息平台工

具和资源整合算法；对下游电厂、煤炭再加工制造企业，通过物流仓储整合、优化原材料配置，提供供应链金融服务，形成从矿场到终端的全流程方案；对行业其他参与者以及涉及的其他服务商，包括物流企业、信息服务商、行业研究机构等，提供资源整合服务、金融平台、行业资讯和价格指数参考等。

（五）充分重视风险预防机制建设

1.打造交易指数，化解价格波动风险

瑞茂通搭建了集北方港动力煤价格指数、长江口动力煤价格指数、中国动力煤进口到岸价格指数于一体的指数体系，并创新开发了煤炭情绪指数，为平台用户和整个行业提供了交易价格参考。此举受到发改委等相关部门及相关行业的认可，也推动大宗行业交易价格逐步走向规范化道路。

2.发挥供应链优势，建立及时响应的应急机制

疫情期间，上游煤矿企业复产复工不足，下游电力行业保供困难。为保障电力、供暖等基本民生的能源供应，瑞茂通充分发挥供应链管理优势，为上下游企业送去了一场场"及时雨"。2020年，在内蒙古等煤矿主产区基本已停产、没有运输车辆的情况下，瑞茂通积极协调客户煤源和运输车辆，在不到两个月的时间供应近60万吨电煤。2020年2月，在煤价和运费不断上涨的情况下依然不调价地向乌兰察布地区丰镇电厂、呼和浩特科林电厂、河西电厂等供应煤炭超25万吨，为当地企业解决了燃"煤"之急。截至目前，瑞茂通已合计向华中发运超百万吨煤炭。

3.精准把控业务风险，多措并举筑牢"生命线"

瑞茂通做法主要有以下几点。一是把控采销通道。瑞茂通2021年采购客户约730家，其中矿方直采占比约50%；销售客户约850家，其中终端客户销售占比约60%。与此同时，瑞茂通持续加大对境外能源消费市场的开拓力度，在巴基斯坦、越南等国形成了千万吨级的发运规模，与国内市场资源相得益彰。二是定时数据分析。每周、每月开展会议对经营数据进行对比分析，及时关注业务规模变化、区域变化等问题。三是客户把控分析。对合作客户在量、营收、利润、应收账款等方面做汇总分析，同时关注客户业务量变化，尤其是应收账款。四是通过长协合同稳定供应，与长期合作

稳定客户签订年度长协合同。

4.敏感捕捉金融风险，五点"做好"相辅相成

一是做好行情波动的风险预测。瑞茂通拥有扎实的业务基础、全覆盖的数字平台、专业的研究能力，因此对行情波动有比较准确的预判能力。业务方面，瑞茂通业务区域已覆盖国内煤炭资源主产地和主要消费地；平台方面，易煤网与港口、站台企业建立对接系统，物流模块之间信息互通；研究方面，易煤资讯构建了完整的资讯内容体系，解决了信息的不对称问题。借助易煤指数体系，对市场的一手价格波动信息、终端可用库存信息和当地政策能够做出快速响应。

二是做好企业信用风险分析。一方面，针对各板块业务制定严格的运营风控管理制度，对客户准入、合同签订、业务执行、资金调配、衍生品头寸实施统一全面的考核管理；另一方面，加大运营风控信息系统的建设，实现业务、财务、运营核算一体化，为企业业务高效管理提供支撑。

瑞茂通构建的风险管理系统可以定期查询跟踪企业资信，结合交易数据信息，动态监控合作企业的信用动态，包括交货履约情况、资金收付进展、发票情况、企业涉诉纠纷情况等，勾勒合作客户的企业信用画像，为合作客户的企业信用提供预测分析。

三是做好金融衍生品风险分析。瑞茂通建立了专门的金融衍生品管理的风控团队和衍生品风险管理制度，运用期货和衍生品工具对相关品种大宗商品现货业务开展套期保值、基差交易等对冲业务，以此有效规避大宗商品现货价格波动所带来的贸易风险，保障供应链管理业务的高速高质扩张。

四是做好政策与地缘政治等对行业影响趋势的预测分析。瑞茂通风险控制团队会根据国内国际的政策、经济社会发展等热点实时分析研判。在汇率风险防控方面，瑞茂通一直坚持以贸易为主、汇率风险中性管理的原则。

五是做好先进技术应用。易煤网借助区块链技术，通过与各外部第三方的税务、物流、征信等平台数据信息的实时互联，加速业务场景真实性检验模型的建立，为输出金融服务提供安全、可信的产业生态，让金融机构资金安全、低成本地输入实体产业客户，实现对实体经济发展的有效助力。

三、成效与创新点

在企业的发展中，瑞茂通始终致力于保障我国产业链供应链安全稳定，在全产业

链中扮演着供应链管理综合服务者的角色。在持之以久的创新中，瑞茂通主要围绕六个方向探索实践、不断沉淀。

（一）推进供应链管理创新探索

从企业层面进行顶层设计，建立供应链领导小组，在企业上下形成合作、开放、共享的供应链思维并付诸实践；重视智力支撑，建立产业供应链研究院，培养大批复合型供应链人才，提升煤炭产业远期的供应链创新能力。

（二）推动国际化战略，提升国际定价话语权

瑞茂通积极布局国内外联动协同的供应链体系，提升企业的资源掌控能力；同时，创立国内首个动力煤进口到岸价格指数，提升我国煤炭企业的国际定价话语权。

（三）搭建产业互联网平台，引领行业数字化创新

瑞茂通前瞻性布局数字化供应链产业互联网平台，连接产业各方，发挥在行业中的正外部性。在成功运营易煤网的基础上，瑞茂通将深耕煤炭领域二十余年的成功经验复刻到其他品类，在农产品、建材、油品等多个品类建立了产业互联网平台。

（四）推进绿色供应链建设，降低整体能源消耗

瑞茂通以能源供应链为起点向多元产业延伸，突破了产业边界，创新性地提供了可复制的大宗供应链模式，为新行业和新地域提供定制化、一体化解决方案；积极布局新能源领域，推进能源结构绿色低碳发展。

（五）为行业提供综合多元的供应链一体化解决方案

瑞茂通通过资源调配、路径优化、载具优化等，减少供应链上资源消耗；同时，为上下游企业设立标准，鼓励合作企业的绿色化转型。

338

（六）充分重视风险预防机制建设

瑞茂通将供应链金融工具融入煤炭供应链生态，供应链金融在信用转移方面优于传统金融，是促进供应链上下游畅通的有效抓手。瑞茂通高度重视控制供应链风险，通过银行与多方共建风险预警体系。

综上所述，在不断对供应链模式和技术的创新中，瑞茂通摸索出了一套成熟、稳定、高效、敏捷供应链管理服务方案，在降本增效方面作用明显。如与华能国际电力股份公司合作供应煤炭原材料，一年节约成本约 1.42 亿元；与中原银行股份有限公司合作研发供应链金融客户端，为上百家供应链中小企业提供 100 亿元授信。

四、推广价值

作为大宗商品供应链上的核心企业，瑞茂通以市场需求为导向，以数字化手段为创新引领，构建了大宗商品供应链产业互联网平台，并培育出了"产业互联网平台＋做市商制度"的商业模式，真正地做到了"延伸产业链、完善供应链、优化服务链、强化创新链、打造价值链"，在维护我国产业链供应链安全稳定、锻造现代产业链供应链核心竞争力等方面起到很好的引领示范作用。

（一）打造产业互联网平台，为产业客户提供多品种、多样化、全链条的供应链服务

瑞茂通依托积累多年的线下产业运营能力和成熟的线上系统，将传统的大宗商品行业烦琐的线下交易流程转化为标准化的线上交易。平台借力大数据、云计算、物联网等科技手段，实现了全方位、一体化的大宗商品供应链服务的高效协同，有效提升了产业链供应链的运转效率，使得其与上游供应商、下游客户、合作开发者等链上节点之间产生了超强的黏性，形成了可持续发展的产业互联网生态。

（二）做强大宗商品供应链的关键在于进行资源整合，在大宗商品资源方面把握主动权

瑞茂通近年来不断在产业链上下游寻找拥有区位优势、政策优势及资源优势的地方政府、大型国有企业及金融机构进行混改。瑞茂通已与各类国企和政府机构等成立

了 20 多家混改企业，大大加强了供应链自主可控的能力。

（三）将产业互联思维和"混改"战略相融合，瑞茂通培育出了"产业互联网平台 + 做市商制度"商业模式

这一商业模式不仅有助于瑞茂通在能源产品和农产品等大宗领域掌握资源的主动权，还可为用户提供从原料供应、价格管理、风险控制到物流运输等一系列智慧化的综合性供应链服务。其贯穿供应链的定位使瑞茂通在各个阶段汲取价值，形成了覆盖上下游的价值链闭环。

瑞茂通的商业模式的成功不在于"独乐乐"，而在于"众乐乐"。目前，瑞茂通已将成熟的供应链服务模式成功地"复制粘贴"到煤炭行业以及其他大宗行业，建立了多个区域性的产业互联网平台。此外，瑞茂通还快速搭建了成品油、铁矿石等细分品类平台，均已获得可观的经济效益和社会效益。

企业介绍：瑞茂通成立于 2000 年，2012 年 8 月成功在上交所上市，成为首家中国 A 股上市的煤炭供应链服务企业，是中国领先的大宗商品供应链管理服务专家。瑞茂通主营业务包括煤炭、焦煤、焦炭、石油化工等关系国计民生的大宗商品供应链业务。上游与国内主要产煤区的大型煤矿（包括神华、陕煤、平煤等）广泛合作，国际上拥有嘉能可、必和必拓、德国莱茵集团、印尼阿达罗能源等海外采购源。下游客户主要为电厂、煤炭再加工制造企业，与国内 6 个电力集团均有合作。业务版图覆盖印度尼西亚、马来西亚、俄罗斯、欧洲、澳大利亚等 10 余个国家和地区，已实现大宗商品领域的"买全球、卖全球"。

35

欧冶云商：以产业互联网推动钢铁供应链数智化转型

欧冶云商股份有限公司

欧冶云商股份有限公司（以下简称"欧冶云商"）聚焦钢铁供应链条块分割、链条冗长、信息不对称、供需不匹配等行业共性问题，依托钢铁产业互联网平台，深化互联网、物联网、区块链、大数据、互联互通等数字科技应用，加强智慧交易、智慧物流、智慧营销、智能风控服务模式创新，有效连接生态圈各方资源，全面提升供应链效率、保障供应链安全稳定、重塑供应链信用体系，有效优化用户体验，创造服务新价值，成为钢铁等金属材料交易的服务者、钢铁产业链基础设施的提供者和信用体系的构建者。

一、行业背景

（一）钢铁供应链发展现状

改革开放以来，随着中国经济快速增长，我国钢铁行业规模实现了持续增长，已经从新中国成立初的缺钢少铁之国成长为全球钢铁大国。根据国家统计局数据，2021年全年中国粗钢产量为 10.3 亿吨，占全球粗钢产量的 54%，持续保持全球最大的钢铁生产国地位。

钢铁产业互联网通过新一代信息技术应用，聚焦钢铁垂直领域，以"平台化运营"为特征，对钢铁供应链上下游企业的运营模式进行重构，建立比传统价值链供应链更直接、更迅捷的信息传导机制，使供应链上下游企业可以参与到钢铁企业的产品研发、产销平衡、资源配置中去，实现钢铁行业与下游各个行业的"有效连接"。同时，钢铁产业互联网以"生态化协同"为特征，故而被高度片段化分割服务资源，以标准化、数字化、生态化、智能化的形态融入产业互联网的生态体系，形成价值网络，实现钢铁供应链上下游的高效协同。

未来，钢铁产业互联网将驱动传统钢铁供应链的各个环节向数字化、网络化和智能化转型。从连接方式上看，钢铁产业互联网将由单点服务向产业链整体解决方案发展，通过集成化整合服务资源，打造钢铁生态服务网络；从物流基础设施建设布局上看，钢铁产业互联网将促使传统物流体系从以仓储网络和运输网络的重资产布局演化为以智能硬件设备为主的物流数据系统和物流信息中心；从商业模式上看，钢铁供应链企业将从以通过提供交易、物流、资讯等服务为主转向以平台积累的数据为关键要素，提升对数据的挖掘和使用能力，加快推进智慧制造等转型升级，为用户提供数字化和智能化解决方案，助力用户高质量发展。

（二）钢铁供应链面临的痛点

我国钢铁行业不断发展壮大的同时，也促进了钢铁流通及相关增值服务产业的快速成长，有效支撑了国民经济的发展。但是，传统钢铁供应链条块分割、链条冗长，信息不对称、供需不匹配、市场不确定等问题依然存在，制造、交易和交付等各环节仍面临效率低、成本高、个性化需求难满足、市场波动大等痛点。

我国钢铁行业在供给侧结构性改革的背景下，不仅需要在制造端实现以"黑灯工厂""数字化车间""网络型工厂"为特征的智能制造，达到"标准化、低成本、高效率、低排放"的高质量发展标准，还需要充分借助产业互联网实现与产业链上下游企业的有效连接和高效协同，达到以生产资源的高效利用、服务要素的有效配置、流程断点的有机集成为特征的转型升级要求，从而改变和再造传统商业模式和供应链流程，进一步促进钢铁行业提质增效。

二、主要做法

欧冶云商定位于第三方钢铁产业互联网平台，多年来，持续加强模式创新，推进生态圈建设，努力将自身打造成为集交易、物流、加工、知识、数据和技术等综合服务为一体的钢铁产业互联网平台。

（一）持续推进智慧交易服务

欧冶云商依托产业互联网平台，形成以平台服务为核心的智慧交易服务体系，创新推出了"现货交易""产能预售""统购分销""跨境交易"等平台化服务产品，帮助钢厂扩展线上销售渠道，实现面向中小用户的钢材精准零售，同时也为下游中小用户提供采购钢厂优质一手钢材资源的稳定渠道，满足其多样化采购需求，实现了供需高效匹配、需求实时跟踪等功能。欧冶云商提供基于大数据和人工智能技术的数据运营和智慧供应链服务，通过数字营销方式帮助钢厂实现阳光、增值销售，满足中小用户对效率、成本、安全、时间、空间、质量等的个性化需求。

欧冶云商构建基于知识图谱的高效精准搜索系统，提升搜索服务能力，帮助上游企业精确触达下游用户；同时通过系统层面的互联互通，持续推进与钢厂端、银行端、仓储服务商等生态圈伙伴的深度合作，实现了与30多家上游钢厂的产销、物流系统对接；通过互联互通和数据分析应用，优化多基地钢厂的生产和销售管理，为钢厂提供资源管理、合同管理、会员管理、渠道管理等功能模块，指导钢厂优化排产，提升资源配置效率。此外，欧冶云商依托大数据、云计算等新技术手段，帮助钢厂实现基于预测的生产组织模式，使得钢厂可依据产业互联网平台实时反馈的需求预测数据，进行相应的产能配置和排产优化，从而提升制造效率，降低制造成本，更好地满足用户需求。

（二）深化智慧物流和加工服务

欧冶云商灵活应用物联网、人工智能等新技术手段，打造集仓储、运输、加工于一体的钢铁智慧物流服务平台，并深化数字科技在物流和加工场景中的应用：通过云仓、运帮、加工等平台化服务实现对仓储、运输以及加工环节的供需智能匹配；通过RFID、OCR（光学字符识别）、智能终端机、精准仓、智能门禁、智能地磅、5G+AR等数智化应用对传统仓库进行智能化改造，推进智慧仓库科技赋能；通过信息化、物联网、人工智能等新技术的植入，实现对仓库内人、车、货、场的数字化全覆盖，打造标准化的钢铁仓库作业流程，大幅提高仓储作业自动化和智能化率；基于LBS（基于位置服务）、大数据建模挖掘等方式，提供水铁汽、仓港站多式联运跟踪手段，提供物流全程可视化动态跟踪服务，保证物流信息的真实性和准确性，支撑物流路径优化和智能调度，实现物流服务全过程可视、货物动态全程可跟踪、物流风险及时监控预警，形成从钢厂最初一千米到终端最后一千米的全流程、多式联运智慧物流服务能力，提高了物流总体运营效率。

同时，欧冶云商依托平台数据优势，指导加工中心根据终端需求进行最优化操作，从源头上提高钢材成材率，实现钢材从入库、加工、出库到在库的物流全流程信息可视、可追踪和安全可控，构建形成从钢厂产线到用户产线全程、统一的智慧物流服务体系，实现大宗商品生态圈物流服务全过程的可视化、平台化、数智化。

（三）加强智慧营销模式创新

欧冶云商在移动生态建设、新媒体营销、数据分析挖掘等方面持续深化服务能力，提升数字营销能力，促进生态化协同发展。欧冶云商通过欧冶钢好 App、新媒体直播等数字化工具的应用，提升互联网营销能力及效果，关注流量提升和用户触达，加快推进用户增长运营，形成对欧冶智慧平台的快速引流，促进服务规模增长。

在移动生态建设方面，欧冶云商逐步整合企业主营服务产品，促进移动端流量入口统一，持续通过互联网裂变营销活动、微信社群运营等实现注册用户规模的快速增长。截止到 2021 年年末，欧冶钢好 App 注册用户总规模突破 30 万个，触达行业微信社群超过 1 000 个。

在新媒体营销方面，欧冶云商通过自主研发的直播平台，实现直播与平台业务的无缝衔接，有助于用户通过店铺直播实现钢材产品带货、看货，发挥了良好的宣传效果，2021 年全年累计开展各类直播 100 余场。

在数据分析挖掘方面，欧冶云商在保护用户隐私和权益的前提下，基于平台业务数据、用户行为数据，策划用户画像模型、穿透式监督平台等应用场景，提升交易、交付以及风险防控的精准度和实时性，通过数据驱动业务和风控，协同共建高质量产业生态圈。

（四）提升智能风控服务能力

欧冶云商依托数字科技应用，不断提升平台智能风控能力。基于与全国超过 2 000 家的合作仓库的系统对接，欧冶云商在国内率先设计开发了钢材实物"验灯识别"系统，利用智能货物验证技术及时比对供应商上传的资源信息与其存放货物的仓库管理系统中的货物信息，确保账实相符。同时结合物联网控制、智能识别、智能监管等技术服务，反映出钢材在仓库的实物状态，对在库的货物进行货物确认，使得用户能够实时验证货源真实可靠性，有效解决了传统钢材交易模式下货物确权困难等问题，为用户交易环节提供便捷高效的安全保障，也给提货环节提供快速安全的服务，有效提升钢铁生态圈信用水平。

欧冶云商依托互联互通和新技术应用，创新构建线上线下协同的多维度信用体系，拥有对供应链各类风险的及时提示预警功能，帮助一线业务人员及相关管理人员及时采取风险防范措施和相应的业务决策，同时结合客商信用智能评价，设计搭建平台会员体系，打造可信交易和交付体系，有效保障交易安全。

在区块链技术应用方面，欧冶云商整合资源成立区块链应用技术研究所，实现"欧冶链"区块链服务平台成功上线，并联合上海市、浦东新区、宝山区商务委和税务部门进行监管模式创新，完成期现联动监管、税企联动监管、交易订单快照、质保数据管理等四个区块链应用。欧冶云商通过区块链的产品应用，实现生产、交易、仓储、运输等环节关键业务数据上链，支持多个参与方之间信息交叉验证，及时发现货物、单据的虚假、篡改等异常问题，提升数据安全性、可靠性和流动性，增加买方、卖方、交易平台、仓库、运输企业、银行、监管部门之间的信任，提升交易效率，打造钢铁生态圈可信交易体系。

（五）强化数智化中台服务能力

欧冶云商围绕企业业务、平台、技术形成全景图，大力推进数智化供应链建设，打造以业务中台、数据中台和技术中台为核心的中台服务架构：通过分布式微服务技术，加强业务中台建设，加快共享微服务建设，为企业新产品、新模式的快速创新及迭代完善提供了高效支撑；围绕数据平台、数据体系、数据应用三个方面强化数据中台建设，优化数据治理，促进互联互通，提升数据运营能力；基于区块链、IoT、人工智能等技术持续完善技术中台建设，促进新技术场景化应用，不断提升研发效能和智能运营能力。

同时，欧冶云商基于数智化中台的建设，持续推动企业共享服务能力沉淀和数据应用，实现新技术、新业务和生态圈场景的深度融合，构建以 SaaS、DaaS 和 PaaS 为主体，通过数智化的方式助力钢铁供应链提质增效，致力于成为整个钢铁行业的"大中台"。目前欧冶云商正积极推进各类 SaaS 在产业端的覆盖，赋能实体产业，提升中小企业经营管理能力。

三、成效与创新点

（一）成效

经过多年的发展，欧冶云商已为平台上超过 300 家钢厂及其分支机构、10 万多家钢材服务商以及用钢企业、2 000 多家合作仓库、3 万多辆承运车辆以及 700 多家加工中心提供一体化解决方案服务，构建了一套完善的钢铁产业链生态服务体系。

1. 助推钢铁行业智慧营销

欧冶云商充分发挥产业互联网共享、协同、创新、智慧优势，赋能传统产业，助力数字化转型。欧冶云商合作钢厂以及下属分支机构超过 300 余家，通过平台 7×24 小时全流程、免接触的在线自助服务，帮助钢厂实现营销效率显著提升，同时钢厂营销管理成本得到明显改善。欧冶云商依托产业互联网平台优势，使得钢厂长尾品类在平台上可以实现高效零售，并帮助钢厂拓宽了销售半径，扩大了下游中小用户规模。

2. 助力钢铁行业智慧制造

欧冶云商充分发挥产业互联网平台有效连接和网络协同优势，优化资源要素配置，促进钢铁供应链提质增效。欧冶云商通过基于大数据的需求精准预测，帮助钢厂及时、高效对接下游用户的零散需求，优化组炉、组坯方式，减少中间坯等半成品库存，实现钢厂营销和生产组织模式升级，助推钢厂从制造向服务转型，提升智慧制造能力。

3. 促进物流环节提质增效

欧冶云商依托智慧物流服务平台建设，以及云仓系统的全国部署，并结合物联网、人工智能等新技术，加强生态圈关键物流节点布局，为仓库、码头等物流资产数字化赋能，并积极对接钢铁制造基地出厂物流系统，推动物流信息互联互通，实现信息实时反馈，拓展全程智慧物流服务，从而有效减少钢材跨区域的多次存储和多程运输，降低供应链物流成本，提升钢厂出厂物流效率。

以华东某仓库为例，欧冶云商通过对仓库内人、车、货、场的数字化全覆盖，打造标准化的钢铁仓库作业流程，提升仓储作业效率，如出入库作业效率提升 30%、换单效率提升 70%、移转库效率提升 90% 以上、整体作业效率提升 50% 以上。

4. 赋能中小企业创新发展

欧冶云商平台已聚焦了 10 万余家中小企业，包括中小贸易服务商、中小物流商、终端中小用钢企业等。欧冶云商通过产能预售等业务模式创新，打通上下游各服务环节，降低中小企业采购门槛，帮助下游企业直接对接钢厂一手资源，有效提升采购效率。

欧冶云商通过 SaaS 的输出，为钢厂、仓储服务商、承运商、贸易服务商等生态圈伙伴提供智慧营销系统、仓储管理系统、运输管理系统、进销存管理系统等，助力提升运营管理效率和专业化管理水平，助推中小企业创新发展。

同时，欧冶云商基于多年在钢铁行业的知识沉淀和积累，搭建钢铁技术知识专业数据库，并推出知钢产品和钢铁知识图谱应用，为钢厂和下游中小用户提供互联网钢铁技术服务，促进供需精准匹配。

（二）创新点

1. 拓展供应链全链路服务

欧冶云商围绕钢铁供应链各环节用户痛点，创新设计在线化服务产品，促进断点集成和流程优化，为钢厂、终端用户、钢贸商、物流商、加工中心等提供信息流、商流、物流、资金流"四流合一"的供应链综合服务，打通供应链全流程，促进钢厂制造现场和用户生产现场的高效协同。

2. 拓展供应链全要素服务

欧冶云商促进数据、科技、时空等服务要素优化配置，拓展供应链增值服务，通过数据＋算法应用，精准预测用户需求，促进传统流程再造，并深化数字科技场景应用，提升智慧服务能力，以及拓展产能预售模式，拓展终端用户群体，满足中小用户对效率、成本、时间、空间等的个性化需求。

3. 拓展供应链全品类服务

欧冶云商在碳钢板卷现货基础上不断拓展服务品类，通过优化平台服务，加强与钢厂端、第三方垂直平台对接和互联网营销推广，提升不锈钢、螺线、型钢、钢管、特钢等交易品类占比，实现平台商业模式在非碳钢板卷品类上的复制推广。

4. 拓展供应链全生态服务

欧冶云商加强互联互通和生态合作，通过优化利益共享机制等，对接银行、加工中心、仓储商、承运商等第三方服务商，以及专业技术人员、钢贸营销人员等小微个体等，充分发挥其专业服务、渠道和知识优势，拓展供应链运营服务和第三方增值服务，实现合作共赢。

四、推广价值

（一）产业互联网平台建设经验

欧冶云商基于钢铁供应链知识沉淀和能力积累，打造开放、共享的数智化中台，实现了产业互联网平台架构统一和数据集中治理，有效提升了平台开发效率和运营效率，形成了可向钢铁行业输出的产业互联网平台建设能力。

（二）数字科技多场景应用经验

欧冶云商加强与数字科技领先企业、高校及科研院所的全方位合作，搭建区块链等联合研发实验室，引入人工智能等领域优秀数字科技人才，并注重知识产权成果管理，提升数字科技行业影响力。在数字科技应用过程中，加强业务和技术双轮驱动，一方面高效响应业务端研发需求，提升业务运营效率，另一方面开展基于数字科技的供应链流程再造，促进业务模式创新。

（三）生态圈合作建设经验

欧冶云商注重服务产品的协同，通过"多流合一"服务输出，实现交叉引流和交替变现，优化了用户体验。同时，加强互联网营销模式创新，通过线上＋线下的方式多渠道、高效触达中小用户，扩大了生态圈覆盖面和影响力。而且，持续优化生态圈利益共享机制，引入小微企业和个体等合作伙伴，发挥其专业运营知识、营销推广渠道等优势，实现合作共赢。

（四）平台服务模式创新经验

欧冶云商持续深化基于产业互联网平台的服务模式创新，以用户需求为导向，加强品类、时间、空间等多维度拓展。在品类维度上加强碳钢板卷、螺线、不锈钢、型钢、钢管等细分品类拓展，优化平台服务，为用户降本增效创造价值。在时间维度上通过创新产能预售等服务模式，促进制造端提质增效，并满足中小用户小批量、短周期采购需求。在空间维度上加强供应链上下游两个现场的有效连接，促进高效协同，并积极拓展东南亚等海外市场，促进国内国际联动。

（五）供应链高效运营组织经验

欧冶云商成立运营中心，搭建面向多业务场景的供应链运营组织。通过运营集中，有效提升了运营效率和业务风险管理能力，促进了业务之间的高效协同：一方面加强数字工具和系统应用，全面提升订单跟踪、开票结算、客户服务、数据分析等运营效率；另一方面加强供应链全流程可视化管理，提升智能风险预警能力，确保供应链风险可控。

企业介绍：欧冶云商成立于 2015 年 2 月，是中国宝武发起设立的第三方产业互联网公司。作为推进中国宝武从制造向服务转型的旗舰公司和促进钢铁行业转型升级的核心载体平台，欧冶云商成立以来，有效连接交易、仓储、运输、加工等供应链专业服务资源，为钢厂、终端用户、贸易服务商、承运商、仓储服务商、加工中心等生态圈伙伴提供"以交易服务为入口、物流服务为基础、知识服务为增值手段、数据和信息技术应用为核心能力"的一站式综合服务。

36

传化智联：打造智能化物流平台，助力制造企业供应链降本增效

传化智联股份有限公司

传化智联股份有限公司（以下简称"传化智联"）是传化集团旗下A股上市公司，专注打造服务于产业端的智能物流平台——传化货运网。该平台以数字化平台模式整合线上、线下资源，向上连接制造业、向下连接物流企业等承运主体，集聚各类物流资源要素，服务于制造企业供应链降本增效。线上建设数字货运网，为企业提供线上发货可视、可控、可管的供应链智能运营；线下布局全国公路港城市物流中心网络，提供货物集、分、储、运、配的物流服务。针对企业需求，传化货运网形成了以"运"为核心的数字化运输服务和以"仓"为核心的港仓解决方案，同时传化支付系统为物流各环节提供结算服务、连接银行等金融服务。辅以5G、人工智能、区块链等技术，传化货运网持续升级数字化技术与产品，开放连接各行业龙头企业，建设服务货物高效流通的主平台，赋能产业供应链数字化升级，服务中国"智"造，为客户、产业、社会、国家创造更大价值。

一、行业背景

物流行业是实体经济的有机组成部分。从构建国内国际双循环相互促进的新发展格局角度来看，物流行业正处于进入供应链管理的高质量发展关键阶段，需要有效实现转型升级。同时，物流行业依托大数据、人工智能等新兴技术，新业态、新模式层出不穷，集约化、智能化、平台化和绿色化正成为物流行业当前发展阶段的新特征。

（一）受信息孤岛现象制约，供应链各环节无法高效协同

目前，大中型制造企业对于物流运输环节的降本和数字化运营有普遍需求，中小型制造企业对运力保障、运输价格、一站式发货和服务保障有强烈诉求。同时，物流

行业的市场主体以中小物流企业为主，整体信息化程度低，单一企业物流运作的单个环节降本增效空间有限，企业间专业分工协同共享不足，难以互联互通，导致成本高、服务差。

当下，国内还未形成一体化的供应链体系。一方面，供应链各环节处于割裂状态，无法高效协同，特别是数量众多的中小企业，相当于是一个个信息孤岛。企业与企业之间、生产制造与生产服务之间没有形成连接；采购、物流、资金等服务缺少一体化解决方案，造成低效和浪费，削弱了企业竞争力。另一方面，供应链服务体系不完善，未能跟上需求变化。大规模定制、柔性生产已成为新的趋势和主流模式，但企业内部供应链管理和外部供应链服务均未能跟上需求的变化，物流水平、信息化程度、金融服务水平等差距明显，供应链改造提升的进度慢。

（二）数字技术对生产制造端赋能不足，急需智能化平台为供应链全链条提供支撑

近年来，数字技术在消费端的应用不断成熟，但对生产制造端的赋能还处在起步阶段，无论是内部供应链效率，还是外部供应链服务，都存在不少短板。随着制造业定制化、柔性化的趋势越来越明显，痛点越来越明显，短板主要体现在三个方面。一是高能耗环节降本遇瓶颈，全环节降本手段少，结构性降本缺技术，导致持续降本难度越来越大；二是终端用户订单不可视，物流时效不可控，层层转包协同效能低，导致不能快速响应客户需求；三是全渠道库存不可视，只能提升库存响应度，无法准确预测销售，导致库存周转率难以持续提升。

制造业自身的物流管理能力、数字化系统以及目前的外包商服务模式都难以系统解决以上问题，效率、成本、客户体验难以做到全面提升，需要数字化供应链平台实现对供应链全环节的支撑。

二、主要做法

传化货运网面向客户需求，整合全平台内外物流资源，结合线上数字技术能力，打造两大类产品。一是以"运"为核心的数字化运输服务。围绕运单的端到端管理，整合整车和零担运力，为制造企业提供一键发货的运输服务；二是以"仓"为核心的港仓解决方案。从仓的运营，延伸到供应链端到端的解决方案，为链主企业提供基地

仓、区域仓等数字化运营服务；延伸到服务产业链上下游，为制造业提供统一的服务入口和一站式物流服务。同时，传化智联自有支付系统，可为物流各环节提供结算服务以及连接银行等金融服务。

（一）以"运"为核心，提供"整车＋零担"的统一平台数字化运输服务

传化货运网连接平台内外物流企业和运力，为生产制造企业提供"整车＋零担"的统一平台数字化运输服务，提供"承运＋平台"两种模式的全景发货、可视化运营、专属运力池构建、承运商管理以及合规结算等服务，数字化赋能企业实现物流可视化运营和结构性降本增效。

对于数字化整车运输服务，可提供可靠、可视的一揽子平台化承运服务。数字化整车运输服务依托智能物流服务平台沉淀的资源，以网络货运服务的方式，为以制造业为主体的货主企业提供运力派单、运输管理、路径可视、运费支付、票据结算等全链路物流服务；连接供应链业务、车后增值、金融保险等产品，实现企业物流业务在线化、数字化、标准化、智能化，构筑立体式的线上整车物流服务网。

数字化整车运输服务直连制造业客户，根据其业务需求，运用区块链技术，叠加原有网络货运优势功能，助力制造业客户数字化转型升级，实现企业结构性降本。

以国内某有色金属领军企业为例，传化货运网的数字化整车运输服务，帮助其解决了总部管控难度大、内部降本压力持续、多个数字化项目推进不畅等物流供应链升级中的难点与痛点，帮助其10余家分公司实现了业务线上化、透明化与集中化。在日均调度1 000辆车情况下，企业综合物流成本下降4.2%，运输效能提升8%，运力响应度提升10%。

数字化零担运输服务基于公路港优势专线资源、已构建核心城市点发全国的零担网络，覆盖城市千余个、线路12 000余条。传化智联通过数字运营统一服务标准，为企业提供数字化、标准化、智能化的零担服务，让企业零担物流以专线的价格享受快运的服务。中小微企业在传化货运网App上可省心发货；大中型制造企业可通过传化货运网的物流数字管理体系，实现零担运力调度、对账结算、运力管理、数字可视运营等。

同时，传化智联为客户提供"盯接单、盯发车、盯签收"三盯保障，企业可随时查询物流节点，掌握订单分布、订单状态等信息，并可定制数据看板助力企业经营决策。基于企业需求，传化智联也提供合规结算、区块链电子回单、数字年保等服务。

以成都现代农业装备产业园为例，由于周边运力少，企业不得不调车送往 80 千米外的物流园区进行发货，运费成本高，运输时效和货物安全不稳定。传化货运网与该产业园合作，在园内设置统一揽货网点，统一接货、统一标准、统一定价、统一分流给平台优质专线运力，帮助企业实现在家门口随时发货，优化运输时效的同时，提货成本降低 32%。

（二）以"仓"为核心，港仓解决方案为客户提供一站式物流服务

基于智能公路港全方位的地面物流服务网和立体式的线上物流服务网，传化智联整合了 50 多万平方米的全国自营仓，连接了数百万运力资源，形成了以"仓"为核心的港仓解决方案，为客户提供一站式物流服务。

传化货运为制造业提供全国仓网的选址布局规划服务、仓储运营服务、仓配一体服务，以及集约化运作和标准化管理的共享仓服务。数字化运营帮助制造业客户实现全渠道库存可视，提升了库存周转率。

同时，传化智联聚焦化工、快消、科技等行业，以传化货运网数字运输服务 + 港仓运营服务为核心，通过数字化交付手段，打造各行业供应链服务模式，提供有竞争力的行业解决方案。凭借公路港内大量的运力资源，传化智联把仓布局在离运力最近的地方，帮助企业提升运力的响应度，通过共享物流资源，降低企业提货成本，减少搬倒次数，降低破损率，等等。

传化智联服务于世界 500 强电梯制造企业，帮助企业搭建集分储运中枢，协同管理 70 余家上游生产供应商以及 16 家下游物流承运商。传化智联与某出行服务平台合作，为其各类物料提供全国网络仓配运一体服务，仅在杭州仓，每天最高订单就达到 20 000 件。

（三）优化支付金融服务，"金融 + 科技"构筑产业端信用体系

传化货运网依托平台形成的线上线下融合的供应链体系，基于平台内沉淀的订单交易、货物流转以及资金流向等各类大数据，利用人工智能、区块链等新技术解决企业信用与全流程风控管理难点，以平台化方式为制造企业、商贸企业、物流企业提供线上支付服务、融资服务、风险管理服务等综合性金融服务方案。

在支付服务方面，从产品、技术、渠道、风控四大维度构建，并完善支付基础设施，

形成能够承载万亿元级交易规模的支付基础。针对物流行业客户需求，传化货运网定制开发"智能代收付解决方案"，以"系统＋支付"为手段，帮助物流企业、发货方、收货方解决货款安全问题。针对商贸企业，传化智联网提供物流管理和资金结算解决方案，打通物流信息管理系统与支付系统，实现发货人、物流企业、收货人之间的高效连接，推动商贸物流一体化发展。

在融资服务方面，依托布局全国的线下实体公路港网络，并在实践中探索通过"1+N"模式对客户进行授信与管理（有效利用线上数据、积极采集线下数据并向线上转化），通过快速的审批流程，灵活、多样的保理和融资租赁产品满足中小物流企业"短、小、频、急"的资金需求。

在风险管理服务方面，围绕物流行业的"人、车、货、场"的实际业务场景，结合行业特征，定制化建立涵盖财险、货险、车险等全方位的产品体系，为物流企业提供从投保到理赔结束的一站式服务。

目前，传化货运网已与工商银行、农业银行、中国银行、建设银行、交通银行、中国人民保险、中国人寿等 30 余家银行及大型金融机构建立了战略合作关系，通过共建全面的"物流＋科技＋金融"商业模式，推动传化货运网产融结合、高质量发展。

三、成效与创新点

传化智联以"帮助企业供应链降本增效"为使命，建设一张连接线上线下、平台内外的传化货运网，通过线上传化货运网和线下公路港城市物流中心互相协同的方式，以数字化智能技术助力制造业客户转型升级，聚焦解决企业间、区域间、省际货物高效流转问题，以平台化与数字化使物流企业高效服务制造业货主企业。

（一）取得成效

1. 经济效益

降低综合物流和金融支付成本，助力企业降本增效。传化货运网致力于研发及产业化应用的专业化、精细化，逐步深化订单管理服务、仓储管理服务、运输管理服务等智能系统建设，促进企业信息互通，实现供应链各环节协同发展，帮助企业完善经营、降低综合物流成本和金融支付成本，提升企业竞争力和管理效率。

基于协同共享，引领物流行业智能化发展。传化货运网支撑了企业现有的复杂关系网络，实现数据无障碍实时交互，加强供应链各角色之间信息互通共享，为物流行业仓储、运输、配送等一体化服务提供智能协同支撑，推动物流行业智能化发展。在运输环节，通过智能调度可缩短运力调配时间、提升分拨效率，可将企业一票货物平均运输时间缩减至 2.9 天；在仓储环节，通过智能库存优化可以帮助企业仓储库容利用率从 70% 增加至 90% 以上。

推动传统产业转型升级，助力国家经济运行体系更加有序、高效。传化货运网通过智能化、大数据等技术研发与应用，围绕供应链服务产业链仓储、运输、配送等各环节需求，构建集成化的物流供应链智能系统，推广协作、互通的运作模式，使经济运行体系更加有序和高效，给国家带来万亿元的新增效益，促进物流行业及相关产业转型升级。

2. 社会效益

带动"新基建"，促进经济发展。传化货运网基于统一的组件、标准、接口，汇集海量行业数据，实现人、车、货、场、财全要素在线和互联互通，利用物联网、大数据等新兴技术实现智能化升级改造，带动物流行业新型基础设施建设，促进经济发展。

提升工业数字化水平，实现智能化、精细化管控。传化货运网通过对沉淀的仓储、干线运输、配送、业务交易等数据进行分析挖掘，以订单调度、全网监控、视频联动、智能分拣、协同配送、车货匹配等服务形式，为跨行业生产制造企业、原材料供应商、运输服务企业提供全链条的服务。同时，基于仓储、运输等相关智能硬件终端，提供工业云基础设施数字化服务，解决企业在生产制造、供应链各环节面临的协同难、效率低、成本高等难题，实现智能化、精细化管控。

促进新技术落地应用，提升生产、运营效能。传化货运网以公路港和全国物流信息为基础数据来源，探索物联网、云计算、大数据等新一代信息技术在物流领域的融合应用，促进新兴技术与实体经济的融合发展。同时，新技术的成功应用与良好成效可推动传统行业加快数字化变革步伐，提升生产、运营效能，满足现代化社会生产生活需要。

（二）创新思路

1. 模式创新

传化货运网基于传化智能公路港、物流服务体系等物流供应链资源，通过优化物流资源配置、创新物流组织形式、打通物流环节渠道等手段，围绕仓、配、运业务，接入共享物流、多式联运、供应链服务等领域合作伙伴，推动汇聚实体企业服务的各类要素，转变传统运营服务思路，加快推动网络货运、多式联运、统仓共配、应急物流等创新模式。

2. 业态创新

传化货运网通过平台模式，针对当前物流业存在的小、散、乱、不专等痛点，创建以仓、运、配为基础的一体化供应链服务模式，围绕行业形成专业、集聚、一体化的先进制造企业供应链新业态。

3. 技术创新

传化货运网围绕客户需求和应用场景，开展大数据、物联网、人工智能等新技术研发和应用，优化路网和仓网布局，提供一体化的数字化解决方案，助力打造"物流＋工业"互联网平台。

4. 组织创新

传化货运网建立核心组织，保障各项工作的推进，统筹协调解决供应链创建与发展中的模式研究、技术研发、应用落实等跨领域、跨部门等问题，完成各阶段、各模式工作进展、经验成果的梳理、总结与汇报，同时通过召开会议、学习交流、印发文件等多种形式在物流新型基础设施建设、数据信息共享、产品研发应用等方面加强联动合作，确保各项工作有序开展。

四、推广价值

（一）构建全国公路港网络，夯实物流基础设施底座

传化智联公路港汇聚了海量的人、车、场、货相关流动信息，并不断注入数字化供应链服务平台；结合实际物流场景对信息进行充分的挖掘分析，扩大平台信息消费空间，发挥平台线下业务资源整合共享能力。

（二）打造智能系统，实现全网调度、全网指挥、全网监控

传化智联应用物联网、云计算、大数据、区块链等技术，打造物流供应链服务平台，一头连接制造业、一头串起物流业，打通企业内采购、生产、销售、仓储、物流等信息系统，推动供应链上下游各环节主体之间数据信息的互联共享，实现一单到底、全程可视，提升供应链协同效率、降低供应链成本。

（三）搭建支付平台，提升供应链资金流管理能力

传化智联以物流为抓手连接上下游商贸制造业，实现交易闭环与战略闭环，采用平台化的模式引入金融资源；通过对物流、商贸制造等行业 B 端和 C 端用户需求的深度挖掘，为我国生产性服务业发展提供系统、智能的支付结算服务。

（四）构建一体化供应链服务体系，降低供应链成本

传化智联构建了"物流＋科技＋金融"的一体化服务体系，形成面向生产制造业及流通企业的供应链解决方案。已打造服务生产生活物资高效流转的智能物流平台，每年有数百万辆货车、数十亿吨物资和数千亿元资金在平台网络中高效流转。

企业介绍：传化智联是传化集团旗下 A 股上市公司，是公路港城市物流中心模式的开创者，是推进新兴技术与物流产业深度融合的领先实践者，以"整合社会物流资源，帮助企业供应链降本增效，有效服务制造"为使命，在国家推进物流枢纽布局与建设规划中承担重要角色，获得国家部委和各级政府的广泛认可。20 余年来，传化智联专注打造服务于产业端的智能物流平台——传化货运网，形成以"传化货运网服务＋智能公路港服务＋金融服务"为一体的线下和线上融合发展的智能物流服务平台模式。其开展供应链物流信息化、人工智能、物联网、区块链等 6 种科技成果门类的创新和研发，已获得国家授权专利 32 项、软件著作权 115 项，以科技驱动形成高水平服务能力，全面赋能物流企业、服务货主企业。